PQ6004 STU

D0269361

STUDIES IN HONOR OF SUMNER M. GREENFIELD

H.L. BOUDREAU and
LUIS T. GONZALEZ-DEL-VALLE, Editors

STUDIES IN HONOR OF
SUMNER M. GREENFIELD

SOCIETY OF SPANISH AND SPANISH-AMERICAN STUDIES

*The Society of Spanish and Spanish-American Studies promotes
bibliographical, critical and pedagogical research in Spanish and Spanish-
American studies by publishing works of particular merit in these areas. On
occasion the Society will also publish creative works. SSSAS is a non-profit
educational organization sponsored by The University of Nebraska-
Lincoln. It is located at the Department of Modern Languages and
Literatures, The University of Nebraska-Lincoln, Oldfather Hall, Lincoln,
Nebraska 68588-0316, U.S.A.*

Library of Congress Catalog Card Number: 83-51006
ISBN: 0-89295-030-7

SSSAS: HF-1947

CONTENTS

AN UNABASHEDLY PERSONAL TRIBUTE TO SUMNER GREENFIELD FROM A FRIEND AND COLLEAGUE

HAL BOUDREAU

Sumner Greenfield has been a colleague of mine at the University of Massachusetts since 1958—or I a colleague of his, since he preceded me by a few years. In addition to having had contiguous offices, for some years we had contiguous houses and we both had the same specialization in modern Spanish literature and—*para colmo*—we were both *valleinclanistas*. Despite such intense togetherness, professional competition produced not a single quarrel that either of us can remember and Sumner's support was constant through all those years, both when he had administrative control and later when it passed to me. What any of us does and becomes in the academic profession is usually due in part to the institutional situation we fall into, and I, having spent an entire career at one university, am certainly an extreme example of that general fact. Sumner's interest in theater determined that I would develop in the area of the novel, and as a result my reading of the complete works of the Quintero brothers has led to nothing. Sumner's interest in the essay impelled me into poetry, my greatest joy, and so on. Which is to say that I owe him such identity as I have. He would know better than I if the process was in any way reciprocal, but as both colleague and friend—indivisible entities in this instance—he has been a major influence and a professional model despite (or perhaps because of) our differing approaches to literature; differences, be it said, from which our students must surely have profited in this era of pluralism.

7

Sumner has an enviable reputation as a teacher of graduate students, who characterize him accurately as being simultaneously earthy and intellectual. His pitiless critiques of seminar papers seem to have been well received, though not without the occasional tear. Since he writes supremely well, he is rather intolerant of those who do not, and I am grateful for his critical reading of some of my own essays. He has become a major authority on the theater of both Valle-Inclán and García Lorca, Spain's two geniuses of twentieth-century drama, and graduate students have come from Spain for the sole purpose of studying with him on those subjects. My own two favorites from among his publications are the pieces on *Mariana Pineda* and *San Manuel Bueno, Mártir*, but that is probably because they are the ones most like what I might myself have written had I had his insights. We look for and find ourselves in both literature and criticism and, I am afraid, in our friends. Sumner's career in publication is a lesson in the importance of putting quality over quantity, a lesson so in need of understanding in a profession that produces, I should guess, about ninety percent chaff to ten percent wheat. Sumner's articles and books on the Generation of 98, on Lorca, on Valle-Inclán will remain indispensable points of reference for a generation of scholars working on those figures. That is the most that can be granted to any of us. And unlike most *jubilados*, Sumner shows no signs of slowing down. There is more on the way.

My share of this volume, then, is but a very small tribute to productive excellence on the page and in the classroom, to unflagging insistence on high professional standards in department and university, to uncommon collegiality and loyalty, and to many, many years of professional and personal joy. Yes, that is the word for it. The jubilation is real; the *jubilación* is not. «¡Viva la bagatela!»

SUMNER M. GREENFIELD

LUIS-GONZÁLEZ-DEL-VALLE

¡Sumner! Cuando le conocí estaba al cumplir yo 21 años y desde entonces su figura me ha acompañado. Mi primer curso con él se concentró en la llamada Generación del 98. En esa ocasión—y en muchas otras en que fui su alumno—despertó en mí amor por las letras españolas. Gracias a él—quizá por culpa de él—y de Hal Boudreau aprendí a comenzar a apreciar y a entender la literatura: los dos hicieron lo que pudieron para que pensase analíticamente y con sensibilidad al enfrentarme al texto literario.

Desde que asistí a los cursos de Sumner, comprendí que él era un maestro entre maestros, un crítico entre críticos, un buen amigo. Todavía lo es y de allí surge mi afecto por este gran Hispanista.

Sumner Greenfield dirigió mi tesis doctoral. ¡Pobre Sumner! Al hacerlo demostró extraordinaria paciencia ante un joven carente de experiencia, un joven que creía tener bajo su dominio un sinfín de verdades absolutas. Todavía recuerdo cuando me decía, durante nuestras acaloradas charlas en Amherst, «no seas dogmático». Todavía recuerdo su infinita humanidad conmigo y con otros muchos. Todavía recuerdo su calor humano e infatigable búsqueda de la verdad en nuestras discusiones sobre Unamuno, Valle-Inclán y García Lorca.

A Sumner le debemos bastante: le debemos sus publicaciones eruditas, su labor editorial en el *Journal of Spanish Studies: Twentieth Century y Anales de la Literatura Española Contemporánea*, su habilidad como maestro, su rigor ético e intelectual. Le debemos, por encima de todo, ser quien es, ser Sumner. Somos muchos los que estamos en deuda con él: digno modelo que de ser imitado mejoraría, indudablemente, nuestra profesión.

Concluyo esta merecida alabanza de Sumner por respeto a él:
sé que carezco de habilidad para expresarme como debo. Además,
sé cuan poco le gustan los elogios. Sirva entonces esta colección de
ensayos escritos por colegas, alumnos y amigos como testimonio
vivo de nuestro aprecio a lo que fue, es y será Sumner Greenfield
para nosotros.

SUMNER M. GREENFIELD
CURRICULUM VITAE

Born on December 13, 1921

Education:
A.B., Boston College, 1944
M.A., Boston University, 1947
M.A., Harvard University, 1951
Ph.D., Harvard University, 1957

Academic History:
University of Massachusetts: Instructor, 1951; Tenured, 1954; Assistant Professor, 1957; Associate Professor, 1962; Professor, 1967; Professor Emeritus, 1984.

Administrative Positions:
Associate Head for Spanish, Department of Romance Languages, 1963-67
Graduate Program Director, Department of Spanish and Portuguese, 1975-79

Fields of Special Competence:
Modern Spanish and Spanish-American Literature

Professional Memberships:
Modern Language Association of America
American Association of Teachers of Spanish and Portuguese
International Institute in Spain
New England Council on Latin-American Studies
Asociación Internacional de Galdosistas
Asociación de Pensamiento Hispánico

Twentieth Century Spanish Association of America (Vice-president, 1985-87).

Honorary Memberships:
Asociación Colegial de Escritores de España
Sigma Delta Pi (Spanish honor society)
Society of Spanish and Spanish-American Studies

Editorial Advisory Councils:
Journal of Spanish Studies: Twentieth Century
Studies in Twentieth Century Literature
Anales de la Literatura Española Contemporánea (Guest Editor of a volume on Federico Gracía Lorca).

Publications:
Books:
Contributing editor (with A. Zahareas, general editor, and Rodolfo Cardona), *Ramón del Valle-Inclán: An Appraisal of His Life and Works* (New York: Anaya-Las Américas, 1968), 818 pp.
Valle-Inclán: Anatomía de un teatro problemático (Madrid: Editorial Fundamentos, 1972), 300 pp.
Ramón del Valle-Inclán: «Divinas palabras» and «Luces de Bohemia» (New York: Anaya-Las Américas, 1972), 288 pp. *[Co-editor]*
La Generación de 1898 ante España: Antología de literatura sobre temas nacionales y universales (Lincoln, Nebraska: Society of Spanish and Spanish-American Studies, 1981), 223 pp. *[Editor]*

Articles:
«Poetry and Stagecraft in *La casa de Bernarda Alba*.» *Hispania,* 38, 4 (Dec. 1955), 456-461.
«The Problem of *Mariana Pineda*.» *Massachusetts Review,* I, 4 (Summer 1960), 751-763.
«Reflejos menores en el espejo cóncavo.» *Insula,* 176-177 (July-Aug. 1961), 16.
«Stylization and Deformation in Valle-Inclán's *La Reina Castiza*.» *Bulletin of Hispanic Studies,* XXXIX (April 1962), 68-79.

«On Prizes and Prize Winners.» *Massachusetts Review,* VI, 2 (Winter-Spring 1965), 423-428. (Review article on *Prize Stories from Latin America.*)

«Madrid in the Mirror: *Esperpento de la hija del capitán.*» *Hispania,* 48, 2 (May 1965), 261-266.

«Valle-Inclán en transición: Una brujería dialogada.» *La Torre,* XIII, 51, (Sept.-Dec. 1965), 175-192.

«*Cara de Plata*: Versión esperpéntica de las *Comedias bárbaras.*» *Primer Acto,* 97 (July 1968), 66-73.

«The Development of Valle-Inclán's Work» (in collaboration). *Ramón del Valle-Inclán: An Appraisal of His Life and Works* (New York, 1968), pp. 35-39.

«Galicia: Introduction» (in collaboration), *ibid.,* pp. 249-250.

«*Cuento de abril:* Literary Reminiscences and Commonplaces,» *ibid.,* pp. 353-360.

«Valle-Inclán in 1920,» *ibid.,* pp. 479-480.

«*La Reina Castiza* and the Esthetics of Deformation,» *ibid.,* pp. 541-552.

«Literature and Landscape in *La enamorada del Rey,*» *ibid.,* pp. 553-562.

«*Cara de Plata:* The Esperpentic Version of the *Comedias bárbaras,*» *ibid., pp. 584-597.*

«*Divinas palabras* y la nueva faz de Galicia,» *ibid.,* pp. 577-583.

«El problema de *Mariana Pineda.*» Ildefonso-Manuel Gil, ed., *Federico García Lorca* (Madrid: Taurus, 1973), pp. 225-236.

Program notes for *Espectáculo Valle-Inclán,* performed by Teatro INTAR, New York, 1974.

«Lorca's Theatre: a Synthetic Reexamination. *Journal of Spanish Studies: Twentieth Century,* 5, 1 (Spring 1977), 31-46.

«Bradomin and the Ironies of Evil: a Reconsideration of *Sonata de primavera.*» *Studies in Twentieth-Century Literature,* 2, 1 (Fall 1977), 23-32.

«La *Iglesia* terrestre de San Manuel Bueno.» *Cuadernos Hispanoamericanos,* 348 (June 1979), 609-620.

Articles on Spanish playwrights J.M. Bellido, F. García Lorca, A. Martínez Ballesteros, C. Muñiz, J. Ruibal, R. del Valle-Inclán, *Columbia Dictionary of Modern Euro-*

pean Literature, 2nd. ed. (New York: Columbia University *Press, 1980)*.

«Yerma, the Woman and the Work: Some Reconsiderations.» *Estreno,* VII, 1 (Spring 1981), 18-21.

«Juan Goytisolo y la Generación del 98: un caso de miopía revisionista.» *Siglo XX/20th Century,* I, 1 (Fall 1983), 2-4.

«Larreta, Valle-Inclán y el pastiche literario modernista.» *Nueva Revista de Filología Hispánica,* 32, 1 (1983), 80-95.

«*La Generación de 1898 ante España.*» *República de las Letras,* 9 (January 1984), 32-34.

«El impacto del ideario noventayochista sobre los modernistas: Darío, Valle-Inclán, y la España decadente de Enrique Larreta.» *Estudios en honor a Ricardo Gullón.* Lincoln, Nebraska: Society of Spanish and Spanish-American Studies, 1984, pp. 155-171.

Article Forthcoming:

«Teatro sobre teatro: Actorismo y teatralidad interior en Valle-Inclán.» *Valle-Inclán: Nueva valoración de su obra* (1985).

Reviews:

W.B. Fisher and H. Bowen-Jones. *Spain: A Geographical Background. Hispania,* 46, 4 (Dec. 1963), 843-844.

Nigel Glendinning. *Vida y obra de Cadalso. Hispania*, 46, 4 (Dec. 1963), 849-850.

Sir Charles Petrie. *Felipe II. Hispania*, 49, 4 (Dec. 1966), 886-887.

Guillermo Díaz-Plaja. *Las estéticas de Valle-Inclán. Hispanic Review,* XXXVI, 3 (July 1968), 281-284.

Joseph Michel. *Ramón del Valle-Inclán: Páginas selectas. Hispania,* 54, 1 (March 1971), 227-228.

Alfredo Matilla Rivas. *Las «Comedias bárbaras»: Historicismo y expresionismo dramático. Hispania,* 58, 1 (March 1975), 223.

Verity Smith. *Ramón del Valle-Inclán. Hispania,* 58, 2 (May 1975), 399-400.

Virginia Higginbotham. *The Comic Spirit of Federico García Lorca. Journal of Spanish Studies: Twentieth Century,* 4, 3 (Winter 1976), 224-227.

Allen Josephs and Juan Caballero, eds. *La casa de Bernarda Alba. Journal of Spanish Studies: Twentieth Century,* 6, 3 (Winter 1978), 227-230.

Antonio Risco. *El demiurgo y su mundo: Hacia un nuevo enfoque de la obra de Valle-Inclán. Journal of Spanish Studies: Twentieth Century,* 7, 1 (Spring 1979), 125-127.

Francisco Umbral. *La noche que llegué al Café Gijón. The Modern Language Journal,* LXIII, 4 (April 1979), 223.

María Esther Pérez. *Valle-Inclán: su ambigüedad modernista. Journal of Spanish Studies: Twentieth Century,* 7, 3 (Winter 1979), 373-374.

Louise B. Popkin. *The Theatre of Rafael Alberti. Journal of Spanish Studies: Twentieth Century,* 8, 1-2 (Spring and Fall 1980), 205-208.

Joseph W. Zdenek, ed. *The World of Nature in the Works of Federico García Lorca. Anales de la Literatura Española Contemporánea,* 6 (1981), 356-359.

L. García Lorenzo, ed. *Documentos sobre el teatro español contemporáneo. Anales de la Literatura Española Contemporánea,* 7, 2 (1982), 279-282.

Gwynne Edwards. *Lorca: The Theatre Beneath the Sand. Anales de la Literatura Española Contemporánea,* 8 (1983), 225-228.

Lectures and Conference Papers:

«Some Constants in the Theatre of Valle-Inclán.» Symposium on Ramón del Valle-Inclán, Mt. Holyoke College, Spring, 1969.

«Bradomín and the Ironies of Evil: a Reconsideration of *Sonata de primavera.*» Mountain Interstate Foreign Language Conference, East Tennessee State Univ., October 1977.

«Yerma, The Woman and the Work: Some Reconsiderations.» Northeast Modern Language Association, SUNY, Albany, Spring 1978. Expanded version read at the Univ. of Nebraska, Lincoln, April 1979.

«Lorca's Tragedies: Practice Without Theory.» Lecture given at Colorado State Univ. April 1979.

Colloquium on «The Author and his Work,» Western Mass. AATSP, Mt. Holyoke Coll., October, 1981.

«El impacto del ideario noventayochista sobre los modernistas.» Mountain Interstate Foreign Language Conference, Wake Forest Univ., October, 1982.

«La Generación del 1898, diga lo que quiera Juan Goytisolo.» Mountain Interstate Foreign Language Conference, Virginia Polytechnic Institute, October, 1983.

«La teatralidad en la obra de Valle-Inclán.» Symposium on «Valle-Inclán e a sua novelística,» Universidad de Santiago de Compostela, Pontevedra, September, 1984. Participant in «Round Table» on «Valle-Inclán y la vigencia de su obra narrativa.»

«Teatro sobre teatro: Actorismo y teatralidad interior en Valle-Inclán.» Mid-America Conference on Hispanic Literature, Univ. of Nebreska-Lincoln, October, 1984.

«Valle-Inclán and the Creativity of Dissent: Spanish Literature in the Early Twentieth Century.» Lecture given at Hamilton College, December, 1984.

«Los cuatro esperpentos: Unidad y divergencias.» Louisiana Conference on Hispanic Languages & Literatures, Tulane Univ., February, 1985.

TIRANT LO BLANC, AMADIS DE GAULA Y LA CABALLERESCA MEDIEVAL[1]

JUAN BAUTISTA AVALLE-ARCE
University of California, Santa Barbara

Sin paliativos de ningún tipo empezaré por apuntar a lo obvio, que el *Amadís de Gaula* y el *Tirant lo Blanc* ocupan lugares destacadísimos en sus literaturas respectivas, el *Amadís* en la castellana y el *Tirant* en la catalana. Y aquí debo insertar dos palabras de advertencia: el *Amadís* no perteneció nunca a lo que no fuese la cultura y lengua castellano-leonesa. En un libro en prensa, *Amadís de Gaula: el primitivo y el de Montalvo*, me encargo de echar abajo los viejos mitos sobre orígenes portugueses, o bien, descabelladamente, franceses. En cuanto al *Tirant* debo puntualizar que, aunque producto autóctono de la gran área de cultura y lengua catalana, sus dos autores (Joanot Martorell y Martí Joan de Galba) eran valencianos. Ahora bien, nuestros conocimientos de cultura caballeresca son progresivamente más escasos y desvariados, por motivos que se nos hacen más sensibles día a día, y en cuanto a los conocimientos de literatura caballeresca, ese inmenso campo de las letras medievales es dificilísimo de abarcar o sistematizar por quien no sea un experto de primera. Yo no lo pretendo ser, ni mucho menos, pero mis intereses profesionales me han obligado a adquirir un mínimo de culturilla que me autoriza a lo que bien se podría denominar una charla de café con los miembros de este distinguido público. Con estas salvaguardias a lo primero que atenderé será a esbozar algo de ese inmenso *corpus* que fue la caballeresca medieval, algo de lo poco con que yo estoy familiarizado.

Después invertiré el orden normal expositivo, al menos en lo que a cronología se refiere. Me acercaré primero al *Tirant lo Blanc*

y después al *Amadís de Gaula*. Esto necesita brevísima explicación:
yo he datado, en mi libro en prensa ya mencionado, la primera versión del *Amadís de Gaula* hacia 1285. El *Tirant lo Blanc*, en forma
aproximada, se redactó hacia 1450. Si invierto el orden cronológico
de redacción de ambas obras es porque el *Amadís* lo conocemos
sólo por la refundición que efectuó el regidor Garci Rodríguez de
Montalvo y que se publicó en Zaragoza en 1508. Esta vez no vale la
pena contar los fragmentos manuscritos de hacia 1420 que descubrió mi lamentado amigo don Antonio Rodríguez-Moñino. El único *Amadís* que conocemos de primera mano es el de 1508. El *Tirant
lo Blanc* circulaba impreso desde el año de 1490, cuando el alemán
Nicolás Spindeler lo estampó en Valencia, en años en que la refundición de Montalvo comenzaba a ponerse en marcha. Queda avan-
zada mi sugerencia que el *Amadís* de 1508, el de Montalvo, fue in-
fluido por el *Tirant* de 1490, el de Martorell. Y a la demostración de
ello llegaré, mi paso a paso.

La caballeresca medieval europea se comenzó a estructurar fir-
memente con la aparición literaria del rey Arturo de Inglaterra, y
esa suerte de sistema solar de satélites legendarios que se formaron
a su alrededor. Y con esto no niego, en absoluto, que dicha estructura caballeresca no haya tenido otras columnas en su basamenta.
La leyenda arturiana se comienza a desarrollar a partir de la *Historia regum Britanniae* de Geoffrey de Monmouth, hacia 1137. No
me interesa, en absoluto, remontarme un adarme más. Me interesa
sobremanera subrayar que a partir de esa época la caballeresca medieval se estructura con velocidad vertiginosa y con dimensiones co-
losales. Dos hitos más me bastarán como ilustraciones. En la región
francesa de la Champagne y a finales del siglo XII, vivió y poetizó,
con tanta imaginación como arte, Chrétien de Troyes. A destacar
en su abundante producción son los poemas arturianos de *Erec,
Yvain, Lancelot* y *Perceval*. En el siglo siguiente, entre los años de
1215 a 1230, se desarrolló en prosa el esquema artúrico y en forma
muy amplia. Estas dilatadas prosificaciones constituirán un ciclo
de cinco *romans* simétricos, que serán, en su conjunto y cada uno
de por sí, la obra más popular e influyente de la Edad Media. Estas
cinco partes constituían el *corpus* de lo que era la inmensa leyenda
del Santo Grial-rey Arturo-Tabla Redonda, con dilatadísima
escolta de satélites. Este quíntuplo *roman,* de dimensiones casi
siderales, constituye lo que llamamos la *Vulgata* arturiana, sus cinco ramas siguen el orden siguiente: 1. *L'estoire del Saint Graal*, que

nos presenta la historia primitiva del vaso santo en que se recogió la sangre de Cristo; 2. el *Merlin,* que nos presenta la historia temprana del rey Arturo y los amores de Merlín y Viviana; 3. el *Lancelot del Lac,* que es la obra más extensa del ciclo, y que en ocasiones ha servido para denominar a todo el ciclo, que narra los amores de Lancelot con Genièvre (Lanzarote y Ginebra, ésta siendo la mujer de Arturo); 4. la *Queste del Saint Graal (Demanda del Santo Grial,* en su forma española), que tiene como protagonista al héroe de la Tabla Redonda, Galaad (Galás, en español), hijo de Lanzarote, a quien le está reservada la obtención de la sagrada reliquia, dentro de una estructura narrativa fuertemente alegórica. Finalmente, la quinta y última parte de este incomparable ciclo es la *Mort Artu,* donde con adecuado y profundo arte se narra el trágico fin del rey Arturo y todo su mundo caballeresco, un verdadero crepúsculo de los dioses, un *Götterdämmerung* en nada inferior al de Richard Wagner.

Todo esto penetró bien temprano en la Península Ibérica, con toda seguridad por Cataluña, y al respecto tenemos un testimonio invaluable. Me refiero al *ensenhamen* del trovador catalán Guerau de Cabrera (Guiraut de Cabreira en provenzal), compuesto hacia 1170. La composición es una verdadera filípica en verso que dedica el aristocrático trovador a su ignorante juglar, donde, en 216 versos le acusa de ignorar toda clase de temas poéticos. En forma lapidaria observa Guerau de Cabrera: «Conte de Artus / non sabes plus» («no conoces ningún cuento de Arturo»), y esto justifica su truculenta despedida: «Va, Cabra, boc» («Anda, Cabra, cabrón»). La caballeresca arturiana ha penetrado en la Península Ibérica (¡y en 1170!), donde producirá muy rica florescencia, de la cual sólo comentaré sobre el *Tirant lo Blanc* y el *Amadís de Gaula,* joyas de las literaturas catalana y castellana, respectivamente.

Joanot Martorell, el autor de casi todo el texto del *Tirant lo Blanc,* fue un caballero valenciano perfectamente histórico, de una vida de todo riesgo y ventura. Su padre fue Francesc Martorell, camarero del rey Martín el Humano y jurado de Valencia, y su madre fue Damiata de Monpalau. El matrimonio, de residencia habitual en Gandía, tuvo siete hijos y el segundo-génito fue nuestro Joanot Martorell. Conviene agregar que la mayor de sus hermanas, Isabel, fue la primera esposa del poeta Ausías March, el más grande lírico del amor en la Península Ibérica en el siglo XV, a quien su contemporáneo, el marqués de Santillana, destacó con la

definición de «gran trovador y hombre de asaz elevado espíritu».
Las relaciones entre el poeta Ausías March y la familia del novelista
Joanot Martorell distaron mucho de ser líricas. La herencia que
recibió Isabel Martorell como dote matrimonial provocó graves
complicaciones y desavenencias entre el poeta y el hermano mayor
del novelista, Galcerán Martorell, y se conserva el *cartell de deseixi-
ment,* «cartel de desafío», entre ambos: «Deseiximents tramesos
per lo magnifich Mossen Garceran Martorell, Cavaller, al molt
magnifich Mossen Ausias March, Cavaller», con fecha de 15 enero
1438. Pero la inteligente intervención de Isabel Martorell, la mujer
del poeta, suspendió las armas y hostilidades y estableció una
tregua entre ambos caballeros, que bien pronto se convirtió en permanente debido a la temprana muerte de Isabel Martorell.

La vida de nuestro novelista, iniciada probablemente en
Gandía y hacia 1415, no dejó de tener sus propios tráfagos,
causados por esa misma rijosidad caballeresca tan propia de su
tiempo y de sus coterráneos. Las andanzas caballerescas de Joanot
Martorell han sido primorosamente estudiadas y comentadas por el
gran medievalista catalán don Martín de Riquer y por el gran
novelista peruano Mario Vargas Llosa. El trabajo de ambos,
titulado *El combate imaginario: las cartas de batalla de Joanot
Martorell,* es de referencia obligada. Nuevamente se trata de un
formidable lío familiar que el novelista trató de solucionar según el
antiguo derecho caballeresco, que se sustentaba en los *Furs* valencianos, enviando a su primo Joan de Monpalau un *cartell de deseiximents* en el que fijaba una batalla a *ultrança,* a todo trance, o sea
a muerte. Aquí entra en juego la hermana menor del novelista,
Damiata, y todo claramente queda definido en el encabezamiento
del *cartell,* como se debe, o debía. El novelista acusa a su primo de
que «proferís e ab sagrament juràs de pendre ma germana Damiata
per muller e desposar-la dins fort breu temps, la qual cosa fins ací
no haveu feta». Evidentemente, se trata de un histórico caso de
«matrimonio secreto», o matrimonio por palabras de presente, que
tanta popularidad y provecho tuvieron en las letras medievales, y
para ejemplificar no tengo que salirme de mis dos textos de hoy. En
el *Tirant* tenemos el matrimonio *per verba de praesenti* entre el protagonista Tirante y la princesa Carmesina, heredera del imperio de
Constantinopla (capítulos 270-271). En el *Amadís de Gaula* se trata
nuevamente del mismo tipo de connubio entre la pareja de protagonistas, Amadís y Oriana (I, 35). El *cartell* del novelista lleva

fecha de 12 mayo 1437, y esta data hace del matrimonio secreto una ceremonia fehaciente ante los ojos de la Iglesia hasta entonces, pero todo quedará anulado por el Concilio de Trento, que en su sesión del 11 noviembre 1563, prohibió su validez. Pero en los años de Joanot Martorell su *cartell de deseiximents* dejó mucha estela biográfica en el espacio y en el tiempo. En 1438, y desde Londres, el novelista se dirige a Joan de Monpalau para anunciarle que el rey Enrique VI de Inglaterra será juez en la batalla y les dará plaza asegurada. No pasó nada: el desenlace pacífico y financiero sólo vino en 1445. Pero Joanot Martorell se mantuvo en la brecha para defender su honor y en 1446 emitió nuevos *cartells de deseiximents,* esta vez contra don Gonzalbo de Híjar, comendador de Montalbán. Nada ocurrió aquí tampoco, pero el resultado literario sí fue muy positivo porque el comendador de Montalbán salió como inimitable esperpento, don Quirieleison de Montalbán, en los comienzos del *Tirant lo Blanc.*

Esta extraordinaria novela fue comenzada por Martorell y escrita en sus tres cuartas partes por el mismo, pero fue ultimada por otro caballero valenciano, Martí Joan de Galba, y se imprimió en Valencia, 1490, en la imprenta del alemán Nicolás Spindeler. Nueva edición del texto catalán salió en Barcelona en 1497, y esta edición fue terminada por el castellano Diego de Gumiel, quien, ya de regreso en Castilla, hizo imprimir en Valladolid, 1511, la traducción castellana de *Tirante el Blanco de Roca Salada.* Esta traducción fue, sin duda, la que hizo exclamar a Cervantes que el *Tirante* «es el mejor libro del mundo». Con tal padrino y tal espaldarazo no hay para qué insistir en los méritos del *Tirant lo Blanc.*

La novela es larga; la versión catalana consta de 487 capítulos. Precisamente cuántos y cuáles son de Martorell y cuántos y cuáles son de Galba es difícil de dirimir y es problema que no me importa en la ocasión. Para mis fines de hoy me referiré a Joanot Martorell como el autor único. Este largo texto se puede dividir, según sus núcleos episódicos, en cinco partes. La primera, y adopto aquí la división de Martín de Riquer, va del capítulo 1 al 97, y la acción transcurre en Inglaterra, que, como hemos visto, Martorell conoció personalmente. Aquí se refunde y amplía un texto catalán en prosa, que se conserva y se suele denominar *Guillem de Varoic*, que es, indiscutiblemente, obra del propio Joanot Martorell. Todo es una adaptación del *roman* anglo-normando de *Guy de Warwick* del siglo XII, que dejó amplios ecos en la novelística europea medieval.

En el *Tirant* esto se halla adobado con una parte doctrinal que procede directamente del *Libre de l'orde de cavalleria* de Raimundo Lulio (Ramón Llull), manual caballeresco que también fue imitado por don Juan Manuel en su *Libro del caballero y del escudero*. En esta primera parte de nuestra novela Tirant se da a conocer como excelente guerrero y justador. La segunda parte va del capítulo 98 al 114 y aquí la acción se desplaza al Mediterráneo. Como las aventuras e incidentes tienen lugar en Sicilia y en Rodas el ambiente es eminentemente marítimo y naval. Dados los fines que persigo en mi exposición de hoy analizaré esta parte más de cerca más adelante. Por el momento sólo destacaré el hecho de que aquí, en esta sección, se introduce la intriga amorosa de Felip y Ricomana, él hijo del rey de Francia y ella hija de los reyes de Sicilia. También adelantaré el hecho de que en esta segunda parte se revelan los grandes talentos de comandante naval que posee Tirant. La tercera parte va del capítulo 115 al 296 y la acción se traslada al extremo oriental del mundo mediterráneo, a la ciudad de Constantinopla, a la corte bizantina y al imperio griego. Ahora son las grandes dotes de Tirant como general de grandes ejércitos de tierra las que se ponen muy en claro, con sus sonadas victorias contra moros y turcos. Todo esto se simultanea con la gran intriga sentimental de nuestra novela: el proceso de los amores de Tirant con Carmesina, princesa heredera del imperio bizantino. La cuarta parte va del capítulo 296 al 407, y nos transporta al extremo opuesto del Mediterráneo, ya que Tirant ha naufragado en las costas de Túnez. La acción se centra sobre el norte de Africa, donde Tirant se convierte en exitoso y aguerrido caudillo cristiano de fuerzas africanas con las que derrota y convierte a los moros. La quinta parte va del capítulo 408 al 487, y es la última de la novela. Relata el victorioso regreso de Tirant al imperio bizantino, al que ahora tiene la oportunidad de liberar por completo del peligro turco. Se formaliza entonces su matrimonio con la princesa heredera Carmesina y él es elevado a la dignidad de *princep* o César del imperio. Pero en irónico epílogo Tirant muere de una pulmonía en Andrinópolis (Andrinòpol). En rápida sucesión mueren el emperador y Carmesina, y el imperio acéfalo pero en paz y tranquilidad es heredado por la emperatriz viuda, que se casa con Hipólito (Hipòlit), antiguo servidor de Tirant, que hereda el imperio y deja buena progenie. «Aquí feneix lo llibre del valerós e estrenu cavaller Tirant lo Blanc.»

El segundo núcleo episódico del *Tirant*, que es al que dedicaré especial atención hoy en día, nos narra cómo a la corte del duque de Bretaña llegaron unos caballeros del rey de Francia con el relato de unos muy inquietantes hechos para la Cristiandad. El sultán del Cairo había armado poderosa flota, con ayuda de los genoveses, para conquistar la isla de Rodas, posesión que era de la Orden de San Juan de Jerusalén. Dos caballeros genoveses de la Orden se habían comprometido a traicionarla el día de Viernes Santo, y con tales fines se había dispuesto desarmar las ballestas de los sanjuanistas. El Domingo de Ramos se aprestan las fuerzas genovesas y egipcias. Pero un caballero navarro sanjuanista se entera por una hermosa dama de lo que se ha tramado y corre a comunicarlo al Maestre de la Orden, quien comprueba el desarme de las ballestas y hace matar en el acto a los caballeros genoveses culpables. Se toman toda suerte de precauciones y poco después los genoveses de las naves comienzan a entrar en la ciudad con pretexto de paz pero con armas ocultas. Todos son apresados y arrojados en profundos silos y esto se sigue de una matanza general de genoveses. Las naves genovesas pueden huir con estas noticias al sultán del Cairo, quien, con treinta y tres mil moros asalta la isla y la conquista rápidamente en su totalidad, menos la ciudad, la cual queda sitiada por tierra y por mar y en situación de máximo peligro. Los angustiados pedidos de auxilio del Maestre quedan sin respuesta por los monarcas cristianos: el Papa, el Emperador, el rey de Francia, todos hacen oídos sordos. En estas circunstancias el propio Tirant decide ir personalmente al socorro con una gruesa nao que él arma. Entre sus acompañantes va un caballero francés, Tenebrós, y el quinto hijo del rey de Francia, Felip, valiente joven pero grosero e ignorante. Navegan desde la Bretaña hasta Lisboa y de allí entran en el Mediterráneo por el estrecho de Gibraltar, donde tienen su primer combate naval con bajeles moros. Después de nuevos combates navales con moros y genoveses a lo largo de la costa de Berbería hacen rumbo a Palermo, en Sicilia, a cargar trigo. Allí son muy festejados por los reyes de Sicilia y su hija, la hermosa infanta Ricomana. Felip se enamora de Ricomana y Tirant se desvela por ocultar su grosera tosquedad. Pero todo se tiene que interrumpir por la llegada de noticias de la inminente entrega de la ciudad de Rodas, por falta de alimentos, de no recibir inmediato auxilio. Ansiosos y desalados parten Tirant y sus compañeros y llegan en cuatro días de navegación a la vista de la isla de Rodas. Con audaz

maniobra naval Tirant consigue romper el cerco de la flota
genovesa y entrar al puerto, donde los hambrientos sitiados reciben
los alimentos con gran alegría. Con un nuevo golpe de audacia y
valor se prende fuego a la nave capitana de los genoveses, que
quedan totalmente amedrentados. Con astuta artimaña los sitiados
hacen un regalo de alimentos, de los traídos por Tirant, al Sultán
del Cairo, quien decide levantar el sitio ante el aparente fracaso de
su plan de rendir la ciudad por hambre. Las tropas moras de tierra
son perseguidas y dispersadas por Tirant, y cuando las naves del
Sultán se disponen a abandonar las aguas de la isla Tirant las em-
biste y causa grandes destrozos. Tras esta gozosa liberación hay
más navegaciones: Tirant y los suyos van a Jerusalén y después a
Alejandría, donde se liberan muchos cautivos cristianos, y todos
juntos ponen rumbo a Sicilia, donde el segundo núcleo episódico
halla su feliz desenlace en las bodas de Felip y Ricomana.

   Es muy digno de observar el hecho de que el trasfondo de este
núcleo episódico es rigurosamente histórico y contemporáneo de
Joanot Martorell. Se trata del famoso cerco de Rodas por las fuerzas egipcias que duró del 10 de agosto al 18 de septiembre de 1444,
y como observa al respecto el máximo conocedor del *Tirant lo
Blanc*, don Martín de Riquer: «Si no fuera porque nos consta que
en estos días Joanot Martorell estaba en Valencia, todos
hubiéramos creído muy verosímil que nuestro novelista participara
en este hecho de armas, tal es el rigor con que reproduce las incidencias del hecho». Este fuerte apego a la realidad contemporánea es muy propio de la disposición creativa y novelística de
Joanot Martorell, al punto que su propio protagonista Tirant lo
Blanc, se puede considerar como una suerte de personaje-mosaico,
compuesto de segmentos de mayores o menores dimensiones toma-
dos del semi-legendario Guy de Warwick, del histórico caballero
borgoñón Geoffroi de Thoisy, de decisiva participación en el cerco
de Rodas, del histórico Roger de Flor, el extraordinario jefe de la
expedición de catalanes y aragoneses a Constantinopla, del
histórico caudillo válaco Juan Hunyadi, vaivoda de Hungría,
repetido vencedor de los turcos, del tridimensional caballero an-
dante gallego Pedro Vázquez de Saavedra, y hasta de un amigo personal de Joanot Martorell, el corsario valenciano Jaume de Vilara-
gut.

   Otro aspecto muy digno de destacar es el hecho de que la literatura caballeresca es eminentemente terrestre, de desempeño por

tierra en forma casi absoluta, por la verdad perogrullesca de que el caballo, el *sine qua non* de las caballerías, es animal eminentemente terráqueo. La literatura artúrica, los *romans* de inspiración arturiana de que se nutre toda la literatura caballeresca europea son de desarrollo por tierra: las aventuras son por tierra, los viajes pueden ser por mar o por tierra. La *queste*, esa búsqueda que es el símbolo definitorio de la literatura arturiana, con la *queste del Saint Graal* (nuestra *demanda del santo Grial*) a la cabeza, esa *queste* se hace por tierra, con la esporádica y supletoria ayuda de la navegación. Pero es, precisamente, la navegación la que define el segundo núcleo episódico del *Tirant lo Blanc*. En este detalle radica uno de los factores contribuyentes a la novedad absoluta de nuestra novela caballeresca y de los que ayudan en la empresa de plantear aproximaciones a la genialidad de Joanot Martorell. En determinado momento en la génesis del *Tirant* Joanot Martorell concibió la peregrina idea de escribir una caballeresca marítima, y lo extraordinario del caso es que su empresa tuvo un éxito rotundo, como lo demuestra el segundo núcleo episódico de su novela. Bien es cierto que el gran novelista era natural de Gandía, y que, como todos sus paisanos llevaba el Mediterráneo en el alma, pero esta consideración no debe disminuir un ápice la grandeza y genialidad de su concepción. Asimismo es muy cierto el evidentísimo hecho de que Martorell no se planteó, en ningún momento, la empresa de escribir un *roman* arturiano, sino la vida de un caballero que bien podría haber sido un histórico contemporáneo suyo.

Muy distinto es el caso que nos plantea el *Amadís de Gaula*. Por lo pronto, debo puntualizar que el único texto que conocemos de esta obra es el que salió en Zaragoza en 1508, dividido en cuatro libros, cuyo texto se nos dice que «fue corregido y emendado por el honrado y virtuoso cauallero Garci Rodríguez de Montalvo, regidor de la noble villa de Medina del Campo». El inolvidable Antonio Rodríguez-Moñino descubrió cuatro fragmentos manuscritos de hacia 1420, que han ayudado a perfilar la silueta del *Amadís* primitivo, vale decir el libro de caballerías antes de que interviniese el habilísimo bisturí del cirujano Garci Rodríguez de Montalvo, que efectuó una operación que desfiguró el antiguo texto para siempre. Con anterioridad, en otros momentos y lugares, yo he fechado ese texto primitivo hacia 1285, durante el reinado de Sancho IV el Bravo de Castilla y como producto neto de tierras castellanoleonesas. No he hallado ningún motivo para desdecirme de nada de ello. En volumen el *Amadís* primitivo fue, aproximadamente, la mitad de lo que es el *Amadís* de Montavlo y creció desmesuradamente en un continuo proceso de refundiciones que remató con Montalvo, el último refundidor. Según mi reconstrucción, en la que no puedo, ni quiero, ni debo entrar ahora, el texto primitivo describía cómo el amor de Oriana y Amadís se resolvía en un verdadero aluvión de violencias y crímenes: la guerra entre Amadís y sus caballeros y el rey Lisuarte con los suyos, con Galaor, el hermano de Amadís, a la cabeza de estos últimos, la guerra provocaba el fratricidio (Amadís mataba a Galaor), y el regicidio (un caballero de Amadís mataba al rey Lisuarte). A esto le seguía, como justo castigo, el parricidio (Esplandián, hijo de Amadís, mataba a éste sin conocerle) y todo resultaba en el suicidio de Oriana, quien, desesperada ante la pérdida de su padre y de su marido, se suicidaba arrojándose de una torre. En otras palabras, el texto perdido del *Amadís* era una brillante y misógina demostración de los peligros incitados por el amor. Vale decir, hasta el momento de la habilísima intervención de Montalvo, que desfiguró la novela para siempre, el *Amadís de Gaula* fue la españolización efectiva y originalísima del mito de Tristán. Con lo que quiero decir que el *Amadís de Gaula* primitivo fue un neto *roman* arturiano españolizado.

Nada de todo lo anterior se encontrará en el texto zaragozano de 1508, pero el sistema de excusas que aduce Montalvo es tan transparente que constituye una de las efectivas ayudas en la reconstrucción del texto primitivo. Lo malo del caso es que esas excusas Montalvo las repartió entre el texto de su *Amadís* y el texto de la primera continuación del *Amadís*, su propia novela original, las *Sergas de Esplandián,* y la verdad del caso es que poca gente se atreve a apechugar con dos tan inmensas moles caballerescas. El *Amadís* de Montalvo es un libro de caballerías arturiano en sus dos primeros libros y un libro de caballerías muy poco arturiano en sus dos últimos libros. Para destacar abreviadamente el anti-arturismo ambiental del *Amadís* que se puede identificar como fruto puro y exclusivo de la minerva del regidor Montalvo baste señalar que el momento culminante del desenlace se halla en unas bodas generales que planea Amadís con la ayuda de su padre el rey Perión de Gaula (IV, cxxv). Todos los destacados caballeros amigos de Amadís, inclusive su propio hermano Galaor, son unidos en santo y católico matrimonio por el religioso ermitaño Nasciano. Tal tipo de desenlace es inconcebible en la caballeresca arturiana, en parte porque su concepto rector de amor cortés funciona fuera del matrimonio y en parte por el papel preponderante que adquiere la religión al culminar todo en santas y cristianas bodas generales.

Desparramados por el texto del *Amadís* de Montalvo hay otros detalles y episodios decididamente ajenos a la composición y factura de un *roman* arturiano, y que yo atribuyo a la pluma del regidor medinés. Destacaré algunos episodios de inspiración ajena a la caballeresca arturiana y que pondrán algunos aspectos del *Amadís* en la perspectiva buscada por mí hoy. Quiero ahora que nos acerquemos un poco al libro III donde se observarán aspectos inhallables en la literatura artúrica, y que en su momento enlazaré con la caballeresca de Joanot Martorell. En dicho libro hay un muy notable incremento en la dimensión geográfica de la novela. Ya no nos hallamos más confinados por ese hipotético triángulo formado por Gaula, Escocia y Gran Bretaña, que encierra en su área la Insula Firme y la de Mongaça, y todos los demás escenarios de la novela hasta el momento. Ahora el recorrido narrativo comienza en la Gran Bretaña, se desplaza a la Insula Firme, después de ciertas alternativas pasa a Gaula y de allí el paso se acelera y agiganta: Alemania, Bohemia, las ínsulas de Romanía, Grecia, la Insula del Diablo, Constantinopla (hemos alcanzado el punto máximo de distensión de la novela), y de allí un accidentado regreso marítimo a la Gran Bretaña. La narrativa nos hace dar un periplo a una Europa mítico-geográfica que nos lleva por tierra a Constantinopla y nos trae por mar de vuelta a la Gran Bretaña. El viaje a Constantinopla cumple con un tópico literario vigente desde la época del *roman* en verso *Cligès* de Chrétien de Troyes (segunda mitad del siglo XII). Pero el viaje a Constantinopla estaba también en el *Tirant lo Blanc*, con un detalle muy importante: Tirant viaja a Constantinopla para asumir la activa y victoriosa defensa del imperio con sus triunfantes empresas contra los turcos. Para los años de Joanot Martorell la victoriosa defensa tiene todas las características de una estridente proclama política a los caballeros de la Cristiandad, ya que Constantinopla se perdió al Turco, históricamente, en 1453.

En su novela Amadís de Gaula viaja por tierra a Constantinopla, con lo que se cumple el tópico literario, como acabo de decir, pero él no defiende al imperio de nadie, ya que no está amenazado. El que viajará al imperio de Constantinopla y lo defenderá victoriosamente del Turco, será el hijo de Amadís y ése es el gran tema de las *Sergas de Esplandián*. Para aproximar un poco más las actividades de Esplandián a las de su evidente modelo, *Tirant lo Blanc*, Montalvo no sólo hace que Esplandián emprenda triunfante defensa de Constantinopla contra el Turco ¡a comienzos del siglo XVI!, sino que como recompensa Esplandián obtiene la mano de la princesa heredera del imperio, y más afortunado que Tirant, no muere en vísperas de sus bodas, sino que, efectivamente, llega a ser coronado emperador de Constantinopla. Con sutilísimo toque narrativo Montalvo ha llevado a buen puerto dos difíciles empresas literarias. En primer lugar, ha mejorado su evidente modelo, el *Tirant lo Blanc*, al permitir el feliz acceso de Esplandián al trono de Constantinopla. Y en segundo lugar, al elevar a Esplandián a la dignidad de emperador de Constantinopla ha empequeñecido el destino literario del padre, Amadís de Gaula, quien, en su novela, no pasa de ser aspirante al trono de la Gran Bretaña.

Pero debo volver al libro III del *Amadís de Gaula*, y el viaje del protagonista a Constantinopla y su regreso a la Gran Bretaña. Para cubrir tan inmenso ámbito geográfico este libro del *Amadís* está dispuesto de tal manera que el elemento marítimo adquiere una insólita importancia, totalmente ajena a los modelos artúricos. En los libros anteriores del *Amadís* no se ha visto nada por el estilo; ha habido los inevitables viajes por mar a Gaula, y poco más. Pero en el libro III ya no se trata de las simples navegaciones de cabotaje de la Gran Bretaña a la Insula Firme y vuelta, o a Gaula, sino que ahora tenemos la navegación transmediterránea de Constantinopla a la Gran Bretaña. Además, en el libro III se preparan verdaderas expediciones navales y una de las cuatro batallas generales de este libro se libra en el mar, entre la flota de Amadís y la flota del emperador de Roma. Y debo destacar que la más tremebunda aventura de toda la novela, la del Endriago (III, lxxiii) tiene cuidadosa preparación marítima. Amadís y su compañía emprenden una larga e inacabable navegación por las ínsulas de Romanía, de la cual, sin embargo, no se nos cuenta nada. Pero la navegación es tan larga que, para destacarla aun más, Montalvo registra una de las primeras quejas laborales de la literatura española. La nave de Amadís ha dado tantas vueltas y revueltas por esas fantasmales ínsulas de Romanía que «los marineros sintiéndolo por mucha fatiga al maestro Elisabad se querellaron dello» III, lxxii). Ponen la proa para Constantinopla, pero una gran tormenta nos arroja a la ínsula del Diablo, la guarida y morada del monstruosísimo Endriago. El

Endriago es descrito como un dechado de fealdad absoluta, de fealdad física y moral, como que el Endriago es el pecado hecho carne.
La demorada descripción del Endriago y su escalofriante genealogía constituyen la aventura artística de Montalvo en su deliberada
intención de dar presencia novelística al Mal, el verdadero objetivo
de la nueva caballeresca que él está fraguando.

Las tormentas de mar adquieren, por primera vez, importancia decisiva en la dirección que emprenderá el argumento, como
cuando el rey Perión de Gaula, Amadís y su hermanastro Florestán
son echados por una tormenta en un lugar de la costa británica
donde el encantador Arcaláus tiene un castillo en el que sufren
todos tres inevitable prisión (III, lxix). Y acabamos de ver que la
propia aventura del Endriago se debe al azar de una despiadada
tormenta marina. Y claro está que la culminación, en todos los sentidos de la palabra, del libro III es su capítulo final, después de
librar una sangrienta batalla naval en la que Amadís libera a Oriana
de manos de los romanos y la lleva a poner en salvo en la Insula
Firme. Para estas alturas de su novela Amadís ha adquirido tanto
renombre de general por tierra como de almirante por mar, al igual
que su modelo *Tirant lo Blanc*.

El libro III del *Amadís de Gaula* tiene, como es evidente, una
decidida vocación marítima que es inhallable en la literatura propiamente artúrica, que ha actuado, hasta el momento, como su
muy claro y definido modelo, muy en particular a través del *Tristan
en prose,* del *Lancelot del Lac* y del *Merlin.* Pero el libro III del
Amadís adquiere fuertes características marítimas y orientales, ya
que por largo intervalo el eje de la novela está centrado en Constan-
tinopia. Creo yo que esta orientación marítimo-oriental del libro
III denuncia la intervención bien marcada del regidor Montalvo en
la redacción del *Amadís.* Porque ese tipo de orientación, en sus
rasgos generales, sin entrar en detalles episódicos, es el que define el
Tirant lo Blanc del valenciano Joanot Martorell, cuya primera
edición salió en Valencia, 1490, mientras que el *Amadís* de Montalvo salió en Zaragoza, 1508. No quiero ni siquiera insinuar un
sistema de imitaciones concretas del *Tirant* por parte de Montalvo,
sino que quiero abocar al distinguido público a la fuerte pro-
babilidad de que Montalvo conoció el *Tirant* y meditó el esquema
general de esta obra a partir del largo episodio preliminar del *comte*
Guillem de Varoic, que le venía pintiparado para sus fines de refun-

dición y cambio de sentido del *Amadís* y su continuación en las
Sergas de Esplandián.

Porque una vez que el caballero Tirant lo Blanc pisa la escena
de su novela la acción se dirige rápidamente hacia el Mediterráneo,
y desde su base en Palermo Tirant emprende victoriosas empresas
navales, es llamado a Constantinopla, la defiende triunfalmente
contra los turcos, es nombrado sucesor al trono imperial, casa con
la bella princesa Carmesina, pero una enfermedad lo arrebata antes
de consumar la boda. Orientación marítima y oriental, eje narrativo que pasa por Constantinopla, interés sentimental, íntimas relaciones con la corte imperial, algo de todo esto enlaza el libro III del
Amadís de Montalvo con el *Tirant lo Blanc*. El resto de la orientación narrativa que impuso a Montalvo una meditada lectura del
Tirant lo Blanc ya no se ejerció sobre el *Amadís de Gaula* sino
sobre su primera continuación, que también es obra de Montalvo,
las *Sergas de Esplandián*. Allí también se cumple el tópico literario
del viaje a Constantinopla, esta vez en la persona de Esplandián,
pero en las *Sergas* con la variante adicional, respecto al *Amadís*, de
que a través de sus relaciones amorosas con la princesa Leonorina,
Esplandián es nombrado sucesor al trono imperial, tal cual como
Tirant. Y la triunfante defensa de Constantinopla es para los años
de Joanot Martorell una excitada llamada a las armas cristianas,
pero para los años de Montalvo, a comienzos del siglo XVI, tal tipo
de llamado sólo puede tener vigencia en el plano estrictamente literario. Y la literatura proveyó a Montalvo con el modelo a seguir, el
Tirant lo Blanc. Es admirable el tino y moderación con que Montalvo adapta un esquema narrativo general, el de las dos últimas
terceras partes de *Tirant lo Blanc*, y lo parcela sabiamente entre sus
dos novelas, el libro III del *Amadís de Gaula* y el amplio movimiento argumental de las *Sergas de Esplandián*. Con finísima técnica
imitativa el regidor Montalvo hace pasar algo del *Tirant lo Blanc* a
su *Amadís de Gaula*: el viaje a Constantinopla, las hazañas
navales, el ambiente marítimo; y algo más del *Tirant* para a sus
Sergas de Esplandián: nuevo viaje a Constantinopla, pero ahora
seguido de una triunfante defensa de Constantinopla y las bodas
del protagonista con la hija del emperador de Constantinopla. Tal
es el tipo de relaciones que postulo para estas excelentes obras de la
caballeresca literaria española.

NOTA

1. Tengo el gran gusto de dedicar el texto íntegro de una de mis conferencias públicas ibéricas de la primavera de 1984, a mi bueno y viejo amigo Sumner Greenfield, compañero de aventuras harvardianas, en lejanos y felices años.

ANTONIO MACHADO'S «UN OLMO SECO»: THE CRITICAL USE AND ABUSE OF BIOGRAPHY

H.L. BOUDREAU
University of Massachusetts, Amherst

> —¿Mas el arte?...
> —Es puro juego,
> que es igual a pura vida,
> que es igual a puro fuego.
> Veréis el ascua encendida.
> Antonio Machado[1]

Prior to the Russian Formalists and the American New Critics, the genetic or historical approach to literature was the norm, and a poet's biography was at the center of the approach. Strangely, although the written was ostensibly the reason for literary study, it was in practice set aside in favor of the writer. As the Russian formalist Osip Brik complained, such topics as whether or not Pushkin smoked seemed to be of greater moment than the literary qualities of *Eugene Onegin*.[2] Both the Russians and the New Critics outlawed concern with the author so as to bring about a concern with the work as literature, with its literariness. Their position represented a much-needed swing of the pendulum and the New Critical dictum about the «intentional fallacy,» although much pummeled by theorists such as E.D. Hirsch, is still very much alive.[3] However, the views of Hirsch and others of like mind have in turn been vilified by adherents of the newer formalisms (structuralism/semiotics and post-structuralism) that have followed the two already mentioned and which also outlaw consideration of the author, but now on the grounds of his «death,» as Roland Barthes puts it, due to our tardy realization that literature is nothing but language created by linguistic codes at play, the author being a mere conduit, not a subject.[4] Despite all of the above, I suspect that most of us do build into our reading of any work such information exterior to it as has happened to come our way. How could a reader avoid doing so—even though a contemporary critic might choose not to address those same matters in his or her published work. Is it ever possible to know too much? I know of only one theorist (John Ellis) who answers yes to that question.[5]

The degree of interest manifested by contemporary readers and critics in the biography of poets varies from writer to writer and undoubtedly depends upon the extent to which a given poet's work posits a quotidian life as generator of the poems. This sensed life, the persona created by the text, is a form of poetic voice that asks the reader to imagine a human character as equivalent to that voice.[6] Antonio Machado's work does this in high degree, as does, for example, that of Emily Dickinson and Robert Frost in the United States, and all three are usually read «biographically.» The so-called «pure» poets do not attract this type of attention.

I know of no analysis of Machado's «A un olmo seco» that might be called thorough, but there are many considerations of it, all of which, if they relate it to the poet's biography, claim that Machado's wife Leonor is the concern at the heart of the poem. I refer to comments and studies by such critics as José Luis Cano, Biruté Ciplijauskaité, Angel Del Río, Vicente Gaos, Oreste Macrí, Antonio Sánchez-Barbudo, Arthur Terry, Manuel Tuñón de Lara, and Luis Felipe Vivanco, among others. One article even finds anagrams of the name Leonor in many of the poem's lines.[7] Machado married Leonor in 1909 in Soria where he had gone to teach in the local *instituto*. He was thirty-four years old and she sixteen. She died three years later and did indeed have a profound effect on the poet and his work, where she is several times mentioned by name. But for present purposes the pertinent facts are these: «A un olmo seco» was completed on May 4, 1912, the date originally appended to the poem. Leonor died about three months later, on August 1. This appears to be all there is to the biographical dimension under discussion. Critics present no other related information. However, I submit that another less frequently noticed biographical fact also bears a relationship to the poem and might well be as emotion-laden for the poet as the first. Those of us who read the poem now read it as part of *Campos de Castilla*, of which it seems most representative. But that collection was published early in 1912, and since «Olmo» was composed shortly after the book's publication, obviously it became part of *Campos* only in later editions. The questions before us are these: Are these biographical facts, which may be in the mind of the reader, helpful or harmful to one's interpretation of the poem? Is either essential? Does the poem itself seem to accept or reject one or both of the data?

Focussing only on those aspects of the poem which impinge upon the problem, we notice at once that the central metaphor of the poem is that of the tree as an image of human life. Despite the fact previously mentioned that Machado is a master of writing poems that cause us to naturalize them as personal experiences of the lyric voice—or even of the historical Machado—we should recognize that this metaphor is a traditional *topos*—as are so many of Machado's most frequent metaphors: the waters of time, the sea of death, the road of life, etc. The history of Western literature is replete with examples comparable to Machado's *olmo* poem (and to his several other tree poems) and in modern Spain the metaphor —undoubtedly rooted in the Biblical trees of life and of know-ledge—has been much used. Witness the *nogal* of Unamuno's *San Manuel Bueno, Mártir* and «Los nogales» of Delibes' short story, not to mention the most prominent and overt example of all, the interplay of the two trees in Baroja's *Arbol de la ciencia*. That this tree association arises from the cultural text is illustrated by the general use in Spain and in the world at large, of cypresses for cemeteries and of weeping willows for funeral art—which is to say that if the tree is a metaphor for life, it also carries the sign of death, as it does in the poem at hand and in all the examples just mentioned.

Knowing that the formal requirements of genre are a powerful intertextual determinant in both the creative and the interpretive processes, we note that Machado's poem is an apostrophe, a poetic form defined by Jonathan Culler in his brilliant essay on the subject as a drama of the mind rather than a relationship between an I and a you. As Machado himself tells us in one of his *proverbios*, «Con el tú de mi canción/ no te aludo, compañero;/ ese tú soy yo.» (p. 203). Apostrophe, for Culler, «is perhaps always an indirect in-vocation of the muse» and thus associated with the creativity of the poet.[8] The *olmo* poem also bears a very close relationship to what M.H. Abrams calls the «greater Romantic lyric.» Such poems

> present a determinate speaker in a particularized, and usually a localized outdoor setting, whom we overhear as he carries on . . . a sustained colloquy sometimes with himself or with the outer scene . . . . The speaker begins with a description of the landscape; an aspect or change of aspect in the landscape evokes a varied but integral process of memory, thought, anticipation, and feeling which remains closely intervolved with the outer scene. In the course of this meditation the lyric speaker achieves an insight, faces up to a tragic loss, comes to a moral decision, or resolves an emotional problem. Often the poem rounds upon itself to end where it began, at the outer scene, but with an altered mood and deepened understanding which is the result of the intervening meditation.[9]

I include this passage here both because it is astonishingly descriptive in every detail of «A un olmo seco»—indeed, it characterizes a whole category of Machado poems, including a number of his finest—and because these are not, as we shall see, the only striking similarities the *olmo* poem has to European romanticism, that movement whose basic poetic act is «the transformation of the natural into the human.»[10]

What attracts the poet's attention in the referential image of the dead tree is, of course, some bit of life—«algunas hojas verdes»—arising from death itself, for the tree will not in fact live again. The many possibilities of its short future—all of them forms of death—are meticulously laid out for us by eleven unbroken lines of *antes que* clauses that will not let the reader of the poem rest until he or she again arrives at the word *olmo*. The direct address of apostrophe here even telescopes the apostrophic «Oh,» as in—to choose examples from Machado—«¡Oh, Guadalquivir!» or «¡Oh, loma de Santana!» (pp. 208, 138)—in the tree's very name. Then comes the deeply expressive understatement of «quiero anotar en mi cartera/ la gracia de tu rama verdecida.» The hackneyed version found in another poem heightens our appreciation: «Y ese árbol roto en el camino blanco/ hace llorar de lástima.» (p. 69) The final lines of «Olmo» directly relate the *yo* of the dialogue with the apostrophic *tú*, in hopes of a comparable rebirth—one as minor and as temporary as that of the tree. The hope is a small one. Should we wish to bring to bear upon this matter still another biographical datum and protest that Machado was only thirty-seven at the time and not conceivably near death, we may be told one of at least three things: that Machado once claimed «Nací viejo,» (thus making an «old» but biographical «Machado-the-man» to appear in the poem) or we may be told that the *yo* of the verses is only a persona of the writer and is therefore exactly as old as the poem conjures him to be—or, best of all, that the poem elsewhere suggests that the death being referred to is not that of the body. But before the matter of that other death is taken up, perhaps the exorcism of the ghost of Leonor can begin. That the poem does not concern her may first be surmised by means of what we know of the typical structure of apostrophe, and second by what Carlos Busoño might call «inadecuación metafórica»[11]—the singular inappropriateness of a beloved nineteen-year-old wife's approaching death being metaphorized in an «olmo centenario . . . en su mitad podrido»—and third by the nature of the tree/poetic voice tradition, this last an argument which has still to be further elaborated. It already seems safe to suggest, in answer to one of our early questions, that the words, images, and structure of the poem do not favor this biographical reading, and one guesses that simple chronological juxtaposition of the poem's creation and Leonor's illness has led a long series of commentators—each responding to those who came before—to find what Angel Del Río, referring to this very poem, called «uno de los grandes motivos amorosos de la poesía española.»[12] «Texts come before us,» Frederic Jameson reminds us, «as the always-already-read; we apprehend them through sedimented layers of previous interpretations, or if the text is brand-new—through the sedimented reading habits and categories developed by those inherited interpretations.»[13] These previous biographical interpretations have become intertexts of the poem that are quite as powerful as the biographical intertext itself. Moreover, recent theory has been demonstrating that first readings retain their priority; that is, they produce premature closure on interpretation.[14] The primacy effect causes the first meaning seen to be taken as the only meaning. For example, most readers of Robert Frost's «Mending Wall,»[15] even after experiencing—yes, even after studying—the entire poem, still assume that its first line («Something there is that doesn't love a wall,») expresses the view

of the lyric voice, priority having made it seem so, when in fact the
perspective of the text as a whole is that walls are necessary. That
initial line not only carries the authority of firstness but is rein-
forced by another priority, that of the cultural text in our heads
that takes a negative view of walls that exclude. Ironically, this last
one is precisely the text that generated the poem's contrary perspective. A recent book—there is no need to identify it—on another
subject, in discussing Machado's line about Spain as «Devota de
Frascuelo y de María,» (p. 152) finds in the name Frascuelo a
reference to St. Francis rather than to the once popular bullfighter.
The error is undoubtedly fostered by the religious context already
established in the line. Such effects can be strong enough to subdue
contrary knowledge. In short, there are many kinds of primacy effects that tend to impede further insight, including any firmly held
interpretation, no matter how arrived at. The artist M.C. Escher
even bases his art on the principle that the eye always focusses on a
specific object, having done which it reduces all else to
background.[16] Despite all of this, let it be understood that I am not
suggesting that Machado's wife's illness must be thought to have
no bearing on the state of mind out of which the poem had perforce
to arise, but only that Leonor is not, on the basis of internal
evidence, the referent of the poem. As Frank Cioffi put it in an
essay on intentionality, «Once in possession of biographical data»
we find it «difficult to be sure what is 'in the work itself'.»[17]

Is the other biographical datum concerning the poem's relationship to *Campos de Castilla* as problematic as the Leonor matter? Undoubtedly. «Once we must interpret, we must hypothesize
and be tentative.»[18] There is a major difference, however: the
reading suggested by the second datum can be grounded in the
structures, traditions and images of the poem itself. It also finds
parallels in many other works of Machado. I refer to the theme of
artistic sterility, common to so many poems and so many poets.
Harold Bloom considers this «fear-that-becomes-poetic-theme» to
be one of what he calls the «three crossings» central to the Romantic «crisis poem,» a category into which «A un olmo seco» clearly
fits. The three crossings or crises are: loss of capacity to love, loss
of the vital instinct, and loss of the creative gift.[19]

This dimension of «A un olmo seco» may be thrown into relief
by reference to two other poems from among the many in the
«tree/human life/poetic voice» tradition: «Presagio» of 1907, by

J.M. Gabriel y Galán and «Chopo muerto» of 1920, by Federico
García Lorca. The Gabriel y Galán rises little above doggerel and
the García Lorca is an immature piece, but this matters not for
these purposes, since what is illuminating are the elements they
share and the tradition they exemplify, one poem coming a few
years before «Olmo,» the other a few years after. In «Presagio» an
old man sits before the fireplace where burns a log cut from a dead
oak tree that he associates with his entire lifespan. The poem ends
with:

> Yo tengo miedo, Agustina,
> que el tiempo que se avecina
> me busca amenazador...
> ¡Ay, que ya murió la encina
> del valle de Fuenmayor!...[20]

These verses merely follow the traditional juxtaposition of the
tree's life with man's life; other lines in the poem, however, provide
a second common literary association, that of trees with music, i.e.,
poetry:

> Y sonaron mis canciones
> a ruido de hojas de encina,
> arpa ruda, cuyos sones
> dieron al alma emociones
> y al astro voz peregrina.

The relationship of the poet's art to the «song» of the tree is
without depth here, but present nevertheless. García Lorca's
«Chopo muerto» contains the basic elements and trajectory found
in «A un olmo seco,» that is, the fallen tree which is not to be in-
habited by birds but by ants and is finally to be carried off to the
sea. The poem ends: «Y escribo tu elegía/ Que es la mía.»[21] Recall
Machado's lines:

> No será, cual los álamos cantores
> que guardan el camino y la ribera,
> habitado de pardos ruiseñores.

Ejército de hormigas en hilera
va trepando por él, y en sus entrañas
urden sus telas grises las arañas. (p. 129)

The tree having been established in this drama of the mind as the
metaphor of the poet and not of the beloved (these lines make no
poetic sense if referred to Leonor), we can immediately see that the
verb *cantar* (always the metaphor of poetry) speaks of both tree
(the music of its leaves in the wind, its singing birds) and poet in all
three of these poems.

If «Olmo's» spiders are here a funereal sign in the tree's
entrañas (i.e., heart), their positive counterpart in Machado's
poetry is the productive bee in the «colmena del corazón,» what
J.M. Valverde in his book on Machado calls «la abeja de la
poesía.»[22] Although Machado is specifically echoing the Santa
Teresa of *Las moradas*, the bee that stands for poetic invention
comes to us all the way from classical antiquity.[23] Its most famous
appearance in Machado (there are many and the metaphor always
has to do with poetic productivity) is in the second stanza of
«Anoche cuando dormía»:

Anoche cuando dormía
soñé, ¡bendita ilusión!,
que una colmena tenía
dentro del corazón;
y las doradas abejas
iban fabricando en él,
con las amarguras viejas,
blanca cera y dulce miel. (p. 60)

The *entrañas* of the tree, then, and the heart of the poet are vehicle
and tenor of a metaphor. The very poem that follows the one just
quoted continues this theme of the fear of loss of poetic voice:

¿Mi corazón se ha dormido?
Colmenares de mis sueños,
¿ya no labráis? ¿Está seca
la noria del pensamiento,
los cangilones vacíos,
girando, de sombra llenos? (pp. 60-61)

Once recognized (others have noted it), this preoccupation reveals itself as one of Machado's major subjects and one in need of much further study. «Coplas mundanas» speaks openly of the problem:

> Poeta ayer, hoy triste y pobre
> filósofo trasnochado,
> tengo en monedas de cobre
> el oro de ayer cambiado. (p. 75)[24]

The biographies of poets and interviews with writers reveal that the crisis of creativity is always at its worst after a major work is finished. «A un olmo seco» may well be the product of such a crisis immediately after the publication of *Campos de Castilla*.

Machado's poem concludes with the following lines:

> olmo, quiero anotar en mi cartera
> la gracia de tu rama verdecida.
> Mi corazón espera
> también, hacia la luz y hacia la vida,
> otro milagro de la primavera. (pp. 129-30)

A recent article by Ernesto Jareño illustrates, by citing earlier poems, that this particular *rama* image is traditional.[25] I am not at all surprised, having myself recently read in an anonymous review that one might «cajole from the withered tree of Realism a fresh and vigorous branch.»[26] But more interesting than the image itself is the paradigm of comparable images of similar thematic burden in other Machado poems. A comparatively large number of his major lyrics have counterparts among the brief *proverbio* pieces and it is here that paradigmatic substititution of metaphor often reveals itself. The match for the longish poem «Anoche cuando dormía» is:

> Ayer soñé que veía
> a Dios y que a Dios hablaba;
> y soñé que Dios me oía...
> Después soñé que soñaba. (p. 156)

The relationship could hardly be clearer in this instance, but the twin of «A un olmo seco» contains a new metaphor, a different one but one that is a member of the same class as «algunas hojas verdes»:

> Creí mi hogar apagado,
> y revolví la ceniza...
> Me quemé la mano. (p. 204)

Just as in «Olmo» and «Anoche,» we have here a variant of the «dead center» (*entrañas, corazón, hogar*) that is found still to have some life left.[27] The *ceniza* is often an *ascua* in other poems, both words, like the dead-but-yet-alive tree, being capable of carrying the double sign of life and death. Carlos Bousoño studies one of these *ascua* poems in his *Superrealismo y simbolización*, speaking of the image's «simbolizado fúnebre» and its common association with death.[28] The image in relation to poetry is also something of a commonplace and many examples are available. Percy Shelley spoke of the «fading coal» of inspiration.[29] William Wordsworth's «Intimations of Immortality» includes: «Oh joy! that in our embers/ Is something that doth live.»[30] Charles Baudelaire can be found saying: «Ah! ne ralentis pas tes flammes;/ Réchauffe mon coeur engourdi,»[31] and many more examples are available. The referent of the *ascua* (or its equivalent) is often a sunset, a hearth, a dead tree (the reader will have noticed that both Gabriel y Galán's «Presagio» and Machado's «Olmo» contain the log and burning hearth image)—each standing finally for the heart of the poet («Mi corazón espera»), a despairing center that paradoxically hopes. Often Machado refers directly to his heart without need of a referent from the natural world, as in «Yo soy soñando caminos» (p. 31) and in the already referred-to «Anoche cuando dormía.» In the one, the missing «espina dorada,» in the other the dreamed-but-not-real divine light are members of the paradigm of death-in-life/life-in-death images. The fear of artistic sterility generates them all as the poet laments the lack of a vital project, a sentiment not unlike the malaise felt by Baroja's abulic protagonists.

The *ascua* image is specifically defined as referring to art in the poem that serves as epigraph to this study. Artistic genius as «inner light» or «fire» is a literary cliché that comes to us from Romanticism.[32] It is easy to recognize when it is expressed as a divine light

in «Anoche cuando dormía» or as the illumination that is the goal
of the poet in Juan Ramón Jiménez' «Mariposa de luz»[33] or even in
Machado's contrary «mariposas negras» (p. 71), but perhaps not
so evident when transformed into «algunas hojas verdes»—even if
that too is a commonplace—by the genius of a Machado. *Verde* in
the poem is the binary opposite of the *seco* of the title where *viejo*
or *muerto* might have been expected. This opposition is comparable to that of «Anoche,» where the dreamed *fontana* is
generated by the aridity of spirit felt by the lyric voice. The *ascua*
image functions in like manner as that which in appearance is dead
(*ceniza*) but which may live again (*llama*).

Like all other poets, Don Antonio has a limited repertoire of
themes and a limited repertoire of metaphors. I have been studying
one paradigm of metaphors and its expression of one theme that
may well be the primary one in «A un olmo seco»: the fear of being
«written out,» of being dead to poetry. But Machado is a poet all
of whose major subjects are elaborated as losses: loss of youth and
time, loss of love, loss of faith and, of course, loss of art.[34] All of
them happen to be versions of Harold Bloom's three crossings.
And it is precisely these felt losses—including, paradoxically, the
last mentioned—that generate his art, «fabricando . . . con las
amarguras viejas . . . dulce miel.» The poem just cited portrays this
creativity as dream rather than reality, but the reader knows otherwise; the poem is in his hand. How strange a dialectic this is in so
many of the world's premier poets: the fear of the death of art produces living poetry.

*   *   *

A poem may invite a certain interpretation, it may permit it, it
may demand it, but it may also resist or reject it. Let us not force it
into submission. The reading of «A un olmo seco» that has here
been preferred is in keeping with the elements of the poem as I
understand them. It has been bolstered with a biographical fact
and, more important, with an examination of the relations the text
sustains with literary forms and traditions and the context of
Machado's other work. Leonor does not appear to be inscribed in
the poem thus examined and her repeated projection into it by critic
after critic is striking evidence of the potential distorting power of
an unexamined biographical approach to criticism. The very sub-

ject of the poem has been obscured. One is tempted to endorse the theoretical view that «to attach the poem, in any way, to singular circumstances subverts the fundamental condition which invests it with its special character,»[35] but I too have been untrue to that view in the preceding pages. Perhaps a less exclusivist position would be more realistic, one that recognizes that intentionalism (of which biographism is a branch) will always be in operation in our relations with literature and that what is required is heightened awareness both of that fact and of the extraordinarily problematic nature of the intentionalist dimension of criticism.[36]

A year after the composition of «A un olmo seco,» Machado, no longer in Soria, wrote a poem called «Recuerdos.» It includes the line: «Dará sus verdes hojas el olmo aquel del Duero?» (p. 130) That deictically specific *aquel* may or may not refer to a particular tree in the landscape of Soria, but it cannot fail to evoke for both poet and reader the one in the poem of the previous year and the one found in the *topos* that generated that poem. Another lyric of 1913, «A José María Palacio,» contains a plural reference: «¿Tienen los viejos olmos algunas hojas nuevas?» (p. 136) This poem is an excellent example of one in which Leonor *is* inscribed and for which biographical information concerning the last two lines enhances the poem for many readers. It would, however, be possible to argue, even here, that «attaching the poem . . . to singular circumstances» limits it. It certainly changes it.

NOTES

1. *Poesías completas*, 10th ed. (Madrid: Espasa-Calpe, 1963), p. 210. Future quotations from Machado's poetry are also from this edition. Page numbers appear in the text.

2. Ann Jefferson, «Russian Formalism» in *Modern Literary Theory: A Comparative Introduction*, ed. Ann Jefferson and David Robey (Totowa, New Jersey: Barnes and Noble, 1982), p. 18.

3. See E.D. Hirsch, *Validity in Interpretation* (New Haven: Yale University Press, 1967).

4. «The Death of the Author,» in *Image—Music—Text* (New York: Hill and Wang, 1977), pp. 142-48.

5. *The Theory of Literary Criticism: A Logical Analysis* (Berkeley: University of California Press, 1974), p. 133.

6. This formulation comes, by way of Richard Poirier's *Robert Frost: The Work of Knowing*, from Denis Donoghue, *Ferocious Alphabets* (New York: Columbia University Press, 1984), pp. 123-24.

7. Biruté Ciplijauskaité, «Las sub-estructuras en *Campos de Castilla,*» in *Estudios sobre Antonio Machado*, ed. José Angeles (Barcelona: Ariel, 1977), pp. 97-119. The anagrams, however, are often achieved by dubious means («con cierta modificación,» «con un poco de benevolencia,» etc.) and had Leonor's name been Carmen, María, or any number of others, anagrams would not be lacking. Frequency depends on the alphabetical make-up of the name. Inevitably, one can find multiple anagrams of the word *Leonor* in poems written before Machado had met his wife to be.

8. *The Pursuit of Signs* (Ithaca: Cornell University Press, 1981), pp. 135-54. For study of genre as determinant, see Alastair Fowler, *Kinds of Literature: An Introduction to the Theory of Genres and Modes* (Cambridge: Harvard University Press, 1982), particularly Chapter 14: «Genre in Interpretation,» pp. 256-76.

9. «Structure and Style in the Greater Romantic Lyric,» in *From Sensibility to Romanticism*, ed. F.W. Hilles and Harold Bloom (New York: Oxford University Press, 1965), pp. 527-28.

10. Denis Donoghue, p. 132.

11. See his *Teoría de la expresión poética,* 5th ed. (Madrid: Gredos, 1970), II, pp. 65-68.

12. *Historia de la literatura española* (New York: Holt, Rinehart and Winston, 1963), II, p. 288.

13. *The Political Unconscious* (Ithaca: Cornell University Press, 1981), p. 9.

14. See in particular Menakhem Perry, «Literary Dynamics: How the Order of a Text Creates its Meanings,» *Poetics Today* 1, No. 1-2 (Autumn 1979), 35-64.

15. *The New Oxford Book of American Verse,* ed. Richard Ellmann (New York: Oxford University Press, 1976), pp. 395-96.

16. Peter Hutchinson, *Games Authors Play* (London: Methuen, 1983), p. 45.

17. «Intention and Interpretation in Criticism,» in *On Literary Intention,* ed. David Newton-de-Molina (Edinburgh: Edinburgh University Press, 1976), p. 71.

18. Charles Altieri, «Wittgenstein on Consciousness and Language: A Challenge to Derridean Literary Theory,» *MLN* 91, No. 6 (December 1976), 1409.

19. *Wallace Stevens: The Poems of Our Climate* (Ithaca: Cornell University Press, 1976), p. 403.

20. *Poesía y prosa*, ed. Luis Jiménez Martos (Madrid: Magisterio Español, 1970), pp. 90-93.

21. *Obras completas* (Madrid: Aguilar, 1964), pp. 260-61.

22. *Antonio Machado* (Madrid: Siglo XXI, 1975), p. 9. Machado is especially fond of the insect «code.» The traditional poetic semes associated with each insect (spider, ant, bee, butterfly, etc.) appear in many poems, while «Las moscas» (*Poesías completas*, p. 52) claims, inaccurately, to have given flies their first poet.

23. Loy D. Martin, «A Reply to Carl Pletsch and Richard Shiff,» *Critical Inquiry* 7, No. 3 (Spring 1981), 641.

24. Be it noted that I am not making the discredited argument about philosophy vs. poetry for which this poem has been considered evidence, nor am I attempting to establish a chronology of Machado's disillusion. For discussion of the poem's use in such arguments, see Manuel Cerezo Galán, *Palabra en el tiempo* (Madrid: Gredos, 1975), pp. 34-36.

25. «Milagro de la primavera,» *Cuadernos hispanoamericanos*, 374 (August 1981), 364-373.

26. «Carmen Martín Gaite y sus apuntes del natural,» Unknown journal, cited by Joan Lipman Brown, *Carmen Martín Gaite* (Boston: Twayne 1983). I am fully aware that the metaphor in this case may have its origin in the Machado poem itself rather than in a tradition common to the two instances.

27. Machado's *hogar*, found in many poems, is his version of the *topos* «the circle of happiness at the hearth.» See Jonathan Culler, p. 56. Culler is commenting on Hans Robert Jauss' «La Douceur du foyer: The Lyric of the Year 1857 as a Pattern for the Communication of Social Norms,» *Romanic Review*, 65, No. 3 (May 1974), 207, 210.

28. *Superrealismo y simbolización* (Madrid: Gredos, 1979), pp. 220-21.

29. Frank Lentricchia, *After the New Criticism* (Chicago: University of Chicago Press, 1980), p. 74.

30. *The New Oxford Book of English Verse,* ed. Helen Gardner (New York: Oxford University Press, 1972), p. 511.

31. *Oeuvres complètes* (Paris: Gallimard, 1975), I, p. 139.

32. Terry Eagleton, *Literary Theory: An Introduction* (Minneapolis: University of Minnesota Press, 1983), p. 39.

33. *Antolojía poética* (Buenos Aires: Losada, 1966), p. 274.

34. The group of metaphors under consideration in this study is not limited to the one theme that concerns us. Machado's metaphors are large and versatile; one loss is not unrelated to another. The images here examined, moreover, are structurally typical of Machadian thematic metaphor; that is, they are composed of two contradictory semes, one positive and one negative, out of which arises the paradoxical truth sustained by the poem: the trackless road («Caminante, son tus huellas,» p. 158), the waterwheel that both reveals and conceals the existence/non-existence of God («La noria,» p. 51), the fire in the heart that is both passion and pain («Yo soy soñando caminos,» p. 31), the sea that is both life and death in so many poems.

35.   Robert B. Myers, «Pragmatic Interpretation,» *Boundary 2*, 8, No. 3 (Spring 1980), 137.

36.   An excellent introduction to those problems from a variety of perspectives is found in the David Newton-de-Molina anthology referred to in Note 17. Post-structuralist views, however, are not included.

SER-EN-EL-MUNDO: EL TEATRO EXISTENCIAL
DE MIGUEL DE UNAMUNO

LUCILE CHARLEBOIS
The University of Nebraska-Lincoln

Este ensayo, que parte de la base meticulosamente planteada por Iris Zavala y Andrés Franco en sus libros sobre el teatro de Unamuno,[1] intentará avanzar un paso más. Para estos dos críticos el teatro le sirvió a Unamuno de plataforma para «la exteriorización del drama de la conciencia,»[2] esto es, de los problemas metafísico-espirituales que siempre le acosaron a lo largo de su vida. Con todo, la retórica metafísica de la cual se vale Zavala en su análisis subraya el latente existencialismo del teatro de Unamuno; pero ella nunca lo clasifica explícitamente como existencialista. Angel Alcalá, en un artículo titulado «Para 'otro' Unamuno a través de su teatro,» lo coloca en la línea del teatro existencial del siglo XX. Sin embargo, lo dice tan casualmente que es fácil concluir que Alcalá no considera a Unamuno un precedente serio del futuro teatro existencial.[3]

Considerando lo marginalmente sondeados que resultan algunos aspectos fundamentales del teatro unamuniano, nosotros nos atrevemos a clasificarlo definitivamente de existencial y definirlo en términos del sistema filosófico establecido por Søren Kierkegaard, Martin Heidegger, Karl Jaspers y Gabriel Marcel, entre otros. Así enfocado, concretiza visualmente las siguientes características que forman el andamiaje del Existencialismo: el predominio de la importancia de la existencia sobre la esencia del ser humano;[4] la obsesiva indagación en el valor de la existencia; la necesidad de decidirse para poder, así, auto-conocerse; la unicidad del momento presente en el transcurso del tiempo; y el habla como rasgo esencial del ser.[5] Es por ello, entonces, que este estudio demostrará que un examen sintético—y ya se han hecho numerosos otros análisis de orientación temática de ciertas obras en particular[6]—de las obras teatrales de Unamuno revela un trasfondo netamente existencial que condiciona tanto la temática como varias dimensiones técnicas de las mismas.

Tres núcleos temáticos fundamentales

Al contemplar el mundo que nos dejan las once obras de teatro que escribió Unamuno,[7] lo que salta a la vista es que gran parte del efecto dramático del conjunto, así como el de cada una de las piezas, consiste en dejar insatisfechos tanto a los protagonistas como al público frente a la falta de la resolución completa de los conflictos planteados. Con la excepción de *La venda,* cuyo conflicto nace de un solo personaje (María) dividido en dos al recuperar la vista, cada una de sus obras brota del antagonismo entre dos protagonistas, lucha que se exacerba si se recuerda que las obras terminan sobre una nota de mayor escisión conflictiva que al principio. Si hay resolución, sólo es parcial y culmina contradicatoriamente en una de dos posibilidades: la muerte o la soledad total. En cuatro obras (*Fedra, Soledad, Sombras de sueño* y *El hermano Juan o el mundo es teatro*) muere un miembro de cada pareja[8] de protagonistas. En otras obras, mientras que un protagonista parece haberse salido con lo suyo, el otro, en contraste, está solo y totalmente perplejo: el abuelo Víctor Landeta (*El pasado que vuelve*), aunque casado, se enfrenta solo con su propia locura, creyendo haberse muerto y resucitado en su nieto Víctor; Simón (*Raquel, encadenada*) está solo con su ama Catalina cuando su esposa Raquel le abandona para vivir con su antiguo novio Aurelio; Laura y Damiana (*El otro*) pierden sus esposos sin haber podido asegurarse de cuál era la auténtica identidad de «el Otro.»

Plasmado así—en forma conflictiva—, el carácter existencial de los dramas de Unamuno se fundamenta en tres núcleos temáticos que forman e integran en una constelación las siguientes preocupaciones: la soledad, la condena «trágica» de vivir una vida que uno no ha escogido y que asimismo desemboca en una fuerte preocupación con la teatralidad de la vida, y el sentirse «otro.» Empecemos pues con la soledad de los personajes unamunianos, la cual no es sino una constante que no los abandona nunca. Los que al principio se dan cuenta de que están solos, acaban definitivamente enajenados. Cuando, por ejemplo, la acción de *Sombras* empieza, Elvira está sola pero resignada a vivir en su mundo de fantasía, esperando a su mítico Tulio Montalbán; cuando termina la obra, ella está más aislada que nunca: tanto su héroe Tulio como el recién llegado Julio han muerto del todo, y su padre, el gran historiador y guardián del patrimonio de Solórzano, está totalmente desilusionado con la historia que antes le había inspirado tanto. Cuando, por su parte, la ciega de *La venda* recobra la vista, se da cuenta de que estaba más acompañada en el mundo de los ciegos que en el de los videntes. Y es que por cuanto busquen los protagonistas unamunianos escaparse de la soledad que les rodea, no lo pueden hacer; cada paso que dan para ameliorar la soledad que les aflige les lleva a un mayor enfrentamiento con ella. Todos los personajes sin excepción están conscientes de su soledad, la cual varía de obra en obra, según la situación específica de cada caso.[9] Para algunos se expresa metafóricamente: la «sima» que constantemente amenaza a Raquel o la concha deshabitada que simboliza la vida vacía y errabunda de Tulio-Julio. Para otros, como Fedra, Soledad y doña María (de *El pasado*), la soledad no es simplemente una posibilidad amenazadora, sino una realidad integrante de sus vidas.

El estar consciente de su soledad le permite al personaje unamuniano percibir que no está completamente libre, y que es, por lo tanto, víctima de un destino ya predestinado por la mano de Dios. Para Angel, en *La esfinge,* la vida es un partido de ajedrez[10] de «un Ser Supremo que con nosotros juegue. . .;» por eso, se siente «el actor central de [sus] divinas comedias. . .» (*La esfinge,* págs. 223 y 281). Agustín, el dramaturgo infecundo de *Soledad,* declara: «carezco del sentido de la realidad; vivo en las nubes . . ., soñando . . ., como Don Quijote, como Segismundo . . .» (*Soledad*, pág. 617). Este mismo personaje se equipara a Laoconte que fue estrangulado por las serpientes invisibles que nadie podía ver. Por querer obrar «como Dios» en la creación de entes de ficción para sus dramas, Agustín se cree «dejado de la mano de Dios . . .» (*Soledad,* págs. 640 y 648) y así condenado a vivir una vida de tinieblas, entre el sueño y la realidad. No sorprende entonces que Julio Macedo diga que es la víctima de «esa fatídica historia que ha contado ese hombre que hizo el libro de [su] vida . . .» (*Sombras*, pág. 783). El gemelo, «el Otro,» en el drama del mismo nombre, sabe que va a morir solo porque percibe la vida como la misma «lucha trágica» (*El otro,* pág. 836) que la de los mellizos bíblicos Esaú y Jacob, y, por lo tanto, víctima del mismo sino fatal. Sin embargo, de todos los protagonistas teatrales de Unamuno, es Juan quien tiene la mejor idea de su vida, tanto del trasfondo literario que le impuso el nombre de «don Juan» como de su propia naturaleza ficticio-teatral. No sólo afirma que su destino «no fué robar amores, no, no . . . sino encenderlos y atizarlos para que otros se calentaran a su brasa . . .» (*El hermano Juan,* pág. 873). Significativamente, repite sardónicamente a lo largo de la obra que Dios es «el altísimo Empresario . . .» que «se re-crea en jugar con nosotros . . .» (*El hermano Juan,* págs. 965 y 944).

Si la soledad es la condición de la cual sufren continuamente y sin excepción los personajes del teatro de Unamuno, hay una cuidadosamente pensada serie de estribillos que subraya los efectos del enajenamiento y que, como consecuencia, le proporciona a este mundo teatral su inequívocable característica existencial. Los estribillos son muy frecuentes y varían según cada drama, pero siempre se reducen a las mismas orientaciones filosóficas frente a la vida: la obligación de vivir,[11] a pesar de estar «enfermo de vida;»[12] la culpabilidad de haber nacido;[13] la necesidad de decidirse;[14] y la auto-defensa de la dignidad personal.[15] Todos giran alrededor de la problemática de hacerse la vida en vez de simplemente permitirse ser un juguete de ella. A nivel técnico entran a formar parte de la estructura subyacente del mundo dramático de Unamuno; con el sistema de contrarios que caracteriza este teatro, esbozan poéticamente la tensión dramática de las obras. Cada vez que se oye uno de estos estribillos—eco que le recuerda al lector/espectador la obsesiva preocupación unamuniana con los problemas espirituales que Iris Zavala ya ha estudiado—se intensifica el ritmo de la vida de los personajes unamunianos y se enaltece la importancia de la palabra emitida por un personaje y oída/recibida por un oyente. En boca de los personajes, los estribillos exteriorizan el conflicto interior. La frecuencia de su repetición refleja la intensidad de la lucha del personaje con los problemas que le rodean.

Al sentirse tan solo en un mundo que le victimiza, el personaje unamuniano sufre de una obsesiva preocupación con la muerte y la nada, la cual brota de su alta conciencia del tiempo. Por eso, el conflicto es esencialmente el mismo en todos los dramas: el tratar de hacer más soportable una situación básicamente insoportable.

Con ello viene una inconfundible sensación de la urgencia de hacer algo para ameliorar una existencia tan problemática. Es esta agitación síquica la que, combinada con las dimensiones trágicas que subrayan el engaño de la vida y los conflictos no resueltos, imprime el sello inequivocablemente existencial al teatro de Unamuno. Las últimas palabras del abuelo Víctor de *El pasado* pueden servir para definir al personaje unamuniano que está atrapado por su propia vida:

> ¡Pues no, no moriré, no, no moriré! ¡Soy yo quien dejé morir solo a mi padre, a Rodero el «Grande,» el trágico: y soy yo, yo, sí, yo quien te deja morir solo, yo a ti, a Rodero el «Chico,» el cómico, yo, yo, yo! ¡Soy yo! . . . Soy yo, yo, yo . . . ¡Morirás solo, Rodero! ¡Aquí, en el hospicio, solo, solo, solo . . .; y yo viviré, viviré . . ., viviré! (*El pasado,* pág. 578)

Todos los problemas espirituales de la vida del abuelo confluyen en estas últimas palabras suyas; a pesar de su heroica afirmación del «yo,» el abuelo no puede sintetizar las únicas dos realidades de la existencia: la muerte y la vida. De una manera u otra, la afirmación del viejo señala que uno tiene que decidirse para auto-crearse y afirmar su propia personalidad. La responsabilidad es de cada individuo. No decidirse equivale a decidirse, aunque por vía negativa. Pero las decisiones a veces son erróneas, como de la de Simón al final de Raquel . . .: «¡Tú lo has querido! . . . ¡No querer!» (*Raquel*, pág. 723). No encauzarse en la vida es igual que proporcionarse un fin, como dice el esposo de Fedra después de la muerte de ésta: «¡Ha sabido morir!» (*Fedra*, pág. 464). Existe la *posibilidad* de mejorar la vida decidiéndose, mientras que la falta de tomar una decisión siempre lleva a consecuencias peores. Como demuestran los casos de los dos protagonistas que acabamos de citar, la muerte no es siempre peor que la vida. Fedra, al elegir morir, pone fin a su nefasta vida; Simón, al no tomar ninguna decisión, empeora su situación.

De las consideraciones que los protagonistas mismos hacen sobre sus vidas, se puede inferir que las dos constantes que por excelencia definen al personaje unamuniano son la tragedia y la teatralidad, las cuales nos llevan al segundo núcleo que señalamos al principio. Lo que le proporciona la dimensión trágica a la vida es la concepción del mundo—de *su* mundo—como una maniobra de

Dios en el cual ellos son meros actores sin voluntad. Es precisamente esa dimensión trágica la que les hace a los personajes sentirse
como si estuvieran viviendo entre el sueño y la realidad y, por lo
tanto, en una especie de existencia teatral.[16] Las dos cáracteristicas
se complementan ya que una no existe sin la otra. Sería fácil decir
que toda la dramaturgia de Unamuno tiende hacia la tragedia y que
sus dramas no son más que ejemplos de teatro dentro de teatro.
Pero no es así. Ninguna de las dos constantes se impone definitivamente, excepto en el caso de *Fedra*. Lo que tenemos, entonces, son
dimensiones trágicas que se prestan a una mayor toma de conciencia sobre la teatralidad de la vida, y que, por extensión, subrayan la
ficción de la puesta en escena. Son dos modalidades que parten del
sistema de contrarios que forma la base de este teatro, pues tanto lo
trágico como lo teatral de la vida implica otras oposiciones universales: destino-libertad, ficción-realidad.

Esa sensación de teatralidad—ficción—se exterioriza gracias a
las dimensiones trágicas que acompañan y condicionan la vida de
los personajes (por ejemplo, en *Soledad* y *El hermano Juan*). Es así
que sabemos que Agustín, uno de los protagonistas de *Soledad,* es
un dramaturgo frustrado. Después de la muerte de su único hijo,
trata de convertir su soledad en drama, sublimando su «pena, con-
virtiéndola en creación de belleza, en consuelo para los demás . . .»
(*Soledad*, pág. 591). Al luchar con su nuevo drama, la frustración
de no poder crear a los personajes dramáticos adecuados le hace
abandonar su vocación de escritor y dedicarse a la política. No más
metido a político, sin embargo, se le revela la ironía de su cambio
de vocación: el verdadero mundo de títeres es el de la política y, por
consiguiente, le resulta mucho más ficticio que el de sus propias
obras de teatro. Mientras que la realidad se convierte en ficción, el
mundo ficticio-teatral pasa a un plano más verdadero, de modo
que se truecan los planos de realidad, lo que en sí añade a la confusión del dramaturgo Agustín. Cuando él se da cuenta de ello, ya es
demasiado tarde: la frustración de haber fracasado tanto en la política como en la creación del drama de Agar[17] le vuelve loco. Se
siente tan anonadado como sus personajes dramáticos, y duda de
su propia existencia; por haber querido «hacerse como Dios . . .»
(*Soledad,* pág. 604), se siente «dejado de la mano de Dios . . .»
(*Soledad,* pág. 623), por lo tanto, solo y desesperado, condenado a
vivir entre la vida y la muerte. La transformación del dramaturgo
Agustín en fantoche político no sólo constituye en sí el argumento

del drama sino que nos permite explorar las varias dimensiones del arte escénico mediante la contraposición de la vida del hombre de carne y hueso a la del ser ficticio. Agustín, cumpliendo irónicamente con los consejos del crítico de teatro y amigo suyo, Enrique, de «acometer el género chico, la farsa . . .» (*Soledad*, pág. 601), llega a ser dos veces actor. Una vez desengañado de la política, Agustín exclama que está «harto de hacer el héroe de escenario . . .» para algo que no es más que «tragedia bufa . . .» Es, por consiguiente, actor de su propia vida y actor de *Soledad*: «el drama del dramaturgo . . .» (*Soledad*, págs. 623, 621 y 584), como dice irónicamente en la primera escena del acto primero.

Lo que en *Soledad* resulta en el proceso irónico de hacer teatro, en *El hermano Juan* es, sin embargo, el producto final de la creación dramática: Juan sabe demasiado bien que él es un personaje de teatro, o sea la reencarnación de sus antepasados donjuanescos literarios. El sabe quién es y lo que los demás esperan de él aunque este conocimiento le prive de su propia libertad. Y es esencialmente de ese auto-conocimiento donde brota su conflicto espiritual: la rebelión contra el sino, rebelión que le salvará de la misma suerte que le espera tanto a don Juan Tenorio como al don Alvaro del Duque de Rivas. El proceso de la teatralidad se invierte y el personaje ficticio quiere hacerse hombre de carne y hueso. En vez de verlo enamorar a mujeres según la tradición, las vemos a las mujeres tratando de conquistarle a él mientras que él se esfuerza en explicarles a Inés, Elvira y doña Petra la verdadera naturaleza de su personalidad «teatral.» La acción y la ironía de las reflexiones de los personajes[18] del drama afilan cada vez más la sensibilidad teatral de Juan, hasta tal extremo que él mismo duda tanto de su existencia ficticia como de su propia vida, provocándole a refunfuñar constantemente que «pisa tablas . . .» (*El hermano Juan,* pág. 918). Una vez metido a fraile en el último acto del drama—como su antepasado literario, don Alvaro—, él y el padre Teófilo ponen de manifiesto la teatralería de la vida:

(Juan)   Diga, en secreto: fuera del juego, fuera del teatro, ¿qué hay? . . . ¿no responde? Fuera del teatro, ¿qué hay?

(Teófilo) (Señalando al techo, al que mira Juan.) ¡La empresa y el empresario . . . de la Divina Comedia!

(Juan)   ¡Comedia . . ., comedia . . ., divina comedia! El
              Dante ese tenía talento, ¿no?

                                        (*El hermano Juan,* pág. 946)

Lo que el espectador presencia es, entonces, el doble juego teatral
del drama de la teatralidad de la vida de Juan dentro de la divina
comedia del absurdo teatro de la existencia humana: teatro dentro
del teatro del gran teatro del mundo. En el soliloquio final del segundo acto, la nerviosidad de Juan le hace dirigirse frentéticamente
al público, como si le estuviera diciendo que es el actor de su propio
destino que es pura ficción *real.* Al enfrentarse cada vez más con la
ficción de su vida, Juan la dignifica con la verdad, y, así, con-
traataca la dimensión absurda de vivir una mentira y es que en
última instancia enfrentarse con la teatralidad de su vida significa
para los personajes unamunianos afirmarse como «personas» y fi-
jarse una meta que les permita seguir luchando.

El tercer núcleo temático del teatro existencial de Unamuno se
manifiesta en la serie de episodios que revelan el desdoblamiento de
la personalidad de muchos personajes. Con anterioridad
sugerimos, por ejemplo, que el gran dilema espiritual del protagonista de *El otro* reside en su pérdida de identidad, conflicto que
Unamuno representó mediante el recurso de los mellizos, Cosme y
Damián. No importa que no se resuelva si «el Otro» es Cosme o
Damián porque es, en realidad, los dos. Su existencia paradójica no
se resuelve tampoco cuando «el Otro» mata a su hermano, sea
Cosme o Damián, porque el hacerlo equivale a una especie de suicidio; cuando el otro hermano vivía, le hacía la vida imposible a «el
Otro.» Una vez asesinado uno de los gemelos, son las dos esposas
quienes prolongan el misterio de la identidad confusa de «el Otro,»
pues ellas también son igualmente incapaces de distinguir entre cuál
de los gemelos es su esposo. Menos problemático es el desdoblamiento en *El pasado* del abuelo Víctor en su nieto, también llamado
Víctor, porque éste representa, para el abuelo, la continuación de la
estirpe «Landeta» y todas las cualidades positivas de ésta que su
propio hijo Federico nunca emuló. En otros dos dramas se intensifica el uso del recurso de la escisión de la personalidad mediante el
desdoblamiento de más de un personaje a la vez. En *Sombras* tanto
Elvira como Julio tienen sus dobles que brotan de la leyenda ficticia
de Tulio Montalbán. Los novios de *La princesa . . .* son dobles también: Sinforosa es la princesa medieval que, según otra leyenda, se

escapó con un palafrenero, y don Eugenio, el arqueólogo-poeta, es el Eugenio que, antes de marcharse a conquistar las «selvas vírgenes del Paraguay . . .» (*La princesa*, pág. 342) hace veinte años, le prometió a Sinforosa que él volvería para casarse con ella. Unamuno, además de valerse de estos recursos del doble, permitió que otros personajes suyos sintiesen la posibilidad de ser «otros» de los que eran: Angel y Agustín pudieron haber sido políticos en vez de escritores; Raquel quiso ser madre en vez de artista sin hijos; María se convirtió en otra cuando recuperó la vista; Fedra quiso también ser otra: la amante de Hipólito en vez de su madrastra. No es de sorprender, entonces, que el ser otro en los dramas de Unamuno, sea en realidad o en potencia, demuestre el lado existencial de sus personajes y sirva de uno de los principales puntos de arranque para la tensión dramática en sus obras.

Tres recursos del mundo dramático unamuniano

Si la agonía existencial de los personajes late en el fondo de los dramas, esta emoción recibe una fuerte carga de dinamismo, continuidad y, hasta cierto punto, diversificación mediante una serie de aspectos que sólo son perceptibles cuando se analizan los dramas en conjunto. Nos referimos a tres recursos, digamos técnicos, que dan cohesión al mundo dramático unamuniano en general.

En primer lugar, la repetición de ciertos motivos claves. Según el nivel de poetización de las obras en que aparecen éstos, Unamuno se vale de una serie de elementos que subrayan la temática y los conflictos espirituales de los dramas; para el espectador son fáciles de captar. Hay cuatro en particular: la música (el símbolo de la perfección y la armonía total), el espejo (el desdoblamiento de la persona que se mira en él), la carta (la importancia de la palabra en la exposición de las fuerzas interiores que mueven a los personajes), y el retrato de una persona fallecida cuya fuerza vital continúa influyendo en los personajes que lo contemplan. Existe también otra serie de constantes que no tienen contrapartes visibles y que salen a flote a través de las palabras de los personajes: la esfinge (lo paradójico, la falta de comprensión y el enigma), la madre Tierra (el continuo recuerdo de la mortalidad del ser humano), la oposición entre la maternidad y la paternidad (tema muy unamuniano con una multitud de posibilidades simbólicas), y la referencia gongorina, «Ande yo caliente . . .» (el cinismo pesimista de quien habla). Dada la naturaleza abstracta de estas últimas repeticiones, vemos que se limitan a sugerir ciertas maneras de pensar y de ver la vida de parte de los personajes. Vistos en su totalidad, podríamos decir que todos estos motivos, sean concretos o abstractos, se hallan diseminados no sólo en algunas obras selectas, sino en el conjunto de las once piezas; de esta manera fortalecen el efecto de continuidad en el teatro unamuniano.

El segundo recurso dramático es un sistema de metáforas que se realiza en una de dos maneras. En algunas obras las imágenes se concretizan mediante la visualización de una metáfora central que, además de contribuir a la plasticidad del normalmente estéril escenario unamuniano, eleva el drama a un nuevo nivel poético pocas veces conseguido. Esto ocurre en *Sombras*, drama en que se poetiza el conflicto entre la historia y la leyenda mediante la elaboración de tres imágenes centrales: la mar, el libro y la flor. Elvira, recordemos, es la protagonista de *Sombras* que pasa todo su tiempo leyendo el libro de la historia de Tulio Montalbán, el héroe legendario de quien está librescamente enamorada. El padre de Elvira, don Juan Manuel de Solórzano, es considerado un gran historiador; para él el mentado libro de Tulio Montalbán no tiene valor alguno porque le falta la necesaria documentación que lo haría científicamente creíble según los cánones de la Historia. Los dos elementos conflictivos del drama—esto es, la historia y la leyenda—están unidos por el amor de la joven. Como ya hemos notado, cuando el forastero llamado Julio Macedo llega de repente a la isla es automáticamente asociado con el legendario Tulio Montalbán. Un día Rita, la antigua ama de Elvira, viendo a ésta contemplar melancólicamente la mar, le refiere un cuento de una joven que «requerida de amores se venía acá . . . y viendo venir y morir las olas se decía: 'Me quiere . . ., no me quiere . . ., me quiere . . ., no me quiere . . .'» (*Sombras,* pág. 758). Mediante la práctica popular de deshojar flores en casos de amor, el cuento del ama establece el nexo figurativo que une las tres imágenes centrales: la mar (de donde vino Julio y donde murió el legendario Montalbán), el libro (cuyas hojas devoran figurativamente Elvira y su padre), y la flor (de muchas hojas). Las tres imágenes están relacionadas de tal manera a lo largo del drama que hacen de los momentos decisivos y de alta tensión dramática un tejido artístico de varios niveles simbólicos. Aunque este tipo de poetización es una excepción, y no la norma, en la estética teatral unamuniana, en otros dramas, por ejemplo, *Soledad, Raquel, La princesa, La venda, La difunta* y *El hermano Juan,* podemos percibir la metaforización de motivos, tanto en forma de palabras como en objetos concretos, que representan visualmente los temas y conflictos de las obras (por ejemplo, el caballito de cartón que les recuerda a Soledad y su esposo la muerte de su hijo, o la venda y el bastón de María en *La venda* que sugieren la ceguera con todas sus connotaciones simbólicas). No obstante su importancia en obras tan desprovistas de ornamentación como las del teatro de Unamuno, los motivos metafóricos que tienen este tipo de realización doble no llegan al mismo nivel poético que las metáforas de *Sombras* por una razón: en vez de estar incorporados al lenguaje y el espíritu de la obra, se quedan en la periferia del meollo conflictivo del drama; a causa del obvio paralelo metafórico que se desprende de los objetos concretos (el caballito, la venda, el bastón, etcétera), forman parte de la decoración escénica, así perdiendo el poder de sugerir mediante la imaginación.

La otra clase de imagen de que se vale Unamuno tiene que ver con las que no se realizan concretamente mediante el uso de objetos visibles: por ejemplo, la «sima» a la cual se refiere Raquel al hablar de su miedo de nunca tener hijos, la cuna (el símbolo de la muerte en *El hermano Juan*), y la pluma (el instrumento indispensable a las profesiones opuestas de los padres e hijos de *El pasado*). Estas imágenes verbales sacan el diálogo de su medio cotidiano y lo elevan a un plano lingüístico de mayor fecundidad, pero es probable que pasen inadvertidas por el espectador porque permanecen abstraídas en las palabras de los personajes. Diga lo que quiera Unamuno en contra del teatro para ser leído, la lectura es, en realidad, la única forma en que se podrá apreciar esta dimensión del teatro unamuniano. Dado lo efímero de la representación teatral, es muy difícil captar sustancialmente el valor de estas imágenes, a menos que el espectador, consciente de la advertencia de Unamuno que su teatro es para ser oído, esté preparado a prestarle sumo cuidado. Si no, se le escapará del todo.

El tercer recurso que contribuye a la cohesión interna de los dramas nos remonta a la interrelación de personajes, temas y episodios procedentes de las distintas piezas teatrales. Tenemos, en primer lugar, la relación establecida a base del trasfondo bíblico que nos ofrecen varios episodios tanto del Antiguo como del Nuevo Testamento. Hay tres relatos bíblicos que tienen vigencia particu-

lar: el de Marta y María, sugerido en *La venda*; el de los dos hermanos Caín y Abel, que es uno de los más frecuentemente empleados
por Unamuno y el cual le permite la elaboración de una variedad de
temas, además de el de la rivalidad fraterna que connota. El tercer
episodio es también del Antiguo Testamento y está relacionado
muy complicadamente con *Soledad, El otro y Raquel*, como veremos en seguida. He aquí la intrincada genealogía bíblica de Abrahán que fomenta la interrelación de las tres obras unamunianas:
Sara, la esposa de Abrahán, viendo que ella no podía darle hijos a
éste, le entregó la concubina Agar para que ésta le diera hijos;
cuando Sara era vieja, sin embargo, concibió y dio a luz a su único
hijo Isaac, el cual se casó con Rebeca quien, por su parte, dio a luz
a los hermanos Esaú y Jacob, otros personajes bíblicos frecuentemente citados por Unamuno. Jacob se casó con Raquel, la cual
tuvo hijos sólo cuando era vieja. Para que tenga sentido la interrelación de obras unamunianas mencionadas, consta recordar los
siguientes elementos del argumento de cada una de estas obras. En
Soledad, Agustín y Soledad no tienen hijos, por eso, Agustín quiere
escribir el drama de Agar; puesto que Gloria es la actriz que mejor
desempeña el papel del personaje femenino en las obras de Agustín,
la idea de que Gloria desempeñe el papel de Agar en la proyectada
comedia de Agustín le hace sumamente celosa a Soledad. En *El
otro,* la rivalidad entre Cosme y Damián es comparada por «el
Otro» a la lucha entre Esaú y Jacob, los dos hijos de Rebeca en la
Biblia. En *Raquel*, el problema que le causa a Raquel a abandonar
a su esposo es la falta de hijos, como ya hemos visto. Lo importante en esta complicada genealogía bíblica es la relación temática.
En los tres casos, la relación del tema de los hijos, o la falta de
ellos, con los protagonistas que tienen nombres bíblicos emana del
inequívoco trasfondo genealógico del episodio bíblico que empe-
zó con los descendientes de Abrahán y Sara.

Además de esta interrelación basada en un común trasfondo,
el mundo dramático de Unamuno tiene continuidad gracias a una
relación interna, es decir, una que no se apoya en elementos exter-
nos. Fijémonos en los siguientes detalles. No es mera coincidencia
que «la gloria» que busca Angel en *La esfinge* tenga su contraparte
en la actriz llamada «Gloria» en *Soledad*, drama que tiene muchos
paralelos con *La esfinge*. Tampoco es pura casualidad que la Elvira
que tanto persigue a Juan en *El hermano Juan* tenga su contraparte
unamuniana en *Sombras*, donde la protagonista soltera, también

llamada Elvira, está buscando al novio que ella lleva tantos años esperando. Uno de los mejores ejemplos de esta interrelación es el que ofrece Renada, el pueblo que es mencionado casualmente en *El otro* y luego en *El hermano Juan*. La esposa de «el Otro» conoció a los gemelos, Cosme y Damián, en Renada cuando ella y su padre llegaron a vivir allí; fue allí donde Laura se casó con «el Otro» y donde el otro gemelo, desesperado por no haber conseguido la mano de Laura para sí mismo, decidió casarse con otra mujer, Damiana. Es muy posible que el espectador de esta pieza teatral que no haya leído *Nada menos que todo un hombre*[19] no dé ninguna importancia a esta referencia anecdótica porque, en realidad, parece añadir muy poco al engranaje dramático de la obra. No es hasta oír mencionar Renada de nuevo, esta vez como el pueblo natal de Elvira de *El hermano Juan,* que se fija del todo en el lugar. Cuando le preguntan a Juan si es verdad el chisme que circula en cuanto a su asesinato de un hombre en otro pueblo, él contesta que «una vez, sí, en una de mis encarnaciones soñé que mataba a . . . ¡un fantasma! ¡Desperté medio muerto de espanto de que el fantasma me matase! . . (*El hermano Juan,* pág. 970). Las palabras confesionales de Juan le recuerdan al espectador atento la primera escena del tercer acto de *El otro*:

> En el fondo de la escena, un espejo de luna y de cuerpo entero, tapado por un biombo; el Otro se pasea cabizbajo y gesticulando como quien habla para sí, hasta que al fin se decide, separa el biombo y se detiene ante el espejo, crúzase de brazos y se queda un momento contemplándose. Se cubre la cara con las manos, se las mira, luego se las tiende a *la imagen* espejada como para cogerla de la garganta, mas al ver otras manos que se vienen a él, se las vuelve a sí, a su propio cuello, como para ahogarse. Luego, *presa de grandísima congoja*, cae de rodillas al pie del espejo, y apoyando la cabeza contra el cristal, mirando al suelo, rompe a sollozar. (*El otro,* pág. 824).

Así quedan relacionados «el Otro» y Juan mediante el nexo común de Renada y el misterioso asesinato. Pero la relación entre los dos protagonistas de *El otro* y *El hermano Juan* se ensancha aun más cuando nos fijamos en la cronología de las tres últimas obras teatrales de Unamuno, es decir, *Sombras, El otro* y *El hermano Juan.*

Cuando la Elvira de *Sombra* se refiere a la llegada a la isla de Julio Macedo como la de «un don Juan Tenorio, de un conquistador de raza . . . » (*Sombras,* pág. 747), el espectador de *El hermano Juan* puede o no relacionar la pareja de esta obra con la de *Sombras*, sea mediante la coincidencia del nombre Elvira, sea en cuanto a la referencia metafórica a don Juan Tenorio. Pero hay más. Si se piensa en la relación entre *El otro* y *El hermano Juan* otra posibilidad se descubre. A lo largo de las conversaciones entre Elvira y Julio Macedo, éste continuamente se describe como el «fantasma» de aquel otro héroe, Tulio Montalbán. Todas las complicaciones del conflicto entre la isleña Elvira y el náufrago brotan precisamente del problema de otro desdoblamiento legendario-real: Tulio Montalbán-Julio Macedo, el cual añade otra posible relación entre este Julio doble y el doble de «el Otro,» así intensificando aun más el misterio del «fantasma» que tanto le infundió miedo a Juan en aquella larga acotación que acabamos de citar. No se debe olvidar tampoco que tanto Juan como Julio hacen cuanto puedan para que sus amantes no se enteren de sus secretos. Además, los dos protagonistas masculinos quieren hallar en sus amantes una sola cosa: el «claustro materno»[20] de la inocencia juvenil que les permitirá «desnacer.» Volvamos a repetir que lo principal no es necesariamente la resolución definitiva, sino la red de relaciones posibles y sugeridas en estas tres obras maduras del teatro de Unamuno. Es uno de los mejores ejemplos de la continuidad de su teatro y uno que ofrece una rica raigambre de interpretaciones. Los tres recursos técnicos que hemos elaborado en este apartado hacen dos cosas: subrayan la temática existencial del mundo dramático de Unamuno, y dan cohesión a las once piezas teatrales, así haciendo de ellas un conjunto orgánico que atestigua la devoción de su creador al género dramático.

* * *

Como mal menor, el único remedio que le queda al personaje unamuniano es enfrentarse con su soledad mortal y defenderse como pueda. Una vez que se acepta la confusión entre el sueño y la realidad como una condición vital, la vida se hace más tolerable. Por eso, ése es autor de su propia vida. Sólo uno de sus protagonistas, Juan, de *El hermano Juan,* lo sabe hacer por completo y así ganar la inmortalidad. Los demás personajes no pueden reconocer la inutilidad de luchar contra el misterio de su existencia y, como resultado, sufren agónicamente al tratar de rebelarse contra la muerte. Juan, por lo contrario, termina aceptándola y, repetimos, alcanza la inmortalidad. En el fondo, el teatro unamuniano salta por encima de las fronteras entre la vida y la muerte, el sueño y la realidad, y el teatro y la vida.[21] Mientras que el personaje teatral lucha contra la muerte, sabe en su corazón que sólo la muerte lo llevará a la inmortalidad; mientras trata existencialmente de superar los problemas de su existencia, se da cuenta de la creciente eliminación de las barreras que separan lo que él cree es la realidad de lo que es el sueño; mientras que se enfrenta con una vida que es una mezcla entre realidad y sueño, se siente menos autor de su propia vida y más actor en una «divina comedia» universal.

NOTAS

1. Iris Zavala, *Unamuno y su teatro de conciencia* (Salamanca, 1963) y Andrés Franco, *El teatro de Unamuno* (Madrid: Insula, 1971). Zavala emprende su estudio del teatro unamuniano dividiendo las obras en tres partes: las obras de formación, las de madurez, y las obras proyectadas que nunca se realizaron. Los cuatro primeros capítulos se dedican a un concienzudo análisis de cada una de las obras, en los cuales el procedimiento analítico es el mismo: análisis de los temas de cada obra y su relación con el resto de la producción literaria de Unamuno, siempre resaltando las dimensiones filosóficas que las obras tienen en común. Las conclusiones de Zavala siempre giran alrededor de la misma idea: que Unamuno decidió escribir teatro porque era el género literario que se prestó más eficazmente a la expresión de los problemas metafísicos que siempre le obsesionaron. La autora no concibe el teatro unamuniano sino en términos de un gran foro donde Unamuno cuestiona la ontología personal, los problemas de la conciencia, las limitaciones de la fe, las dimensiones de la personalidad humana, el porqué de la existencia humana, y la inmortalidad.

Por su parte, el peso del análisis de Franco recae, como el de Zavala, sobre la misma orientación analítica de la temática de cada una de las obras. Su punto de partida es, sin embargo, más amplio; examina el papel del teatro de Unamuno en el contexto histórico del primer tercio del siglo XX. Franco divide su libro en tres partes: «Fortuna y vocación,» «Obra dramática» y «Estética general: teoría práctica.» Para quien haya leído el libro de Zavala, la segunda parte del estudio de Franco es una repetición, aunque en términos menos metafísicos, de las conclusiones de ella sobre los temas del teatro unamuniano.

2. Franco, pág. 356.

3. Angel Alcalá, «Para 'otro' Unamuno a través de su teatro,» *Papeles de Son Armadans,* 78 (1975), 217-43.

4. Jesse A. Mann y Gerald F. Kryche, eds., *Approaches to Morality. Readings in Ethics from Classical Philosophy to Existentialism* (New York: Harcourt, Brace & World, Inc., 1966), pág. 564.

5. Sainz de Robles, Federico Carlos. *Ensayo de un diccionario de la literatura* (Madrid: Aguilar, 1972), 3a ed., págs. 474-76.

6. Véanse los siguientes en particular: Luis González-del-Valle, *La tragedia en el teatro de Unamuno, Valle-Inclán y García Lorca* (New York: Eliseo Torres, 1975), págs. 37-64; Manuel García Viñó, «La *Fedra* de Unamuno,» *Arbor,* 331-32 (1972), 111-19; Donald Shaw, «Three Plays of Unamuno: A Survey of His Dramatic Technique,» *Forum for Modern Language Studies,* 13 (1976), 253-64, y «Imagery and Symbolism in the Theater of Unamuno: *La esfinge* and *Soledad,*» *Journal of Spanish Studies: Twentieth Century,* 7 (1978), 87-104; Frank Sedwick, «Unamuno and Pirandello Revisited,» *Italica,* 33 (1965), 40-51; Guillermo de Torre, «Unamuno y su teatro,» *Papeles de Son Armadans,* 36 (1965), 13-44; y Pedro Salinas, «Unamuno, autor dramático» y «Don Juan Tenorio frente a Miguel de Unamuno,» en *Literatura española. Siglo XX* (Madrid: Alianza, 1970), págs. 69-73 y 74-79, respectivamente.

7. Estas son *La esfinge* (1898), *La venda* (1899), *La princesa doña Lambra* (1909), *La difunta* (1909), *El pasado que vuelve* (1910), *Fedra* (1910), *Soledad* (1921), *Raquel, encadenada* (1921), *Sombras de sueño* (1926), *El otro* (1926) y *El hermano Juan o el mundo es teatro* (1929). Para todas utilizamos la edición de Manuel García Blanco, ed. (*Teatro completo* [Madrid: Aguilar, 1959]). Citas procedentes de estas obras serán indicadas entre paréntesis en el texto.

8. La mayor parte de los protagonistas del teatro de Unamuno forman una oposición binariamente antitética que, por consiguiente, constituye la base antagónica de cada drama.

9. Escúchense los comentarios de los siguientes personajes: «Solo ..., solo ..., solo . . . yo perdido como una gota en este océano sin ribera . . . yo solo ..., solo ...» (Angel, *La esfinge,* pág. 268); «¡Haz un pueblo y viviremos en él! Llena este vació ...» (Soledad, *Soledad*, pág. 609); «¡Estamos tan solos! ...» (Raquel, *Raquel,* pág. 675); «La soledad me aterra ...» (Fedra, *Fedra*, pág. 417); «Y me dejas sola ... ¡Vuelve pronto! ¡Me dejas sola!» (doña María, *El pasado,* pág. 499); «esa pobre Elvira ... sola, siempre aquí sola ...» (don Manuel de Solórzano, *Sombras,* pág. 729); «Dicen que estar loco es hallarse enajenado, en ajeno, en otro...» (el Otro, *El otro*, pág. 832); «Ahora solo, solo, solo ..., como me parió mi madre ...» (Juan, *El*

hermano Juan, pág. 940); «¡que soledad! . . . qué solo ... ¡Ay soledad . . .» (Fernando, *La difunta,* pág. 364).

10.   Véase el artículo de Shaw, «Imagery and Symbolism . . .,» *op. cit.,* págs. 87-94.

11.   Fijémonos, por ejemplo, en lo siguiente: «Necesito vivir muy de prisa.» (*Sombras,* pág. 744); «Sepamos vivir.» (*Fedra,* pág. 464); «. . . hay que vivir.» (*Soledad,* pág. 599); «Hay que hacerse.» (*El hermano Juan,* pág. 973).

12.   Julio Macedo dice que es un «enfermo de vida ..., enfermo de ensueño . . .» (*Sombras,* pág. 753). Agustín dice que «no me siento . . ., no te siento ..., (*Soledad,* pág. 632).

13.   El Ama de *El otro* dice que «hay que perdonarles a todos el haber nacido ...» (pág. 852); Fedra exclama que «es una fatalidad haber nacido . . .» (pág. 404); Amalia, en *El pasado,* dice que «Dios nos está castigando.» (pág. 543).

14.   Julio Macedo dice que «es penoso decidirse.» (pág. 789). Joaquín le grita a Angel: «¡Decídete!» (pág. 288). Juan exclama: «¡Ande el movimiento! En marcha esa, y movámonos así . . .» (pág. 905).

15.   Dice Agustín: «¡Yo autor, actor y personaje! Me creo a mí mismo . . . me represento.» (pág. 606). Juan dice «Soy yo quien sigo soñando . . . vuelto en mí...» (pág. 929). El abuelo Víctor en *El pasado* dice «Es que no es amigo mío, no es compañero: es yo, yo mismo.» (pág. 560). Fedra también sabe cómo auto-afirmarse: «tu padre aunque calla ha de sospechar ya algo, lo sospecha, y se lo he de decir yo ..., yo ..., yo . . . » (pág. 429). Le dice Soledad a Simón: «Porque ser tuyo es ser más mío, ser más yo, más entero yo, que si mío sólo fuere.» (pág. 615).

16.   Entre los críticos que sugieren la lucha síquico-existencial como parte de la temática filosófico-espiritual de Unamuno y sus personajes teatrales están: Zavala (págs. 27-99), Franco (págs. 50 y 56) y Alcalá (pág. 233).

17.   Personaje del Antiguo Testamento de la *Biblia.* Ella era una esclava egipcia, la segunda esposa de Abrahán, y madre de Ismael, el cual originó la raza árabe.

18.   He aquí algunos ejemplos de esta ironía: «Los dos estáis soñando . . . Algo peor: representando una pesadilla . . . ésta es representación.» (Antonio, pág. 919); «Siempre tienes presente al público ...» (Antonio, pág. 938); «Eres un miserable y debo desenmascararte aquí, ante tu nueva víctima.» (Benito, pág. 884); y «Pero ¿qué nueva comedia preparas?» (Benito, pág. 886).

19.   En esta novela de Unamuno de 1916, el personaje Alejandro Gómez y su mujer vivieron en Renada.

20.   Julio Macedo, hablando con Elvira, le dice: «Sí, me gustaría volver al seno materno, a su oscuridad y su silencio y su quietud . . . Me gustaría des-nacer . . . ¡Un amor así, como el que busco, me valdría lo mismo! ¡Volver a la niñez! (pág. 748). Juan le dice a Elvira: «Como tú me haces, ¿no es eso? . . . Antes hay que deshacer el que fuí en mi otra . . .» (pág. 916).

21. Si hay una correlación entre la teoría y la práctica dramáticas de Unamuno,
reside en la comunión establecida entre el mundo de los bastidores (el ficticio) y el
del espectador (el verdadero), la cual se consigue mediante la lección de la agonía del
personaje dramático que culmina en *El hermano Juan*, obra en la cual, como hemos
visto, las barreras entre los dos mundos no existen, y donde todo es una parte del
«Gran Guiñol» (*El hermano Juan*, pág. 613) absurdo de la existencia humana.
Todas las obras escritas antes de *El hermano Juan* sugieren la mezcla de fronteras,
pero no dan el paso definitivo en eliminarlas. En *El hermano Juan* hay una serie de
hechos que culminan en la última escena de la obra, en la cual el espectador se da
cuenta de la parte que él mismo ha desempeñado en la comedia:

(p. Teófilo)	Y ahora, benévolos representantes
	del respetable público que hace y
	deshace leyendas y personajes y
	comentarios, ¡se acabó la vieja
	comedia nueva de don Miguel!
(Pastora)	¿Volverá a hacerse?
(Elvira)	¡Todo vuelve!
(Antonio)	¡Ande el movimiento!
	(La Pastora se pone a bailar.)
(Inés)	¡Don Juan es inmortal!
(p. Teófilo)	¡Como el teatro!
	(*El hermano Juan*, pág. 986).

EL HOMBRE Y LA MOSCA: PARODIA DE UN AUTO CALDERONIANO

MAGDA CASTELLVÍ DEMOOR
Assumption College, Worcester

En uno de los comentarios que aparecen en la última edición de *El hombre y la mosca,* José Ruibal define su teatro como «simbólico, imaginativo, alegórico y fundamentalmente poético,» y sostiene que «no surge de la nada y [que], pese a su universalidad e intención, tiene sus raíces en el folklore, en el teatro medieval, en Calderón y en otros autores.»[1] Con esto identifica también las características del llamado teatro «subterráneo» o «soterrado»[2] en general, a la vez que nos invita a investigar el significado de su obra en relación con textos literarios que la preceden. La insistente referencia a los parentescos estructurales con los símbolos y alegorías de Calderón y de los *autos sacramentales,* que actúan «por vías de absorción cultural,»[3] denota de su parte una conciencia crítica de la función de la tradición literaria y cultural.

Las observaciones de Ruibal contribuyen, además, a ejemplificar las recientes teorías literarias sobre la intertextualidad, según las cuales es imposible imaginar un texto independientemente de otros ya creados. Julia Kristeva al ofrecer una definición del texto, subraya que «todo texto se construye como un mosaico de citas, todo texto es absorción y transformación de otro texto.»[4] Teniendo en cuenta estos comentarios y las palabras del propio Ruibal, si se intenta un estudio de las relaciones textuales de su obra con los *autos* calderonianos, *El hombre y la mosca* es tal vez la pieza que presenta un mayor número de contactos tanto desde el punto de vista de las convenciones del género sacramental, como de recursos dramáticos y teatrales específicos. Los entrecruzamientos, superposiciones y

permutaciones que se establecen con *El gran teatro del mundo*
hacen de este *auto* un ejemplo particularmente ilustrativo en la
comparación. A primera vista, la aproximación podría parecer for-
zada. La causa de esta primera impresión está en el hecho que Ruibal concibe una parodia del género sacramental mismo, para producir nada menos que una alegoría satírica del poder dictatorial y
su perpetuación.

La farsa que tiene lugar dentro del domo de cristal, donde el
Hombre prepara al Doble en el arte de la política, muestra señales
del contacto con el *auto sacramental* por vía de los sentidos. La
plasticidad del imponente espectáculo que da concreción a las ideas
en juego, nos lleva a pensar en aquello de «lo sonoro de la música»
y «lo aparatoso de las tramoyas,»[5] que Calderón exigía para
representar los «conceptos imaginados» de sus alegorías. Ruibal
mismo, usando otros términos, expresa principios similares, al
describir el «jeroglífico de símbolos» de sus obras, como el intento
de «llegar a la fusión de la imagen verbal y la imagen plástica, haciendo lenguaje de la plástica y visualizando la palabra.»[6] Los
elementos visuales y auditivos están combinados en *El hombre y la
mosca* con un torrente de palabras de doble sentido, exposiciones
ambiguas y expresiones automáticas, que hacen del espectáculo
una totalidad artística, donde los principios del «buen político,» no
sólo se oyen, sino que se ven. La idea de eliminar la risa y odiar a
todos para hacerse respetar, la de proyectar y sembrar miedo y,
sobre todo, la de exterminar a los «tercos»—los enemigos—, se
proyectan en dinámicas visualizaciones de color, objetos, gestos,
movimientos y palabras, tendientes a captar los gustos populares.
Así lo explica Ruibal: «Nuestro simbolismo tiene mucho más que
ver con el medieval y el clásico: es un simbolismo abierto y de fácil
comprensión; lejos de ser hermético, es una expresión de carácter
popular.»[7]

Las relaciones textuales entre la obra de Ruibal y *El gran
teatro del mundo* se basan en las similaridades y oposiciones con
respecto a la estructura temática y formal del *auto*. Teniendo en
cuenta las observaciones de Alexander Parker a propósito de la
definición del *auto sacramental,* como una composición dramática
(en una jornada), alegórica y relativa, generalmente, a la Comunión,» y la distinción que él hace entre el «asunto»—la
Eucaristía—y el «argumento»—cualquier historia de carácter
divino, ya sea legendaria, histórica o ficticia, que de alguna manera

ilumine el asunto,[8] se pueden percibir en *El hombre y la mosca* una variedad de inversiones, sustituciones y re-elaboraciones del modelo. Para producir estas transformaciones que ponen a prueba la maestría y originalidad de nuestro autor, Ruibal se ha aprovechado de los procedimientos del género paródico,[9] produciendo una irreverente versión, blasfema a veces, de un tipo de drama como éste, tan unido a las celebraciones del culto. Las características que resume Parker, puestas en el contexto de la obra de Ruibal, nos induce a definir *El hombre y la mosca* como un *auto profano*. Para el crítico inglés, los *autos* son principalmente dramas litúrgicos destinados a un día de fiesta religiosa, sermones o formas de instrucción, poesía dramática y dramatización de ideas, en los que, por medio de la alegoría, «the conceptual order is given a concrete expression that makes it more directly accesible to human experience, this concrete expression (or visible, living 'reality') being the dramatic action.»[10] Sin intención de hacer un estudio exhaustivo ni mucho menos de agotar el tema, sólo se trata de llamar la atención aquí, sobre algunos casos de intertextualidad que merecen un estudio más amplio.

Al organizar los conceptos y darles la expresión concreta de que habla Parker, Ruibal concibe la alegoría y los símbolos de su pieza a partir de la metáfora calderoniana del «gran teatro del mundo.» La concepción del mundo como un teatro y de la vida como la representación que tiene lugar en el escenario del mundo, es el principio unificador de todos los elementos dramáticos y teatrales que constituyen su alegoría del poder. Lo mismo que Calderón, no se propone demostrar la teatralidad de la existencia, sino mostrar que, porque precisamente el mundo es un teatro, ciertas actitudes y acciones tienen lugar en la realidad humana.[11] Si en Calderón lo importante es proyectar en qué consiste el bien, en Ruibal lo es mostrar las diabólicas artimañas que llenan de vicios los fundamentos del gran teatro político. En cada caso, el principio del «gran teatro del mundo» produce un texto alegórico donde la realidad se percibe como ya teatralizada.[12] No es mera coincidencia que uno de los recursos para representar la teatralidad de la existencia sea el teatro dentro del teatro. Tal recurso estético contribuye a hacer desaparecer la ilusión de la realidad, haciendo consciente al espectador de estar frente a una realidad inventada, que es un espejo donde se reflejan las virtudes y los males de la sociedad. Así, en la

obra de Ruibal, la teatralización del teatro de la política, resulta en
una mordaz sátira, reveladora de los vicios políticos.

En el teatro de teatro que tiene lugar dentro del domo de *El
hombre y la mosca*, hay marcas evidentes del trasplante de los
personajes-conceptos de Calderón: Mundo-teatro, Autor-Dios y
Actores-hombres. Desde el comienzo de la obra se intuye que la
cúpula de cristal no es un simple fondo escénico, sino una parte integral de la alegoría, que es inseparable del Hombre y el Doble. Sin
gran esfuerzo, se puede reconocer en la cúpula al Mundo calderoniano, después de haber pasado por una serie de transformaciones
desde la personificación alegórica de *El gran teatro del mundo*
hasta la visualización concreta de Ruibal. Símbolo del escenario del
mundo e imagen visual de su redondez, el domo ha sido erigido por
el Hombre sobre una fundación de calaveras que pertenecen,
metafóricamente, a los muertos que él ha producido en las guerras
heroicas, para inmortalizar su revolución. Para el Hombre, los
cráneos son la «aportación esencial a la teoría política: la muerte
ideológica» (p. 51). El tirano se jacta de «haber levantado una
cúpula . . . sobre la inevitable quincalla de mis muertos. . . .Y todo
el *qué* está en saber aprovecharse de la muerte, puesto que la
muerte es abono y fermento de todo lo que vive» (p. 45). En estas
palabras, pueden oírse ecos de las del Autor calderoniano cuando
crea al Mundo: «. . . naces como el Fénix y en su fama / de tus
mismas cenizas»[13] (pp. 25-26). Por una inversión semántica que
carga de intención satírica el texto de Ruibal, la idea de la muerte
terrena, que en Calderón se ve como un paso para la vida eterna,
aquí se transforma en el principio de la muerte ideológica, por la
que el Hombre pretende alcanzar la gloria eterna en la tierra.

A diferencia de los personajes de las tragedias y de las comedias, los alegóricos actúan como si tuvieran conciencia de su
carácter ficticio. Desprovistos de la condición de personajes de
carne y hueso, se convierten en mediadores o agentes de ideas.
Como bien hace notar Angus Fletcher, si encontráramos uno de
ellos en la vida real, se diría que tuviera ideas fijas, «that he was
obsessed with only one idea, or that he had an absolutely one-track
mind, or that his life was patterned according to absolutely rigid
habits from which he never allowed himself to vary.»[14] Por lo
mismo, los personajes son tan esquemáticos, y con tal concen-
tración de conceptos, que no se espera cambio alguno en su
naturaleza abstracta. Citando de nuevo a Fletcher, son «walking

Ideas» (p. 28). Las funciones del Hombre y el Doble, aparte de no admitir la evolución psicológica de los personajes convencionales, se limitan entre sí, haciendo de ambos, dos piezas del engranaje poético, donde cada una se mueve en función de la otra.

Si el domo es el escenario construido por el Hombre, es de esperarse que en este personaje hayan también señas del Autor-Dios calderoniano. Así es en efecto; el Hombre resulta ser una versión deformada de aquél al intensificarse los rasgos del poder y convertirse en un dios mundano, todopoderoso, arquetipo del dictador. Las palabras que el Hombre dirige al Doble—«eres algo hecho a mano»—son notablemente parecidas a las del Autor, cuando pone al Mundo en escena—«tú mi hechura eres.» Sin embargo, si se interpretan estas palabras dentro del contexto de cada pieza, se pone en evidencia la total subversión del modelo.

> Autor: Soy tu Autor y tú mi hechura eres, hoy, de un concepto mío la ejecución a tus aplausos fío. (pp. 36-38)
>
> Hombre: Los hijos salen como Dios quiere, siempre al revés de sus padres. . . . En cambio, tú eres como yo quiero que seas: eres algo hecho a mano. (p. 32)

El plan divino, que rige la historia del mundo en el *auto* calderoniano, no sólo se seculariza en Ruibal, sino que se transforma y rebaja a un plan humano, cuyo autor supera en poderes a Dios. Paradójicamente, el Hombre se endiosa en una realidad donde sólo reina la desolación. Metáfora del panorama nacional, en esta realidad «no se ve ni una mosca» y «no se mueve ni una mosca.»

La conciencia de la propia teatralidad que el Hombre y el Doble comparten con los personajes calderonianos, presenta en la pieza de Ruibal otras características. El Hombre tiene, además, conciencia de dramaturgo; es decir, de inventor de realidades y personajes ficticios. No sólo ha creado al Doble y el texto que debe aprender sin apartarse de él, sino que tiene conciencia de ser su propio autor y director de la farsa. Refiriéndose a su obra y al Doble, dice:

> Tan pronto como yo le dé el visto bueno funcionará como un reloj. No en balde, al ir moldeándolo, he ido evitando mis discutibles meteduras de pata. A mí no todo me ha sido coser

> y cantar. El mundo que yo heredé era tan falso que he tenido que mentir muchísimo para ir arreglándolo. . . . Pero él no tendrá que mentir. ¿Para qué va a mentir si todo en él será mentira? (p. 58)

Esto indica que el Hombre está a cargo de la concepción del teatro interior de la pieza. De él depende por lo pronto el «argumento» de la alegoría y los conceptos que le dan sustancia. En él se reconoce al político que manipula todos los aspectos de la política dentro de un régimen de represión y corrupción. Le oímos decir una sarta de paradojas que deforman la verdadera política: «Y la mentira ha de ser lo único verdadero en una política constructiva» (p. 33) o «Cuanto más sincero seas, mejor mentirás» (p. 57). La mentira es el meollo de los «conceptos imaginados» que el Hombre inventa en todas las formas.[15]

El reparto de los papeles en el teatro del Hombre, queda reducido a la asignación de un papel único. En oposición a los distintos papeles de los actores de *El gran teatro del mundo*, el Doble de Ruibal resume todas las posibilidades de actuar en un papel limitado a parodiar al Hombre. Pero la imitación no es sólo en la actuación. El traspaso del aspecto físico del Hombre al Doble es también parte del papel. En «el laboratorio del valor», éste recibe la talla, las cicatrices heroicas, las marcas del ombligo y las quemaduras en la cara. El traje de ceremonias y el montón de ropajes y objetos de las guerras coloniales, medallas y condecoraciones que el Hombre le pone cuando le «echa encima el peso de la historia» (p. 77), todo forma parte del plan del Hombre de crear al Doble a su imagen y semejanza. Las características del Doble, como una condensación de gestos, movimientos, palabras y discursos imitativos, sirven para traducir la insustancialidad del personaje dentro de la alegoría. Intencionalmente, Ruibal ha caricaturizado al Doble haciéndolo un espejo del Hombre, quien es a su vez, la caricatura de un tirano. La automatización del lenguaje contribuye a rebajar el papel del Doble:

Hombre.   —Ahora ya podemos desayunar.
Doble.   —Eso digo.
Hombre.   —Podías servirlo.
Doble.   —Eso digo.
Hombre.   —(Va subiendo su furia) ¿Es que no digo nada?

Doble.	—Eso digo.
Hombre.	—(Empujando al Doble). Apártate. ¿No ves que estás pisando mi sitio?
Doble.	—Eso digo.
Hombre.	—Debes sumisión y veneración a mi persona.
Doble.	—Eso digo.
Hombre.	—(Bramando). Te detesto.
Doble.	—Eso digo.
Hombre.	—¿Es que no tienes sentido del honor?
Doble.	—¡Oh sí! Tengo el suyo. (p. 71)

Con el Doble reducido a puros gestos imitativos, Ruibal introduce el tema de la libertad. Mientras Calderón refleja en sus personajes el principio del libre albedrío, al hacer que el Mundo dé a los actores libertad para elegir sus acciones, Ruibal da al Hombre-dios control absoluto sobre el Doble. Compárense los dos textos:

> Autor: Yo, bien pudiera enmendar
> los yerros que viendo estoy:
> pero por eso les di
> albedrío superior
> a las pasiones humanas. . .
> y así dejo a todos hoy
> hacer libres sus papeles. (versos 929-33 y 936-7)

La idea de la libertad ha sido socavada y transformada en el siguiente juramento:

Doble:	Jamás tendré una idea propia.
Hombre:	Y si la tienes serás un miserable.
Doble:	Y si la tengo seré un miserable. (p. 55)

El que la acción dramática de *El hombre y la mosca* sea toda un ensayo del papel que el Hombre-dios-dramaturgo inventa para el Doble, es una inversión significativa del modelo. A causa del libre albedrío, los personajes de Calderón no ensayan su papel, y puesto que los papeles carecen de jerarquía, la calidad de cada uno de ellos depende sólo de los méritos en la actuación de los actores.[16] Al minar el principio del libre albedrío, a través del poder del Hombre, Ruibal concretiza violentamente el fracaso final del Doble.

Todo el ensayo, sin libertad, queda abortado con el desmoronamiento del domo, a causa de la incapacidad de Doble de usar la
libertad que le sobreviene con la muerte del Hombre. A las incita-
ciones de la inocente mosca, sólo atina a destruir a golpes las
paredes del edificio.

El «sermón» del *auto* calderoniano, «obrar bien, que Dios es
Dios,» ha sido reemplazado por un sermón invertido dentro del
teatro creado por el Hombre: la idea que sustancia la teatralización
es la de obrar mal, que así es el tirano y la política. Claro está que
en la alegoría total, el concepto del bien y del justo castigo se vuelve
a restaurar con la imagen de la destrucción final. En este plano de
la alegoría, es donde se encuentra el principio del «gran teatro».
Los actores se salvan o se condenan según hayan representado su
papel. La alegoría de Calderón visualiza la perfección del plan
divino, mientras que la de Ruibal muestra la imperfección de la
obra del Hombre. Los cuatro símbolos alegóricos resumen las fallas
e imperfecciones del domo. Las tres «venerables instituciones» (p.
92)—el polvo, el aire contaminado y el sillón—, que representan la
decadencia, la corrupción y la inmovilidad, aconsejan al Doble que
no haga nada, pero la cuarta Voz, la del anotador electrónico, es la
que revela el error del Hombre: «. . . se olvidó de pasarte algo importante: el miedo que los demás le tenían. . . . El miedo y tu amo
eran la misma cosa» (p. 97).

La glorificación de la obra de Dios, que es el sólo propósito del
auto, en términos ruibalescos se transforma en la glorificación del
fracaso del Hombre-dios; esto es, del sistema dictatorial. La gloria
que el Hombre persigue a lo largo del «argumento», resulta ser al
fin de cuentas, una «vanagloria.» No le basta a Ruibal la
dramatización poética de los conceptos ni la vibrante plasticidad
del espectáculo para concebir esta «glorificación» y la formación
del sucesor. Recurre al «asunto» sacramental, incluyendo los dos
sacramentos favoritos de Calderón, el bautismo y la eucaristía.[17]
Al hacerlo, construye su alegoría sobre la estructura de una
ceremonia litúrgica en tres momentos: indoctrinación, iniciación en
el culto y bautismo, y finalmente la misa y la eucaristía. Ruibal no
escatima esfuerzos en usar una masa de objetos y chocantes gestos
y palabras, para concebir una ceremonia con esquemas similares a
los del culto, pero desprovista del contenido religioso. Los procedimientos paródicos que nuestro autor usa, intensifican los tintes
satíricos de la alegoría.[18] A las visualizaciones que muestran las

diferentes etapas de la formación del Doble, esto es, la indoctrinación, tiene lugar una metafórica bendición, en una especie de
ceremonia de juramento de fe y obediencia al supremo Hombre.
Por primera vez aparece en tan absurda visualización, la idea de
sacramentar. Rodilla en tierra y besando una cruz que hace con los
dedos, el Doble repite después del Hombre fórmulas que son pro-
mesas de cumplir su misión y mantener el estado de cosas sin in-
troducir cambio alguno. Esto es una proyección del político, pero
también del dominado:

> Doble: Juro que no seré otra cosa que la plantilla de su
>   persona.
> Hombre: Pero si agregas algo de tu cosecha o adulteras algo
>   lo más mínimo el futuro te aplasto como a una cu-
>   caracha.
>   (Hace que le aplasta y estalla algo que estremece al
>   Doble). (p. 55)

Con las palabras del Hombre «Ya estás sacramentado,» se inicia
este extraño e irrisorio culto.

De la bendición, el Hombre pasa al bautismo en una escena
más insólita que la anterior. «Estás viviendo tu bautismo con la
muerte» (p. 66), explica el Hombre. Según su plan, no es posible
hacer el cambio de mando sin familiarizarse con la muerte. La
elaboración de la escena en forma de un divertido jolgorio de
calaveras es un eco del conocido tema medieval de la «danza de la
muerte». Las visiones de espectros y las personificaciones de la
muerte han sido recreadas en calaveras fosforescentes que hacen
guiños en medio de la oscuridad y se rién a mandíbula batiente
mientras se oye música y extraños ruidos. La idea de la muerte
igualadora toma forma concreta aquí en las calaveras inmortales,
que no son otras que las de todos los enemigos del Hombre. La risa
al unísono de ellas, del Hombre y el Doble introduce la idea de
purificación que se alcanza con el bautismo, aunque el contenido
de ésta ha sido transmutado por un contenido profano. Las
calaveras luminosas que ambos usan adquieren características
simbólicas en esta especie de purgación por la risa: la frialdad de la
calavera sugiere la del buen político dentro de las teorías del Hombre. Para manifestar la importancia de este acto purificador, éste le
dice al Doble: «Ya verás, después te sentirás muy aliviado. Y lo que

es más importante, sin ganas de reírte de nada. La risa es como un veneno» (p. 67). Al expulsar la risa del cuerpo para obtener la rigidez política, el Hombre explica que «nuestro rostro en este contacto visceral con la muerte, se ha cargado de una helada frialdad» (p. 69). Es así que el bautismo sacramental se transforma metafóricamente en un bautismo político.

Para crear el momento culminante del espectáculo, Ruibal recurre nuevamente a la subversión del culto, produciendo una versión irreverente y chocante de la unión de Dios y los fieles. El momento es un puro espectáculo visual, grotesco. El disco brillante, que se hace visible en lo alto de la cúpula al descorrerse un lienzo, sugiere simultáneamente la terminación del domo y el sacramento de la Comunión. En el centro del gran círculo hay un bajo-relieve con la figura de un hombre desnudo que está injertado a otro, y una inscripción alrededor que dice: «Yo por yo igual a yo—año setenta de nuestra era» (p. 76). La asociación con el Verbo Encarnado se hace más evidente en la parodia de la bendición de la losa y en los comentarios del Hombre al concluir la ceremonia: «Por fin eres del todo carne de mi carne, entraña de mi entraña. Y puesto que tú eres yo, ya no eres tú. ¡Levántate y anda!» (p. 78). Al decidir el Hombre caerse muerto, queda teatralizado el traspaso del poder y de la persona moral y física del Hombre al Doble. La concreción del concepto no puede ser más plástica. Totalmente desinflada de religiosidad, la escena sugiere también el ofrecimiento de la víctima propiciatoria que celebra la Misa. La insólita pelea de los Angeles y los Demonios sobre la repartición por el ombligo del cuerpo del Hombre, viene a agregar una deformación más, con reminiscencias calderonianas y medievales.

Con *El hombre y la mosca,* Ruibal no vuelve a las fuentes calderonianas para reconstruir o imitar los *autos,* sino para vigorizar el teatro, liberándolo de las trabas convencionales, y para recuperar por la subversión paródica, una tradición que es parte de la cultura presente. No importa precisar si el Hombre es el déspota por antonomasia, como hemos tratado de probar, o si el nombre sin nombre del personaje significa el hombre genérico con su añoranza de eternidad, o si es, con letras mayúsculas, el Salvador de la humanidad; si el Doble es la víctima que no reacciona a las instancias de la libertad, o si es una abstracción de la estupidez humana; si la mosca, de tan larga tradición literaria, es un símbolo de la libertad, o si es la mosca que «va a la carroña,» como el mismo Ruibal alguna vez ha sugerido; si el «gran teatro del mundo» es realidad o ficción. Lo que importa es la realidad poética que hace posible esta ambigüedad, y que en última instancia es la realidad de un texto poético tan real como la realidad misma, que se forma con otros textos de la literatura y la cultura.

NOTAS

1. C. González Reigosa y Víctor Valembois, «Entrevista con José Ruibal,» en *El hombre y la mosca* (Madrid: Fundamentos, 1977), 123. La edición incluye entrevistas, notas y artículos de varios críticos y del propio Ruibal. Las citas del texto siguen esta edición.

2. Con estos términos se denomina al teatro vanguardista que se desarrolló en España durante los años de censura del régimen franquista. De hecho puede calificarse de teatro «no público,» en oposición al que sigue los gustos del público. Por sus abstracciones universales y la experimentación estética, es contrario a los convencionalismos del realismo. George W. Wellwarth creó el término «underground» cuando dio a conocer la obra de los dramaturgos de este teatro silenciado en su libro *Spanish Underground Drama* (University Park: Pennsylvania State University, 1972).

3. «. . . nosotros no hemos escrito con la tradición delante, sino detrás, actuando esos parentescos en este teatro por vías de absorción cultural» («Notas de producción,» en *El hombre y la mosca*, p. 117).

4. Julia Kristeva, *Semiótica*, trad. José M. Arancibia, tomo I (Madrid: Fundamentos, 1978), p. 190.

5. Los conceptos aparecieron en el prólogo que escribió Calderón en la impresión del primer tomo de sus *autos*. Ciriaco Morón Arroyo incluye este prólogo en su libro *Calderón: Pensamiento y teatro* (Santander: Sociedad Menéndez Pelayo, 1982), p. 158.

6. J. Ruibal, *Teatro sobre teatro* (Madrid: Cátedra, 1975), p. 36. La edición incluye: Notas del autor, *La máquina de pedir, Los mendigos, La secretaria, Los mutantes, El rabo, Los ojos, El padre, El supergerente* y «Escribir contra el público.»

7. González Reigosa y Valembois, p. 125. La preocupación de Ruibal por los ritmos populares, tanto el musical como el verbal, el cromático y el gestual, es el estímulo que lo impulsa constantemente a volver a las obras de Calderón. Durante el Festival Calderón que se celebró en San Antonio, Texas, en octubre de 1980-mayo 1981, Ruibal llevó a cabo la adaptación de once obras de Calderón que fueron

representadas. Se incluían entre ellas, *La hija del aire, El astrólogo fingido, Los cabellos de Absalón, Amar después de morir, La vida es sueño.* La mayoría fue traducida al inglés. Expresó entonces, que había encontrado su verdadera tradición teatral y había dado con un nuevo sentido del teatro del gran Calderón (Carta personal fechada en San Antonio, 30 noviembre 1980).

8. La definición es la de Angel Valbuena Prat, que Alexander Parker cita del ensayo, «Los Autos Sacramentales de Calderón,» en *Revue Hispanique,* LXI (1924), 7. Véase A. Parker, *The Allegorical Drama of Calderón: An Introduction to the Autos Sacramentales* (Oxford: The Dolphin Book, 1968), pp. 58-59.

9. En un detallado estudio, Laurent Jenny explora el proceso y las figuras de intertextualidad e incluye la parodia como uno de los casos de intertextualidad manifiesta: «It can happen that intertextuality is not only a condition for the use of the code, but is even explicitly present on the level of the formal content of this work. This is the case of all those texts which leave this relationship to other texts visible: imitations, parodies, citations, montages, plagiarisms.» Véase «Strategy of Form,» en *French Literary Theory Today,* ed. Tzvetan Todorov (Cambridge: Cambridge University Press, 1982), pp. 34-35.

10. Resumimos de las págs. 65 y 79.

11. Parker subraya que «Life as a play is not the theme but the allegory» (p. 113).

12. Por estas características, las dos obras pueden incluirse dentro de lo que Lionel Abel llama *metatheatre.* Véase *Metatheatre: A New View of Dramatic Form* (New York: Hill and Wang, 1968). El capítulo sobre Shakespeare y Calderón es particularmente ilustrativo.

13. Pedro Calderón de la Barca, *Autos sacramentales,* introd. A. Valbuena Prat, tomo I (Madrid: Espasa-Calpe, 1957). Las citas de los versos siguen esta edición.

14. Angus Fletcher, *Allegory: The Theory of a Symbolic Mode* (Ithaca: Cornell University Press, 1964), p. 40. Comentarios similares se leen en Parker a propósito de la naturaleza de los personajes de los *autos*: «Calderón's dramatic abstractions are neither human nor nonhuman, they are not alive or individuals; they are poetic and dramatic creations» (p. 94).

15. Para más elaboración del tema de los esquemas lingüísticos y las formas del absurdo, véase mi ensayo «Esquematización y objetivación simbólica en el teatro de Ruibal,» *Journal of Spanish Studies: Twentieth Century,* 3 (1975), pp. 45-59.

16. Morón Arroyo explora este tema en detalle: «Los hombres hacen sus papeles y, aunque son sólo comediantes, deben hacerlos bien. Esta comedia es la única realidad que tenemos para fraguarnos la eterna. La vida es una comedia que se representa sin ensayar; por tanto, esta supuesta farsa exige un compromiso total. Al fin hay que dar cuenta del papel ante el autor,» *Calderón,* pp. 135-136.

17. El significado e importancia de los sacramentos y especialmente de la Eucaristía, han sido tratados ampliamente por varios estudiosos. Véase Parker, pp.

60-65; Morón Arroyo, pp. 99-102; Bruce W. Wardropper, *Introducción al teatro religioso del Siglo de Oro: Evolución del auto sacramental antes de Calderón* (Salamanca: Anaya, 1967), el capítulo «Homenaje eucarístico en los autos sacramentales.»

18. El carácter alegórico y satírico del teatro de Ruibal ha sido tratado más ampliamente en mi estudio doctoral completado en la Universidad de Massachusetts bajo la dirección de Sumner M. Greenfield en 1980: *El vanguardismo en el teatro hispánico de hoy: Fuentes, Gambaro y Ruibal* (Ann Arbor: University Microfilms International, 1980). Véase el capítulo: «José Ruibal: Vanguardismo satírico.»

EL OTRO TEATRO NOVENTAYOCHISTA

Dru Dougherty
University of California, Berkeley

Cuando se plantea el tema del teatro noventayochista, las obras nombradas suelen ser aquéllas asociadas con el regeneracionismo de fin de siglo. *Juan José* de Joaquín Dicenta, *Tierra baja* de Angel Guimerá y *Electra* de Pérez Galdós, son piezas propias de esa tendencia cuyo objeto consistía en afrontar los problemas de la vida nacional. En España esta expresión dramática se enlazaba, de un lado, con las aportaciones de Ibsen y, de otro, con las teorías de Zola sobre el naturalismo en el teatro. Para triunfar había de suplantar en las tablas al drama neorromántico—«turbamulta de mujeres histéricas y de caballeros epilépticos que se expresan en verso vacuo y sonoro»[1]—, poniendo en su lugar cuadros realistas sacados de la vida contemporánea. Junto con Dicenta, Guimerá y Galdós, dicha tendencia incluía entre otros a Benavente, Ignacio Iglesias y Santiago Rusiñol.[2]

La crítica de fin de siglo no deja lugar a dudas sobre la novedad que significaba en su día una dramaturgia «verista.» Mientras el naturalismo se apoderaba de las tablas europeas, en España su presencia apenas se notaba: «Estamos todavía del lado de allá de esas literaturas novísimas—apuntó Yxart en 1894—, y empezamos ahora a discutir mal y a interpretar a veces peor, lo ya discutido en todas partes, esto es, las que todo el mundo llama a estas horas las 'nuevas tendencias' del drama de asunto contemporáneo.»[3] Seis años más tarde Martínez Espada se mostró más optimista respecto del triunfo de la nueva tendencia: «Para mí es evidente, axiomático, que nuestro teatro camina—si bien este andar sea de pesada tortuga—a la verdad sin convencionalismos, al estudio de la vida tal como diariamente se nos ofrece, a lo que se llama naturalismo.»

Subsiste sin embargo la conciencia de fracaso posible, dada la fuerza de la rutina escénica: «Ahora bien: la lucha ha de ser costosa y larga. No estamos en iguales condiciones que los de la época en que apareció el romanticismo. Imperan el indiferentismo y la duda.»[4] De hecho, hasta 1909 la «lucha» contra las fórmulas viejas no se dio por ganada definitivamente. En ese año Gómez de Baquero ofreció la siguiente visión de conjunto al comentar una colección teatral de la Pardo Bazán:

> . . . el teatro moderno es un teatro verista y realista, hasta cuando toca asuntos fantásticos (como en *La intrusa,* de Maeterlinck, en que se cuida de la verosimilitud exterior de la escena), y un teatro psicológico, que concede tanta o más importancia que a los hechos a su causalidad interior. Es realista, en el sentido de dar forma natural hasta a los sucesos extraordinarios. Los dramaturgos no fían demasiado en la imaginación de los públicos, ni esperan de ellos aquel cándido poder de figuración que en los orígenes del teatro suplía suficientemente la «mise en scène». . . Es psicológico, porque el hombre moderno, si no más curioso de las causas que sus antepasados, es mucho más exigente en la investigación de ellas. . .[5]

En estos y otros comentarios de la época[6] se fijan los contornos de la dramaturgia «verista,» los cuales conviene resumir (aunque no sea sino para avivar la memoria), ya que mi propósito es oponer a ellos otra dramática noventayochista.

Las campañas en pro del realismo escénico venían impulsadas, en primer lugar, por un empeño de renovación. Igual que otros sectores de la vida nacional, la escena sufría de «monotonía» e «indolencia» según la óptica dolorida de Eduardo Bustillo: «Ni renovación, ni evolución, ni revolución. Un *status quo* verdaderamente lamentable.»[7] Quien más lanzas rompió en favor de una reforma de la escena fuera, tal vez, Miguel de Unamuno, cuyo ensayo «La regeneración del teatro español» pedía una vuelta a lo popular como fondo del hecho teatral, y una apertura hacia las tendencias extranjeras: «Predican algunos la vuelta a nuestros clásicos castizos y un repaso más de nuestro teatro; otros, el estudio hondo de las tendencias modernas en la literatura dramática; los juiciosos, y en esto lo son casi todos, una y otra cosa a la vez. Por un lado, Ibsen; por otro, Calderón; lo sensato, juntarlos.»[8] Cualquiera que fuera la solución, una multitud de voces convenía en señalar el imperativo de un cambio: «Continuar como actualmente algunos años más— apuntó Martínez Espada—, es hacer inevitable la ruina del teatro español.»[9]

Un segundo rasgo de la dramática noventayochista tiene que ver con la relación que debía existir entre la escena y la vida real. Con urgencia se insistía en que el teatro retratara la realidad nacional en vez de representar mundos inventados e inverosímiles. «La acción dramática—afirmó *Clarín* siguiendo a Zola—no debe ser más que un fragmento de la vida toda, tal como es.»[10] Esto mismo lo venía predicando Enrique Gaspar desde finales de la década de los ochenta,[11] pero hacía falta que un autor de genio transformara la idea en una dramaturgia grata al público. Llegado el nuevo siglo, todos estaban de acuerdo en que Jacinto Benavente precisamente había realizado eso. En 1904, por ejemplo, Antonio Machado le elogió su voluntad de «arrancar un poco de verdad a la vida, a esta pobre vida que tanto tiene ya y de suyo, de vacío simulacro.»[12] Asimismo Martínez-Sierra, en su libro *Motivos,* reconoció en Benavente al paladín del realismo escénico: «Este es el gran valor moral del teatro de Benavente: levantar los ojos de la multitud hacia la verdad de la vida contemporánea.»[13]

Una tercera característica atañe a la expresión escénica de este teatro verista. A la temática de la «vida contemporánea» correspondía una puesta en escena cuya novedad quedaba resumida en la palabra «naturalidad.» Este término se refería entonces a unas prácticas escénicas que rompían con las convenciones neorrománticas, las cuales según Galdós ya hastiaban al público: «[éste] se las sabe de memoria, conoce los resortes tan bien como los autores más hábiles, y apenas halla atractivo en las obras que años atrás eran su encanto.»[14] En los años noventa, pues, un tono conversacional comenzó a suplantar el estilo declamatorio heredado del romanticismo. Para el joven Martínez Ruiz dicha reforma tardaba demasiado en el caso de Antonio Vico, actor celebrado de la época: «Vico es un comediante de la antigua escuela; un declamador. No *dice, canta.* Y si esto pudo pasar allá, en los remotos tiempos del señor Echegaray [esto se dice en 1897], hoy ya no satisface a nadie.»[15] Al mismo tiempo la motivación psicológica tendía a suplir la pura casualidad como resorte de la acción,[16] y el actor daba cada vez más atención a simular la apariencia física y estado de ánimo del personaje representado. Martínez Ruiz elogiaba al respecto la sana influencia del italiano Novelli sobre la escena española. Cuando representaba la muerte de Otelo, «las señoras de los palcos y butacas volvían la cabeza. ¡Qué realidad tan asombrosa!»[17] Por último, como ya indicó Gómez de Baquero, se le daba un valor mimético a la escenografía, cuya capacidad de simular ambientes reales y señalar el efecto de los mismos sobre el personaje no pasaba inadvertida. En fin, como notó Darío en 1899, «imponer lo natural» era el cometido del nuevo teatro en España.[18]

Ahora bien, junto con esta dramática noventayochista de corte mimético, existía otra que desconfiaba del realismo escénico. Ese otro teatro noventayochista también pedía una renovación de la escena, pero buscaba su inspiración más en Lope y Maeterlinck que en Ibsen. Venía muy influído por el «idealismo» tan debatido en la década de los setenta,[19] al tiempo que apuntaba al simbolismo de fin de siglo. A diferencia de la corriente mimética, se fiaba de la imaginación del público, proponiendo una finalidad no crítica sino estética y hasta espiritual del teatro. Siempre atento a la diversidad de corrientes, Yxart se refería a esta tendencia al oponer al naturalismo «una reacción idealista con todas sus antiguas variedades: teatro poético, simbolismos, misticismos, etc.»[20]

Para acercarnos a ese teatro disconforme con el mimetismo, conviene recurrir a la memoria de Valle-Inclán, testigo agudo de la escena durante el cambio de siglos. En sus conversaciones don Ramón gustaba de evocar el teatro de esos años, y llama la atención su preferencia por obras que se mostraban contrarias a la dramática verista. Elogiaba con entusiasmo tres obras en particular: *Alma y vida* de Galdós, *El dragón de fuego* de Benavente y *Alma de Dios* de Arniches y García Alvarez.[21] Siguiendo el ejemplo del dramaturgo gallego, voy a comentar las piezas nombradas, ensayando aclarar qué era el otro teatro noventayochista y qué importancia tenía para la escena posterior.

Es bien conocido que tanto Galdós como Benavente estaban en la vanguardia del teatro realista. Más equívoca era la postura de Arniches, cuya representación de la clase popular, como apunta Monleón, tendía a convertirla en «un coro zarzuelero.»[22] No cabe duda, dados los testimonios de la época, de que los tres dramaturgos se dejaran influir por el verismo escénico; pero también es cierto que dudaban de él, experimentando esa reacción notada por Yxart en 1894. En las tres obras que vivían en la memoria de Valle-Inclán esa reacción se concretó en un tema—la esclavitud—que coincidía con la mayor objeción hecha por los críticos, desde años atrás, frente al realismo escénico. «No debe ser la *imitación servil* la norma del artista. Este trabajo no es digno del espíritu que no tiene por misión la *copia servil* sino la libre creación.»[23] Este reparo idealista seguía vivo en los primeros años del siglo, planteando la servidumbre del dramaturgo que subordinara su potencia inventora a la «copia servil» de los hechos. Galdós, Benavente y Arniches, practicantes del teatro verista en mayor o menor grado, no dejaban de sospechar que el arte—al decir de Ruiz Contreras—«es más real que la realidad.»[24]

En *Alma y vida* (1902) de Pérez Galdós, la duquesa de Ruydíaz es poco menos que una esclava de su administrador. Joven y bella, sufre de una enfermedad mortal y de ahí que viva sometida a la tiranía de su protector. Contrasta con ella el galán Juan Pablo Cienfuegos, cuya vitalidad infunde nueva vida en la duquesa. Bajo su influencia ella requiere la independencia y procura realizar un sueño utópico, el reparto de sus tierras entre los pobres: «Soñaba que Dios había dispuesto una transformación en mis estados; que mis vasallos vivían contentos; que tenían paz, bienestar, justicia.»[25] Al final la muerte separa a los dos jóvenes pero no antes de que vea el público la conveniencia de su unión.

Esta acción transmite un claro mensaje regeneracionista: una España de «alma y vida» será aquélla que persiga con vigor el ideal de la justicia social. Comparada con otros dramas de Galdós, sin embargo, *Alma y vida* apenas insistía en este significado ideológico. Antes bien, las alusiones a la situación nacional quedaban muy en el fondo, apareciendo en primer término la estructura emblemática de la acción. «¿Qué hay en *Alma y vida*—se preguntaba Manuel Bueno en su reseña—. . . una tesis social o un cuento de hadas?»[26] Efectivamente la simetría entre el mundo dramático y el contemporáneo se desleía ante el alejamiento ocasionado por el ambiente «feudal,» el tiempo escénico desplazado al siglo XVIII y el carácter arquetípico de la trama. Más que retrato de la actualidad, *Alma y vida* es una «ilusión mentirosa» (p. 279) que acaba por insistir en la verdad de la mentira. Como en la agonía de la duquesa, la ilusión utópica suplanta los hechos reales, dando más validez a la ficción que a la realidad.

A mano tenía Galdós un medio apto para comunicar su celebración de la ilusión: el propio hecho teatral. Aunque Galdós pedía un teatro verista para su tiempo, tenía presente el «convencionalismo esencial» de la escena, su contextura de «vida figurada»[27] y base de «ficciones esenciales»[28] impuestas por el medio artístico. Pues bien, entre la «vida figurada» de la escena y las ilusiones utópicas de la duquesa de Ruydíaz, Galdós veía una relación estrecha que no dejó de aprovechar. De ahí el alto grado de teatralidad que tiene la acción de *Alma y vida*. Antes que por su dramaturgia realista la obra resalta por su convencionalismo escénico. Los cuatro decorados representan «una antigua construcción feudal,» los personajes hablan un lenguaje nada conversacional, el gracioso queda recreado en don Guillén y cada acto gira en torno a un episodio llamativamente teatral: la autocondena de Cienfuegos, que recuerda la lista de infamias recitada por don Juan Tenorio; la pastorela del segundo acto, ejemplo cabal del teatro autoreflexivo; el sortilegio gitano, que evoca los cuadros populares de la escena romántica; y el desvarío final de la duquesa, parecido a un ensayo de teatro infantil.

Así pues, las ilusiones puras de la joven duquesa tienen su correspondencia en las puras ilusiones de telas y candilejas. Como tantas veces pasa en el teatro moderno, el espectáculo escénico tiende aquí a duplicar el propio drama que representa. Es decir, mientras la escena presenta un caso de ilusionarse en la protagonista, induce simultáneamente en los espectadores un estado parecido, la aceptación de una «vida figurada.» Al insistir en la teatralidad del espectáculo, Galdós subrayaba que tan visionario era su público como su heroína.

Lo que sentía el dramaturgo, como indica la escena final, era que ese público sólo se dejara ilusionar en el teatro: su capacidad visionaria, de la que dependía la reforma nacional, debiera transcender de la sala a la vida colectiva del país. Tal es el mensaje de las últimas palabras de Cienfuegos, dirigidas a la «muchedumbre» pero recogidas por el público, su verdadero destinatario:

> Vasallos de Ruydíaz, el grande espíritu de nuestra señora está en un reino distante, en un reino glorioso. Era la divina belleza, la ideal virtud, y nosotros unas pobres vidas ciegas, miserables... ¿Qué habéis hecho, qué hemos hecho? Destruir una tiranía para levantar otra semejante. El mal se perpetúa... Entre vosotros siguen reinando la maldad, la corrupción, la injusticia. ¡Llorad, vidas sin alma, llorad, llorad!
> (p. 288)

Un elemento fundamental del otro teatro noventayochista, tal vez el principal para un Valle-Inclán, resulta, pues, el papel significante del juego escénico como tal. En vez de quedar disminuida, la teatralidad de los signos escénicos resalta, convirtiéndose así en otro mensaje dramático. Esta insistencia en mantener en primer término la índole ilusoria del teatro se ve repetida en las otras dos obras que ahora paso a comentar.

El dragón de fuego (1904) de Benavente no trata ya de una mujer tiranizada sino de toda una nación, el Nirván, que sufre la invasión de Silandia. Este suceso—reflejo de la política internacional del día—servía de pretexto para que Benavente denunciara los intereses que impulsaban el colonialismo europeo de fin de siglo. Comentó Manuel Bueno: «Toda la obra es, antes que nada, la exposición de los planes colonizadores que usa Europa en Asia, en Africa y en Oceanía.»[29] No obstante esta denuncia, *El dragón de fuego* no es en esencia una obra que analice la vida contemporánea. Tiene un dualismo estructural que contrapone al análisis una visión utópica del hombre. Dentro del mundo dramático los personajes que explotan la colonización (militares, hombres de negocios, clérigos) vienen contrastados por otros de carácter ejemplar. Estos últimos son el rey del Nirván, Dani-Sar, y su hermano, el príncipe Duraní. Son dos seres que ponen el amor y la paz sobre todo: «Mi corazón, como el tuyo—le dice Duraní a su hermano—sólo sabe amar. Todo el odio de la tierra, toda la maldad de los hombres, no podrá obscurecer con la sombra de un recelo nuestro cariño.»[30] Y este cariño fraternal, aclara el diálogo, no es sino la concreción humana del «amor infinito» que da forma al universo.

Esta visión de un mundo todo paz y amor hace eco del sueño utópico de la duquesa galdosiana. El parecido se acentúa aún más cuando notamos que en los dos dramas la inclinación visionaria se asocia con el delirio, provocado en el primer caso por la agonía, en el segundo por una droga. Pues bien, si los dos dramaturgos coinciden en señalar así la marginación del soñador, el valor que dan a dicho aislamiento no puede ser más divergente. El liberalismo de Galdós se hace sentir en la equiparación hecha entre ilusión ideológica y teatro: el público participa en una figuración comparable con la que sueña la duquesa visionaria, con la diferencia de que podría, si se le incitara a ello, transformar el mundo real en «reino glorioso» una vez concluida la función. La marginación viene a ser, por tanto, paso preliminar para posibilitar una síntesis entre lo real y lo ideal. En cambio, para Benavente el contraste entre el mundo que copia el teatro y el mundo ficticio que puede inventar no se salva nunca. Basta una mirada impasible a la historia humana para saber que realidad e idealidad no tienen nada que ver una con otra. Mas, lejos de lamentar este hecho, dictado por la experiencia, Benavente lo celebra, viendo en la propia irrealidad de los sueños la garantía de que se mantengan puros. La marginación se hace así signo de idealidad no contaminada y, por lo mismo, de hostilidad frente a una vida real degenerada.

El público que asistía a *El dragón de fuego* no se veía invitado, pues, a elevar la vida, infundiendo en ella una necesidad ética. Más bien, era convidado a elegir entre ideal y vida, ya que según Benavente ésta estaba muy degradada para reformarse. De modo que el dualismo de la obra mantiene una radical *separación* entre los dos planos, escisión reflejada además en la dramaturgia que se divide entre una representación mimética y un fondo fantástico, entre sátira y ensoñación espiritual.[31] No había manera de conjugar las ironías dirigidas contra la política contemporánea con los trajes y decorados dignos de *Las mil y una noches.* Los espectadores habían de aceptar la vida, con toda su mezquindad, o renunciarla por «una fiesta de paz y de amor para todos» (p. 285).

A vista de lo dicho, cabe apuntar como otro rasgo del teatro noventayochista aquí examinado la oposición entre lo real y lo ideal, la que fácilmente se convierte en una negación absoluta del primero. Si Galdós sugiere la posibilidad de armonizar las dos dimensiones, Benavente le niega al público esa consolación, insistiendo en su incompatibilidad.[32] Con Arniches, como ahora veremos, la oposición da una tercera solución, esto es, la confusión inestable de vida e ideal, mezcolanza que engendra la tragicomedia, forma cultivada por el dramaturgo en sus piezas más célebres.[33]

De las tres obras recordadas por Valle-Inclán, *Alma de Dios* (1907) le mereció los elogios más incondicionales: «—*Alma de Dios*. He aquí una zarzuela llena de vivacidad, de gracia, de encantadora *vis cómica*. Es de lo mejorcito que existe dentro de la clase. Tanto, que hace pensar en las más celebradas farsas de Shakespeare.»[34] Falta de esta evocación toda referencia a la advertencia moral de la obra: la verdad, afrontada a tiempo, deshace los equívocos que suelen transformar al individuo en esclavo de las circunstancias. «La 'verdá' a tiempo nos hubiese hecho a 'tos' menos

daño,» sentencia el señor Adrián, haciendo del caso particular—
una traición familiar—un ejemplo de transcendencia nacional.[35]

Como queda dicho, Valle-Inclán pasaba por alto el significado
político de la obra, resaltando más bien su vivacidad cómica. Cabe
pensar que recordaba los efectos brillantes del estreno: música del
maestro Serrano, bailes y cuplés, la actuación de los dos cómicos
más populares del género—Chicote y Loreto—, un lenguaje gracio-
samente distorsionado y, sobre todo, un ritmo que José de Laserna
comparó con el dinamismo propio de la «cinta cinematográ-
fica.»[36] Por otra parte, la referencia a las farsas de Shakespeare, no
obstante la hipérbole, apunta a lo que hacía de *Alma de Dios* una
obra memorable de esa época. Frente a la gravedad del realismo,
Arniches y su colaborador defendieron un teatro festivo, inspirán-
dose en una forma—la farsa—donde el fondo anárquico de las pasiones se descubre con gracia y alegría.

En efecto abundan los recursos lúdicos en *Alma de Dios*:
palos, imprecaciones y vueltas imprevistas se combinan con chistes,
retruécanos y bromas puramente visuales. La alta frecuencia de estos artificios hace difícil encontrar en la dramaturgia una seria intención mimética. Las convenciones de la verosimilitud, el supuesto
de la imitación crítica, las prácticas de la «naturalidad» escénica se
violan a trochemoche. Es cierto que las pasiones salen a primer término y que la acción amenaza siempre con desembocar en la
tragedia, pero la catástrofe se evita mediante dosis constantes de
humor y emoción. Tras el estreno comentó el crítico de *El Imparcial*: «aunque es un melodrama comprimido, lo melodramático
está, gracias a Dios, relegado al último término, predominando lo
exclusivamente y no pocas veces excesivamente cómico.» Vueltas
así excesivas, las pasiones humanas se mostraban inverosímiles,
mas sin dejar de ser por ello patéticas. Cabe ver en esta exageración
sentimental un efecto buscado adrede, con intención humorística, a
diferencia de un Echegaray cuyos excesos carecían de ironía.

Pieza clave del otro teatro noventayochista, *Alma de Dios* indica que éste no pretendía servir de espejo para la vida contemporánea. Antes bien, la realidad que reflejaba era en mayor grado
la propia tradición teatral—los perfiles de la comedia de honor antigua y neorromántica quedan claros en la obra—, cuyos clichés
eran aprovechados paródicamente para entretener al público. De
las tres obras aquí comentadas, *Alma de Dios* es la menos arraigada
en las circunstancias históricas, la más artística en su virtualidad.

Marca el momento en que las convenciones melodramáticas, de puro gastadas, comienzan a generar su propia parodia, antecedente claro de la técnica esperpéntica luego perfeccionada por nuestro testigo.

Para terminar estas líneas, conviene indicar, aunque someramente, la trayectoria posterior de este teatro discorde de principios de siglo. La importancia dada a la ilusión *escénica* como tal, la negación de una simetría necesaria entre vida y ficción, la vuelta del teatro sobre sus propias convenciones, todos son rasgos que iban contra la corriente verista del día. De ahí que esta dramática fuera mayormente eclipsada por la otra más conocida. Pero estos mismos rasgos aseguraron su supervivencia después de que el realismo escénico llegara a ser, a su vez, una dramática de «monotonía» e «indolencia.» Efectivamente, en los años veinte y treinta, al entrar en crisis la dramaturgia realista de Benavente y sus secuaces, este teatro volvió a inspirar a autores, críticos y espectadores atentos a la necesidad de reformar la escena. Mirado así el otro teatro noventayochista constituye uno de los antecedentes de la «reteatralización del teatro»—frase feliz de Pérez de Ayala—emprendida en esos años por Valle-Inclán, García Lorca, Jacinto Grau, Ramón Gómez de la Serna, Miguel Mihura y otros dramaturgos menos atendidos por críticos e historiadores.

NOTAS

1. Manuel Bueno, «José Echegaray,» en *Teatro español contemporáneo* (Madrid: V. Prieto y Compañía, 1909), p. 15.

2. Ver Halfdan Gregersen, *Ibsen and Spain: A Study in Comparative Drama* (Cambridge: Harvard University Press, 1936) y—estudio imprescindible—Jesús Rubio Jiménez, *Ideología y teatro en España: 1890-1900* (Zaragoza: Libros Pórtico y la Universidad de Zaragoza, 1982).

3. José Yxart, *El arte escénico en España*, I (Barcelona: Imprenta de *La Vanguardia*, 1894), p. 294.

4. M. Martínez Espada, *Teatro contemporáneo: Apuntes para un libro de crítica* (Madrid: Imprenta Ducazcal, 1900), pp. 137, 142.

5. E. Gómez de Baquero, «Revista literaria,» *El Imparcial*, (18 de agosto de 1909).

6. Ver, además de los libros ya citados de Bueno, Yxart y Martínez Espada, los estudios de Rafael Altamira y Crevea, *De historia y arte (Estudios críticos)* (Madrid: Librería de Victoriano Suárez, 1898); Eduardo Bustillo, *Campañas teatrales (Crítica dramática)* (Madrid: Sucesores de Rivadeneyra, 1901); Jacinto Benavente, *El teatro del pueblo* (Madrid: Librería de Fernando Fé, 1909); Rubén Darío, *España contemporánea* en *Obras completas,* XXI, ed. Alberto Ghiraldo (Madrid: Biblioteca Rubén Darío, s.f.); José Deleito y Piñuela, *Estampas del Madrid teatral fin de siglo*, I (Madrid: Editorial «Saturnino Calleja,» s.f.); J. Francos Rodríguez, *El teatro en España, 1908* (Madrid: Imprenta de «Nuevo Mundo,» 1909) y *El teatro en España, 1909: Año II* (Madrid: Imprenta de Bernardo Rodríguez, 1910); José León Pagano, *Al través de la España literaria*, I y II (Barcelona: Casa Editorial Maucci, s.f.); Luis Morote, *Teatro y novela* (Madrid: Librería de Fernando Fé, 1900); Benito Pérez Galdós, *Nuestro teatro* en *Obras inéditas,* V, ed. Alberto Ghiraldo (Madrid: Renacimiento, 1923); Luis Ruiz Contreras («Palmerín de Oliva») y El Amigo Fritz, *Dramaturgia castellana: Estudio sintético acerca del Teatro Nacional* (Madrid: Sáenz de Jubera, Hermanos, Editores, 1891) y *Medio siglo de teatro infructuoso,* 2ª ed. (Madrid: Compañía Ibero-Americana de Publicaciones, 1931). Llevan más bibliografía las notas de Jesús Rubio Jiménez (ver la nota 2).

7. *Campañas teatrales,* p. 20.

8. *Obras completas,* I (Madrid: Escelicer, 1966), p. 898. El ensayo apareció en *La España Moderna,* número 91 (julio de 1896), 5-36.

9. *Teatro contempráneo,* p. 134. Ya en 1876 José Alcalá Galiano había mantenido que la regeneración del teatro español dependía de abrirlo a los efectos del realismo: «Sólo el realismo puede ofrecer el verdadero elemento regenerador, librándonos del peligroso neo-romanticismo que nos amenaza» («¿Se halla en decadencia el teatro español?» *Revista Contemporánea,* II [febrero-marzo 1876], 488). Lo mismo opinó *Clarín* en su ensayo de 1881, «Del teatro,» *Solos de Clarín,* 4ª ed. (Madrid: Librería de Fernando Fé, 1891), pp. 46-61.

10. «Del teatro,» p. 57.

11. Ver L. Kirschenbaum, *Enrique Gaspar and the Social Drama in Spain* (Berkeley: University of California, 1944).

12. Geoffrey Ribbans, «Un desconocido artículo de Machado sobre Benavente,» *Insula,* 344-45 (1975), 12.

13. Gregorio Martínez-Sierra, *Motivos* (Madrid: Editorial «Saturnino Calleja,» 1920), p. 25. La primera edición es de 1905.

14. «Viejos y nuevos moldes,» en *Nuestro teatro,* p. 151.

15. José Martínez Ruiz *(Azorín), Charivari: Crítica discordante* [1897] en *Obras completas,* I (Madrid: Aguilar, 1947), p. 251. Cf. el comentario de Demetrio Araujo unos veinte años atrás: «Pocos son los que entre nuestros actores saben representar, aunque todos declaman; pero la declamación dista tanto de la representación como

lo artificioso de lo natural, como lo verdadero de lo falso» («El teatro español contemporáneo y su decadencia,» *Revista Contemporánea,* IX [mayo-junio 1877], 107).

16.   «Demos espacio a la verdad—escribe Galdós en 1902—, a la psicología, a la construcción de caracteres singularmente, a los necesarios pormenores que describen la vida.» Ver su prólogo a *Alma y vida* (Madrid: Obras de Pérez Galdós, 1902), p. xiv.

17.   *Charivari,* p. 251. Cf. Luis Morote, «Ermete Zacconi,» en *Teatro y novela,* pp. 1-15.

18.   *España contemporánea,* p. 256.

19.   Ver Gifford Davis, «The Spanish Debate Over Idealism and Realism Before the Impact of Zola's Naturalism,» *PMLA,* LXXXIV (1969), 1649-1656. Ruiz Contreras matiza la cuestión en *Dramaturgia castellana* (1891).

20.   *El arte escénico en España,* I, p. 292. Cf. Gonzalo Sobejano, «Razón y suceso de la dramática galdosiana,» *Anales Galdosianos,* 5 (1970), 47.

21.   Los comentarios de don Ramón ante el teatro de la época vienen recopilados en mi estudio *Un Valle-Inclán olvidado: Entrevistas y conferencias* (Madrid: Editorial Fundamentos, 1983).

22.   José Monleón, *El teatro del 98 frente a la sociedad española* (Madrid: Cátedra, 1975), p. 157. Bajo el «pintoresquismo epidérmico» de Arniches, Monleón descubre una actitud reformista y una clara conciencia de las miserias del Madrid castizo.

23.   Cito de los resúmenes del debate en el Ateneo de Madrid sobre el tema «Ventajas e inconvenientes del realismo en el arte dramático, y con particularidad en el teatro contemporáneo,» publicados en *Revista Europea,* t. IV, núm. 56 (21 de marzo de 1875), 116. El autor de la frase es Rafael Montoro. En el número 52 de la misma revista (21 de febrero de 1875) aparece el concepto—tópico ya—en boca de Emilio Nieto: «Cuando por falta de genio o por extravío del gusto, como sucede en los tiempos presentes, la idealidad del artista no se revela apenas en su trabajo, que viene a ser *trasunto servil* de hechos o de personas, puede decirse que no existe obra de arte bella» (532; los subrayados son míos). Cf. *Clarín,* «Del teatro,» p. 54.

24.   *Dramaturgia castellana,* p. 39.

25.   P. 253 de la edición de 1902 mencionada en la nota 16.

26.   *Teatro español contemporáneo,* p. 84.

27.   «El derrumbe,» en *Nuestro teatro,* p. 197.

28.   «Viejos y nuevos moldes,» en *Nuestro teatro,* p. 153.

29.   *Teatro español contemporáneo,* p. 154.

30.   Jacinto Benavente, *El dragón de fuego,* en *Teatro,* IX (Madrid: Imprenta de Fortanet, 1905), p. 195.

31.   En su reseña, Manuel Bueno destacó la «heterogeneidad de los elementos artísticos» que no acabaron por fundirse. «La obra se quiebra en pedazos,» notó el crítico, aclarando que «una magnificencia oriental» y «una sordina de ironía» se

suceden y superponen «sin asociarse ni confundirse» (pp. 152-56). El crítico de *El Imparcial* también se fijó en la ironía mordaz de la obra, viendo en ella «una crítica sangrienta de la colonización al uso moderno»; mas esta crítica se pierde de vista debido al doble efecto de «la grave entonación dramática» y las «imágenes brillantes, de oriental opulencia» (16 de marzo de 1904).

32. Los personajes marginados por su visión amorosa de la vida ocurren con frecuencia en el teatro temprano de Benavente. Tal vez conviene revalorarlos, viendo en este recurso no una complicidad sentimental con el público sino un signo de idealidad contraria a la chabacanería de la vida moderna.

33. Ver los ensayos de Ramón Pérez de Ayala, «La señorita de Trevélez» y «La tragedia grotesca» en *Las máscaras,* II (Madrid: Editorial «Saturnino Calleja,» 1919), pp. 223-31, 233-52.

34. *Por Esos Mundos,* 1 de enero de 1915, p. 54.

35. Carlos Arniches y Enrique García Alvarez, *Alma de Dios* (Madrid: *La Novela Teatral* [Año II, Núm. 15], 25 marzo 1917), p. 24.

36. *El Imparcial*, 18 de diciembre de 1907.

REPETITION, OLD AND NEW:
THE *LIBRO DE ALEXANDRE*

CHARLES F. FRAKER
The University of Michigan, Ann Arbor

There is a passage in the first book of the *Aeneid* which presents the hero in an eminently heroic attitude: at a bad time he feels one mood, but bravely displays another. The scene is well-known. Aeneas, barely landed in Africa, is convinced that he has lost forever a great number of his followers. Desolate as he is, his tone is nevertheless encouraging as he reminds his men of their endurance in the past and offers them hope for the future. Echoes of this bit of story may be heard in the *Libro de Alexandre*. One could speak of a narrative motif: the speaker is subject to one mood, but affects another. One sequence not wholly unlike the one in the *Aeneid* comes to the *Alexandre* from its principal source, the *Alexandreis* of Gautier de Chatillon. Darius, unused to war and terrified at the threat from Alexander, nevertheless sends a blustery letter warning the Macedonian not to contend with his betters. Stanzas 777ff. of the Spanish poem[1] correspond pretty closely to the first ten verses of Book II of Gautier. Both poets come still closer. Gautier passes on to his Spanish follower some lines which reproduce the formula practically undiluted. Darius, defeated in his second great battle with Alexander, chokes back his sighs as he addresses cheering words to his men. The *Alexandre* has:

> Todos eran bien pocos quando fueron venidos
> que mas de las diez partes alla eran perdidos
> Dario con la rrencura daua grandes sospiros
> querrie seyer mas muerto que seyer con los biuos

> Encubrio su desyerro quando fueron llegados
> rrefirio los sospiros que tenje muy granados
> começo de fablar con los ojos mudados
> ca entendie que todos estauan deserrados
>
> (Stanzas 1440-1441).

The speech follows. This corresponds to Gautier V:

> ...rex Babilonius illos,
> Quos secum fuga contulerat, lugubris et amens
> Consulit et pariter duro de tempore tractat.
> Cumque repressisset queruli suspiria cordis,
> Relliquias Macedum lacrimoso lumine spectans, (381-5).[2]

Now, the *Alexandre* poet plainly believes that this motif is a fitting one to associate with Darius generally: twice he gives it to us, even when his Latin source does not prompt him. One should specify. In one case Gautier casts a broad hint, though he does not actually repeat the motif. After the defeat of his great general Memnon, Darius, depressed, nevertheless turns a brave face towards fortune:

> At Darius, quamuis fama mediante recepto
> Mennonis excessu labefacto pectore nutet,
> Aspera fortunae tamen in contraria torquens, (II, 45-47).

But the later poet actually gives us Darius' short speech at this point, audience unspecified, making light of the bad news:

> Dario por esto todo non quiso esmayar
> commo que mejor pudo encubrio su pesar
> dixo rrafes se suele la natura camiar
> que por los oms suelen tales cosas pasar (827)

The Spaniard has obviously taken the initiative in producing this instance of the motif. Gautier may have been at his right hand, but in fact the formula appears where it was not before. In the other instance our poet is entirely on his own. The passage in question occurs in a stretch of verses in which the *Alexandre* recasts pretty thoroughly material in Gautier: the verses in Romance are plainly based on the Latin, but their sense is quite different. Verses 93-102

of the second book of the *Alexandreis* has Alexander making a
spectacular forced march to reach the plain: he is reluctant to face
Darius in battle in mountainous terrain. The Persian, however,
crosses the Euphrates and marches his army through the rough ter-
ritory his enemy wishes to avoid. The *Libro*, stanzas 840-843, in-
verts the order of events. Word gets out that Darius has crossed the
Euphrates. Alexander, fearful lest the Persians slip through his
fingers, orders the forced march. At this point come the crucial
lines. Darius hears that the Macedonian is in hot pursuit. He is
hardly pleased, but nevertheless utters an encouraging speech to his
dispirited counselors:

> Supolo luego Dario commo eran pasados
> nol pudieran venir mensajes mas pesados
> fizolo saber luego a sus adelantados
> quis quiere que al vos diga fueron mal aquexados
> Pero dixo el rrey quexar non vos deuedes
> somos e meiores & rrafes los vencredes
> encara syn todo esto otra Rason auedes
> que sabe todo el mundo que derecho tenedes (844-845).

We should note that the downheartedness of the king is once more
referred to after the speech:

> Ia querie en todo esto apuntar el aluor
> querie tornar el çielo de bermeia color
> mando mouer las huestes el buen onperador
> que non podie de sy partir el baticor (847).

This is remarkable because Virgil too gives us Aeneas' sadness after
we hear his speech. More of this later.

We must remark first of all that there is formula properly
speaking, a motif that is repeatable and repeated, only in the *Alexandre*. The two bits we have cited from Gautier hardly pass muster:
they do not constitute formula. They are in the first place not very
similar. Darius, threatened early on by Alexander, and therefore
downhearted, does not make a speech; he writes a letter. After the
defeat at Arbela he of course does speak, putting by his low spirits.
The latter surely is a Virgilian calque. Gautier de Chatillon, good
humanist, composes on the Alexander story a classicising work,

full of echoes of Latin poetry from Virgil to Claudian: it is hard to
believe he would in this one instance come so close to a formidable
auctor by accident. The letter to Alexander and its author's mood is
quite another case. The vague similarity to Virgil does not force us
to any conclusion; the Mantuan's thumbprint is at the very least
blurred. It should also be noted that the two passages are some two
thousand verses apart. The reader would have to be a very subtle
one and have a fine memory to perceive the parallelism. Matters are
different in the *Alexandre*. The formula occurs not once, but four
times, as we have said. What is more, the four occurrences actually
belong to a series. At issue is what could broadly be called the
character of Darius. In all four cases the Persian sets aside his
negative mood to respond to his responsibilities as king. Dispirited
by the threat from Alexander, he in one instance confronts his
enemy as a king should, and in another addresses his men like a
great leader on the eve of battle. In the worst of times, after a
humiliating defeat, he does his best to hoist up the morale of his
pitiable remnant. Even in the brief speech on the veleities of Fortune, spoken after the defeat of Memnon, he shows royal dignity.
Although we are not told who heard the king's words, we are in-
formed a few verses before that to his courtiers things at that moment look very dark. Precisely one of the novelties of the *Alexandre* with respect to its model is the greater place given over to the
virtue of Darius, and our four passages are among the most important texts in this sense. The repetitions serve a purpose.

We might at this point reflect on formula, on the narrative
motif that unchanged is nevertheless at home in different settings.
Our very special case is a striking one. On one hand we have a situation we have been taught to consider normal. Formulae are
characteristic of oral poetry, and the *Alexandre*, though not composed orally, *was* almost certainly meant to be recited before an audience. We are thus not wholly surprised to find clichés in this text:
at the very least we would expect an epic audience to find certain
sorts of repetition normal. But on the other hand the instance is not
typical in that the formula has a learned origin, immediately
Gautier, ultimately Virgil. One could argue that the Spanish poet
was merely repeating himself, that once he set down one instance of
the motif, he freely did so again. This does not alter the fact that
the motif itself is not popular, but learned, perceived as such by us,
and by the poet himself. On this point we might recall especially the

speech after Alexander's forced march. Darius learns that his
enemy is nearby and informs his counselors, who are anything but
cheered. Courage, says Darius; Alexander is inflated with success,
and the Persians are in any case stronger. But the king's mood is
still black: the poet uses an evocative word, *baticor*. What is significant is that we are reminded of his sadness *after* we hear his speech.
There is nothing like this in Gautier. The parallel, as we have
pointed out, is with no one less that Virgil himself. We are at the
very least tempted to think that the pattern came to the poet not
from his own invention, not from the *Alexandreis*, but from the
Aeneid.

I believe that our repeated motif in the *Alexandre* and our
reflections about it oblige us to look at narrative formulae generally
in a new light. In the first place it is obvious that, learned or not,
our cliché in the *Alexandre* is in no way different from the narrative
formulae we might find, for example, in the *Roland*. There, more
than once, the king addresses his men under the shade of a tree, or
in a garden or *locus amoenus*. More than once in the *Roland* the
king takes counsel with his barons, hears a variety of views and
makes his judgment. The motif of the speaker who sets aside low
spirits to make a cheering speech is not in any important sense different from those. Its literary origin in no way makes its character
and structure different from those of French epic. We would conclude from this solidarity that formulae are not always what they
seem. They are surely not necessarily a sign of oral composition.
The point is trivial with respect to the *Alexandre*, but interesting,
because in this case we know very well the background of the whole
matter. I would judge further that narrative formulae, whatever
their origin, are simply there, an irreducible fact of life, and that
there is no need to look for a *general* explanation of their presence
in any particular case.

* * *

There doubtless is a sense in which we speak too glibly of *topoi*
or formulae, of *imitatio* or of the authority of *auctores*. The *Alexandre* poet repeats himself, his *auctor* is Gautier, whose *auctores* in
turn are eminently Quintus Curtius, but also Virgil, Lucan, Ovid,
Statius. Some moderns despise these observations, perhaps despise
the *Alexandre* itself, because it is so susceptible to just this sort of

discussion. Philology is one thing, literature another: the domain of the former is, eminently, the *unliterary* text.

One great issue is, as I believe, repetition itself. As positive scholarship is at pains to show, old literature is constant replay, of commonplaces, of formulae, one text of another. We and history have put all this behind us, so it seems. In the Sunday supplement view of things literature is not supposed to be repetitious: the book that we pick up to read should be free of cliché, fresh and original, surely not servile toward models, not impressed by authorities. So many of us believe. But in spite of all these prejudices, the ghost of repetition is not easily laid. Consider, for example, what might pass as the freshest and most spontaneous story-telling in the world, the self-revelation of a neurotic. As we listened to such a narrative, we would hear in turn of an unhappy childhood, a miserable adolescence and on and on. One stage succeeds another as the long story unfolds. And yet the author of these confidences would surely undermine his own story by unconscious repetition. Things are not what they seem. Unbeknownst to him a theme recurs, let us say, that of the untrustworthy mother and of the son's anger. The mother-figure might have dozens of avatars, the narrator's first love, his wife, compassionate and accepting friends, bitter enemies, institutions, the Church, perhaps. But the alert listener would have a sense of hearing the same tape over and over: the text that set out to be successive would end up being circular. Or more accurately the text could be read either way, could be both linear and something else, anomaly notwithstanding. Repetition in narrative is indeed the subject of an admirable, surely classic book by Professor Miller.[3] The examination he makes there of a set of English novels is in a general way like mine of the imaginary neurotic's story in that for him repetition is something that devirtualizes the very features of the text that make it narrative. Repetition in fiction may take many forms, but in Miller's view to discover any one of these is to witness the breakdown, the non-functioning of everything we call narrative.

We seem to be on conventional modern ground here. Our middle-class prejudice is sustained: repetition vitiates narrative. If, fatally, repetition is there, consumers of stories are willy-nilly swallowing down an anomaly. To point out this incompatibility in the narrative text — between elements which seem to constitute narrative and those which subvert it — is to deconstruct, precisely.

If, therefore, we wish to stand up for the rights of the *Alexandre*, a rugged non-modern text which is shamelessly repetitive, we may wish to consider, even if in a very limited way, certain aspects of that critical phenomenon known as deconstruction. The real status of older literature generally may be made clear, if we ask just what deconstruction might or might not have to say about it. One cannot examine writings of this tendency without in the main noting their ambition, the universality of their claims, the sense they express that the issues examined there are basic, radical. Ultimately they are about nothing less than the failure of discourse generally. In this view every text, pushed to its limits of everything it says, ends by undermining its own premises. I cannot claim in two lines to have exhausted the sense of this weighty corpus. Even less am I in a position to express a global judgment, to take sides. But what in any case seems to me obvious and worth calling attention to is that the issue of deconstruction is raised, first and foremost, by the *modern* text, that in a sense the deconstructive procedure was designed mainly to deal with writings produced since 1700. Derrida's repertory of authors is surely significant in this sense.[4] We could put the whole matter backwards and say that it is precisely the modern text that is most obviously deconstructible.

Though it is plainly impossible to sum up 250 years of literature in a single phrase, the very idea of modernity is in a sense much more accessible that one might imagine. The history of writing has in it a chapter the importance of which is hard to overestimate: this is the moment when rhetoric ceases to be concerned with the topics of invention. The art of writing up to that time included subject-matter as one of its provinces. The competent rhetorician learned by art not only how to say things, but how to find things to say: he was taught to *invent*, or as one might put it, to constitute his theme. To know how to write was to know how to write about something, to have something to write about. When rhetorical invention dies, a wholly new form of discourse emerges, the one that has been called classic. The writer is no longer guided in his choice of subject-matter by topics, commonplaces, the prior constraints we have spoken of. In classic writing language is pure medium; it is passive, colorless, neutral, perfectly supple, there only to refer, to express. Reality, the world of particulars spread out in time and space, stands before the writer and his only rule is to convey it, to express it, quite as it is. It is precisely classic writing and its heirs — i.e., literature since the eighteenth century — that is in our sense vulnerable, that was headed for shipwreck. I would not care to be hanged for my least inaccuracy, but it is my intuition that all the significant points Professor Miller finds in his set of novels, the anomalies associated with the total recall of the narrator, the *atopia*, so to speak, of the story, and so on, all grow out of the impossible demands classic writing makes on its practitioners. Miller in a paper delivered at the University of Michigan some years ago[5] offers us a splendid paradigm. His text is a narrative poem of George Crabbe. As he says, the two great commonsense premises that underlie classic fiction are, first, that the individual human personality has compactness and consistency and, vicissitudes notwithstanding, remains constant through time, and second, that storytelling recovers precisely this continuity.[6] Crabbe's poem indeed sets out to tell a man's life, ostensibly full of leaps and gaps, but in its depth and fullness coherent. But the gaps and fissures, meant to be more apparent than real, turn out to be both: there is no way to sew all the separate bits together. The result is an unreadable text, an Escher drawing, inviting incompatible interpretations. The time flow in the story, far from continuous, is in an incongruous way repetitive, each discrete bit of time corresponding to a fresh start: each moment is a replay of Genesis. Repetition suppressed reappears. What sets out to be successive turns out to be repetitive. There is no mistaking Miller's drift here: the anomalies of *The Parting Hour* are *mutatis mutandis* the anomalies of all narrative, of any period or mode of writing. He asks us to generalize from his example and think of narrative absolutely as an unrealizable project. The moment one sets out to represent subjects, animated individuals, moving through a continuous stretch of time, one's story is going to get into a bind. Before old-fashioned horse-sense sets in and we turn wholly skeptical, it is important that we draw boundaries. If, against Miller, we do not believe that all narratives are failures, which ones would we want to exempt? Which ones are able to answer the very genuine challenge Miller lays down? Consider, for instance, the humble curriculum vitae. John Smith was born in 1950, graduated from such a college in '71, got his doctor's degree at Princeton eight years later. He wrote his dissertation on the positivist Hostos, wrote articles on that august figure, published at various dates in such and such journals. His monograph on the subject is to appear presently. He was lecturer at Sunrise College from '76 to '78, and has been Assistant Professor at the University of California at Throgg since then. How does this account fail as narrative? What is there to deconstruct? Take another example, the story based on the topics of epidectic oratory: we are back on the terrain of the *Alexandre*. Alexander the Great was of a certain lineage; certain prodigies accompanied his birth and early years. His qualities of body were such and such, witness certain events in his life. His qualities of mind ditto. Other details in his story bear out his moral virtues. His speeches, his great accomplishments are also part of the narrative record. Such a story, not at all a hypothetical construct, absolutely typical, plainly eludes the difficulties and anomalies Miller speaks of. Broadly speaking, pre-classical narratives and others are not susceptible to deconstruction, because they do not aspire to the things classical ones do. There is in the older texts no pretense of continuity and flow, no unique and distinctive soul to animate the represented acts of each character. If the narrative is motivated, if the events follow as a pattern of cause and effect, the network of explanations is local and partial, and in no case accounts for a whole flow of subjectivity.

We could characterize the C.V., the *Alexandre* and a vast body of older narrative texts as repetitive in a very special way. They are exemplary. They may be about individuals, but do not set out to explore that individuality. Instead they make particulars exemplify, make them embody universals. The premises that give one story significance are not distinctive to it, but can be shared by others. Alexander in the *Libro* is thus exemplary. He may display magnanimity as the poem presents him, but he does not monopolize it: Caesar's magnanimity, or indeed anyone's, is the selfsame virtue. Don Quixote is a choleric, and so am I: that temperament is thus by no means exclusively his. Even the young academic in the C.V. is supposed to exemplify scholarship, industry, promise, qualities we look for in any candidate.

Speaking more broadly, we could say that our large group of non-classical narratives answered to a program, that a set of prior constraints, more or less coherent, more or less systematic, guided their course. But does not precisely this consideration raise once again the issue of the classic text and its difficulties? On one hand, the nineteenth century novel is a mirror of nature, there only to reflect what passes before it. But on the other, as the most naïve undergraduate knows, great novels have themes, the individual against society, the rising bourgeoisie, the sad lot of the working class, the effects of bad inheritance. One might want to say that a narrative text may either represent the interplay of a set of individual lives, or it may use character and situation to embody generalities or broader currents, but that it cannot do both. If character X embodies the rising middle class, then much of the possible information about him that individualizes him either has to be left out or survives as clutter. The author must choose, we would say. But no, he wants it both ways. Character X must embody a class and still have his *corazoncito*. There are still further complexities. Even in the least programmatic novel one could imagine there is organization and there is selection. Inevitably, then, there are norms, norms of what is real, of what is narrable. Norms are topics in disguise, repeatable and repeated. E.M. Forster[7] speaks of round characters and flat. But what makes a round character believable? An old story by now. Scratch a round character, however complex, and inevitably you will find realized a bundle of readers' expectations, a bunch of common notions or prejudices about human nature, about medicine, about society, and not a little irrelevance. The texture may be very rich, the illusion of life absolute. Indeed, the novelist must cover his tracks. But his round character must remain an anomaly, both natural and artificial, readable as either, even though these two readings are incompatible. The topic suppressed reappears.

Pre-classic texts and certain others are free of these anomalies and thus less obviously deconstructible, because the very things that are, as it were, an embarrassment to classic writing are flaunted in their predecessors. The poet does not *create*: he finds, he *invents*. He scrutinizes a vast fund of commonplaces of all sorts, selects and combines as seems most fitting to his project. He imitates models. He repeats, shamelessly. Repetition is all. If it is not suppressed, there is nothing to hide. I must digress briefly. Bloom understood a related problem perfectly.[8] For him and for his more or less persuaded readers the «anxiety of influence» is a *modern* problem. Romantic poets and their successors would be radical and original, but each of them must struggle with his poetic ancestors: like it or not, in one way or another they are very present and alive in his texts. Older poets repeat and imitate without embarrassment. The whole of ancient and modern poetry is in a Spenser or a

Milton: in large part that fact is their glory. It is almost trivial to apply an analogous reflection to the *Alexandre*. The *Libro* in a large proportion is a translation or paraphrase of Gautier's work: the portions that are not his are nearly all traceable to other sources. All of this is above-board and undisguised. Gautier's poem is in turn a piece of fake Roman poetry. Its author did not have a perfect historic sense, but there are verses in the *Alexandreis* one could mistake for Lucan or Statius, and Virgil is a model throughout. The poem demands admiration precisely because it is such a good fake. Not least, the narrative motif from the *Aeneid* goes the trip, from its home to Gautier to the *Alexandre*. All this is an eminent form of repetition, and repetition is not all bad.

Internal repetition, topoi, narrative formulae are not all bad either. I would sum up my thoughts under several headings. The first is a commonplace we learned as freshmen: we should look at the *Alexandre* in the light of the conventions and ideas of its time and not of ours. The second is that ours, precisely, the ideas about literature and life of the last century and to a great extent this one, are full of anomalies and contradictions which do not bedevil older notions. We might wish to say further that the older texts are therefore more rugged and wholesome than the modern, and that we ought to feel more at home with them. This is all a matter of taste, as I suppose; if, however, we do take such a stand for antiquity, we should do so with our eyes open. It would be seriously wrong to see in pre-classic writing some deep lost innocence, a purity unsullied by modern consciousness and its attendant ills. On the contrary, the pre-classic text is stronger because it is so guilty; its real drift, its ideology, if one prefers, is so patent, so thinly disguised. The discourse cannot hide behind a pretense of neutrality or of realism; the machinery that generates the text is in the open. The pre-classic text is strong also not because it is better constructed than the modern, but on the contrary because its gaps are so visible. With a very few and notorious exceptions, ancient and medieval texts do not totalize, either vertically or laterally. On one hand they rarely present the cosmos in the light of a single principle (contrast with a Leibniz or a Hegel), and on the other they rarely — I would say never — aspire to the representation of a continuous reality in space and time as does the classic novel. The fragmentation is there, fatally, the multiplicity of new starts, the leaps and gaps, all without apology, without defense. Finally, I would ask critics and theorists one might characterize as deconstructionist first to accept our thanks for teaching us much about letters and about life, and second to reconsider older literature, ancient and medieval, anticipating that they will encounter there much to surprise them pleasantly.

NOTES

1.   *Libro de Alexandre*, ed. R. Willis (Princeton: Elliott Monographs, 1934); quotations from the *L A* will henceforth be from the P text in this edition.

2.   *Galteri de Castellione Alexandreis*, ed. Marvin L. Colker (Patavii: in Aedibus Antenoreis, 1978). Quotations from this work will henceforth be from this edition.

3.   J. Hillis Miller, *Fiction and Repetition: Seven English Novels* (Cambridge: Harvard University Press, 1982). Readers of my paper will assuredly draw from it an incomplete version of Miller's ideas. In the texts he studies the anomalies he calls attention to are to his mind not flaws nor accidents, but part of the substance, an element in the intended structure of those novels.

4.   In J. Derrida, *L'Écriture et la différance* (Paris: Editions du Seuil, 1967) and generally in his work.

5.   J. Hillis Miller, «The Ethics of Reading: Vast Gaps and Parting Hours» in *American Criticism in the Poststructuralist Age* (Ann Arbor: Studies in the Humanities, 1981), pp. 19-41.

6.   Miller speaks of these presuppositions mainly as part of the repertory of some modern readers and teachers of literature, rather than as those of the writers themselves. My paraphrase is nevertheless reasonably faithful.

7.   *Aspects of the Novel* (San Diego, New York, London: Harcourt, Brace, Jovanovich, 1927).

8.   Harold Bloom, *The Anxiety of Influence* (London, Oxford, New York: Oxford University Press, 1973).

LA «CRÍTICA» ANTE LA LITERATURA DE SU ÉPOCA: VARIOS ENSAYOS OLVIDADOS DE RICARDO LEÓN*

LUIS T. GONZÁLEZ-DEL-VALLE
The University of Nebraska-Lincoln

Muchos de los libros y artículos que, en una forma u otra, discuten la literatura española de a finales del siglo XIX y comienzos del XX han sido concebidos por la crítica erudita como curiosidades históricas al ser sus autores, muy a menudo, figuras secundarias y al carecer su exposición de metodología moderna y de esa objetividad que se considera indispensable en estudios de esta naturaleza. Todo esto ha llevado a que casi siempre en los últimos treinta o cuarenta años o se ignoren estas tempranas evaluaciones o se les utilice como puntos de partida muy elementales en el estudio de obras específicas. Es por ello que, con frecuencia, escritos como a los que nos hemos referido han llevado al crítico moderno a demostrar la superioridad evaluativa de sus «aseveraciones científicas» y no a profundizar sobre las creencias de sus predecesores sin que le preocupen mucho las ideas que sustentaron estos últimos y olvidando, implícitamente, que pueden ofrece una visión más completa de la realidad preponderante durante una época específica.[1] Si bien la evolución que ha experimentado la crítica literaria en nuestro siglo—sobre todo en los últimos lustros—justifica en mucho la actitud displicente que ha prevalecido, recientemente varios especialistas le han dedicado ensayos a las opiniones de estos «críticos primitivos» en un intento de comprender mejor momentos histórico-literarios específicos.[2]

I

Al enfocar en este ensayo unos textos escritos a principios de siglo sin que nos concierna su precisión—su aparente validez—a la luz de esas obras y asuntos que comentan, lo que haremos es tratar de ofrecer material que puede facilitar la eventual identificación de las convenciones interpretativas que predominan en ellos como indicio de la naturaleza de ciertas percepciones que coexistieron con los asuntos que enfocan y que quizá los influyeron al convivir dentro de un mismo período. Dicho en otra forma, nos limitaremos a describir e identificar aquellos conceptos que muy probablemente hacen posible ciertas nociones sin atribuírseles o negárseles mérito. Este ensayo asume, por tanto, que el comentarista de a principios de siglo refleja en mucho ciertas actitudes de su época, de esos códigos que le daban sentido a la realidad durante su momento histórico[3] y que, por ejemplo, en un género literario como el teatro operan en forma intertextual.[4]

Específicamente, lo que aquí nos concierne es una sección en un libro de Ricardo León (1877-1943), *La capa del estudiante,* colección de ensayos que en su tercera edición está dividida en cuatro apartados. Entre ellos el que nos preocupa es el tercero, «Del teatro y del libro,» porción de unas ciento veinte páginas que está formada por dieciocho artículos que evalúan, entre otros asuntos, piezas de teatro de Pérez Galdós, Pereda y Benavente, libros y artistas de la época, etc.[5] Estos artículos, según afirma Ricardo León, aparecieron en periódicos durante su juventud (véase el «Prólogo») y podemos intuir, en vista de lo que discuten, que fueron publicados originalmente durante la última década del siglo XIX y la primera del siglo XX.[6] A través de sus comentarios en ellos, León nos hace copartícipes, implícita o explícitamente, de ciertas percepciones suyas sobre la literatura de una época viva cuando él se expresó sobre ella.

Los textos que nos conciernen han sido prácticamente olvidados por la crítica quizá porque Ricardo León dejó de ser popular hace muchos años y porque *La capa del estudiante* es el único libro suyo que, signficativamente, fue excluido de sus *Obras Completas* cuando fueron publicadas en dos tomos en pleno apogeo del franquismo, en 1952. Muy probablemente, no se incluyó en ellas *La capa del estudiante* debido a ciertos comentarios que sobre el Feme-

nismo, el Socialismo y la decadente sociedad española de a principios de siglo se hacen en su útlima sección, «Política de ayer y de
hoy.» No debe olvidarse que cuando fue publicada la versión de
este libro que nos concierne, todavía vivía León (entonces miembro
de la Real Academia Española, conservador en términos políticos e
identificado con los Nacionalistas en el poder) y que para los años
cincuenta ya había muerto.[7]

Los artículos de León que a continuación serán comentados
constituyen curiosos ejemplos de una literatura «crítica» esencialmente ignorada—marginada—, eslabones necesarios en la reconstrucción histórico-literaria de un período importante en las letras
españolas al haber sido León un escritor muy popular en su época—un autor cuyas obras apelaban a la sensibilidad de una amplia
masa de lectores durante las primeras décadas del siglo XX—y al
haber pertenecido él a la Real Academia Española, una de las orga-
nizaciones más influyentes en los círculos culturales de la sociedad
española de entonces. Nuestro acercamiento a «Del teatro y del
libro,» añádase, será más bien descriptivo: no es posible llegar a
conclusiones sobre las convenciones interpretativas de a principios
de siglo a través de una docena y media de artículos periodísticos.[8]

II

Los artículos que aquí sirven de punto de partida a lo que se
discute fueron escritos por un hombre que no tenía ínfulas de crítico profesional: «No soy ni crítico ni erudito; soy, únicamente, un
impresionista, y sólo puedo dar una impresión fragmentaria, subjetiva, poco científica, de lo que leo y admiro» (p. 248). A continuación procederemos a discutir sus creencias más detalladamente.

Para León comienza el siglo XX con el predominio de fuerzas
regresivas en lo tocante a la literatura. Ante estas fuerzas, sin embargo, se alzaban algunas figuras que afirmaban con sus obras ciertos valores que debían de predominar. En general, los intelectuales
de estos años no han hecho «digestión intelectual» de lo que leen y
tienden a imitar las «modas efímeras del extranjero» (p. 184). Su
generación es una de literatos abúlicos que leen demasiado, que viven artificialmente y que reducen el mundo a un rasgo o frase debido a que derivan su comprensión de todo de los libros (p. 182).[9]

Como resultado de este ambiente que prepondera, la literatura española es decadente y desordenada: se carece de «un nuevo ideal de raza . . . que aproveche la obra impetuosa de la juventud . . . y empuje hacia el porvenir,» un porvenir donde deje de predominar lo vulgar (p. 183). Para él, se carece de «espíritus modernos» al no haber «aquéllos que saben sin orgullo y aman sin egoísmo, que juzgan sin pasión y sienten un profundo y desinteresado amor a la verdad» (pp. 184-85). Ejemplifica esta falta de «espíritus modernos» lo que ocurre con la erudición de la época: el gran comercialismo que domina y la ignorancia que abunda evitan que se aprecien verdaderas obras de calidad como la traducción que del *Hamlet* de Shakespeare hizo el catalán J. Roviralta Borrell (p. 248).

Muy significativamente, y al expresarse sobre el arte, León indicó que «Lo transcendental en arte se da siempre por añadidura, sin ni pretenderlo ni buscarlo» (p. 135). Al hacerlo, el ensayista pone énfasis implícitamente en lo que más tarde llamará «la divina inconciencia del genio» creador que ignora el verdadero alcance de sus creaciones (p. 244), algo que ocurre así, muy posiblemente, porque las raíces de lo que escribe un autor están en él como reflejo de su época y su pueblo (p. 132). No sorprende entonces que León diga lo siguiente de Hamlet: «Solamente del Renacimiento inglés pudo brotar, definitivo, un carácter tan universal, tan extraño, tan complejo, mezcla de realidad y de poesía, de pasión y de sueño, de carne sanguínea y de alma filosófica» (p. 245). Y es que, para León, la gran obra de Shakespeare no es igual a la traducción alemana de Schlegel y Tieck, ni a la francesa de Montegut, ni a la española de Moratín; tampoco lo es una respresentación de esta obra que se haga en diferentes ambientes culturales porque los dilemas del extraordinario personaje shakesperiano son diferentes en «fondo y sentido» según las idiosincracias de cada medio (pp. 246-47).

Entre todos los géneros literarios, el teatro es el que es denominado por León como «lo más elocuente y humano del arte» (p. 165) y por ello, muy probablemente, se le dedica más espacio dentro «Del teatro y del libro.» Del teatro de su época nos dice León que

> . . . ha puesto en moda un falso sentimentalismo, una tolerancia suicida en los asuntos del amor, que pugnan con el sentido científico y moral de la vida. Para algunas gentes, la pasión lo justifica todo: traiciones, crímenes, apostasías, adulterios.

Ante unos ojos encendidos, ante unos labios sedientos de be-
sos, palidecen la lealtad, la justicia, la fidelidad, las más altas
prendas del espíritu. Y esto es volver a la vida instintiva de
nuestros abuelos, los hombres de las cavernas y de las lanzas
de pedernal. (Pág. 191).

El retorno a ciertas fuerzas operantes al comienzo de la humanidad
que queda facilitado por el teatro es censurado por León al negarle
este regreso al hombre esa dimensión ética que a través del tiempo
ha elevado su naturaleza. Es por ello que favorece el teatro de un
Pérez Galdós, dramaturgo que para León inspira y eleva:

Su teatro es una fuerza, un evangelio de la juventud, una escuela de entusiasmo y de voluntad. Cada obra suya es un nuevo aliento que nos empuja a las grandes verdades; con el alma
profundamente emocinada, viendo trocarse todas las notas
confusas de la vida en un solemne acorde, nos miramos a nosotros mismos, más puros y mejores, como instrumentos pre-
destinados a alguna cosa grande y gloriosa. (Pág. 144).

Y es que para León el teatro no se ciñe a divertir simplemente y, por
consiguiente, las obras de Pérez Galdós «tienen siempre un alto interés moral,» nunca son frívolas, preocupándose «por los más
grandes problemas intelectuales del siglo . . ., [sirviéndose] de los
sentimientos como vehículo de las ideas» (p. 158). En este contexto,
el arte en el teatro, la belleza en el teatro, no emana ni de lo que
ocurre en escena ni de la mecánica teatral que tanto admira el público; de lo que surge es de la vida que adquieren en una obra las «verdades universales» que tanto valora León en, por ejemplo, un
drama como *El Abuelo* de Pérez Galdós (pp. 162-63) y que a través
del teatro—el arte y la belleza—«siembran mejor sus semillas en las
almas» de los espectadores (p. 214). El teatro por el que aboga
León, agréguese, es uno que favorece una orientación castiza, que
pretende «buscarnos a nosotros mismos en nosotros y en los antepasados» (p. 197) como medio de darle expresión a una realidad
auténtica y vinculada a seres humanos con una percepción de la vida muy especial.

La preocupación de León por el teatro es tal que se detiene a
discutir los atributos que deben caracterizar a un buen actor a la vez
que hace referencia a actores y actrices de su época (por ejemplo,

María Guerrero en su actuación de la *Mariucha* de Pérez Galdós: con «voz llena y flexible, rica en tonos y modulaciones,» con rostro expresivo que se transfigura con la sombra y las luces, con figura elegante y en dominio de la «estética del movimiento y la actitud,» con habilidad de conmover al espectador [véanse las pp. 148-49]). Otra manifestación de su interés por lo teatral queda patente en sus comentarios sobre el circo como espectáculo que comunmente rompe con lo natural y estético:

> Según los preceptores de estética, la belleza de una cosa está principalmente en su perfecta adaptación, en su cabal armonía con el fin a que la cosa está destinada. Y, sin embargo, parece que en los circos se pretende todo lo contrario: trocar las leyes de la Naturaleza y sorprender al público con seres y cosas que rompen la armonía de sus destinos . . ..
>
> La arquitectura humana responde a un ideal de fuerza y de elegancia al propio tiempo; de gracia de armonía; de belleza física y nobleza espiritual. Pues he aquí esa máquina en el estadio del circo, deformada, torturada, dislocada, sometida a transformaciones y truecos inverosímiles. (Pág. 234)

Pero no sólo se expresó León sobre el teatro; lo hizo también sobre la novela, género que, en su más elevada manifestación, profundiza en la sociedad y en el ser humano «reconstruyendo la vida que pasó, los hechos que fueron, extrayendo la razón oculta en los seres y en las cosas, con el noble sentido de la filosofía de la historia, con la seguridad de la ciencia, con el encanto de la poesía . . .» (p. 139). Según la concibe León, la gran novela es síntesis del pensamiento moderno, «es obra de sociólogo, de historiador, de pensador y de poeta» (p. 139).[10]

Un último componente ineludible del arte sobre el cual se ha manifestado León lo es el público. Sobre este grupo tiene él pocas ilusiones al considerarlo no acostumbrado a pensar, sin cultura artística ya que sólo posee «sentimientos elementales» producto de «ideas comunes» (p. 155). Es así, por sólo citar un ejemplo, que ciertos aspectos del circo le agradaban mucho al público:

> La afición al circo es innata en todas las multitudes. El placer del riesgo, la admiración por la fuerza y por la gracia, el amor a lo extraordinario, todos esos sentimientos que más

hondamente vibran en el alma de la muchedumbre, se sienten
halagados en los espectáculos del circo. (Pág. 233)

Paradójicamente, sin embargo, este público que en tan poco valora
León ejerce para él gran influencia en las distintas manifestaciones
artísticas. En el circo, por tanto, el empresario cede ante la vulgari-
dad del público y favorece más lo arriesgado y emocionante que el
espectáculo artístico (pp. 233-34). En el teatro, por otra parte, la
mediocridad del público—su desconocimiento de la historia, su
poco dominio de la evolución de las ideas, etc.—influye al dramaturgo ya que la minoría culta carece de fuerza suficiente para formar «estados de opinión» al no estar apoyada por aquellas instituciones con capacidad para hacerlo (p. 155). Además, este público
carece muy a menudo de amplios horizontes intelectuales y está re-
nuente a aceptar manifestaciones que le resultan alienígenas (p.
181). Por último, en el teatro al público no le preocupa el drama
que presencia en todas sus manifestaciones y está obsesionado por
una voz, por la figura de un actor que representa uno de los papeles
en la obra o a cuya representación asiste:

> En el teatro dramático existe aún el individualismo intransi-
> gente . . . Esto, si no lo dicen muchos, lo sienten. El teatro pa-
> ra ellos, la obra dramática no es la pura compleja obra de
> arte, una armonía, sino una voz, una persona—hombre o mu-
> jer—una individualidad. Muchos demócratas piensan así.
> Gracias a ese espíritu de privilegio, de individualismo artís-
> tico, un gran actor se basta por sí solo para conquistar y satis-
> facer plenamente a su público. Una docena de malos come-
> diantes le basta para «llenar hueco», para servir de *coro*. Dos
> momentos, dos sacudidas de emoción en una obra, y el buen
> público se entrega. Con lo cual se demuestran dos cosas: el
> talento del actor y la ingenuidad del público. (Pág. 224)

Las palabras que se acaban de citar son testimonio del gran peligro
que para León confronta el arte debido a la actitud irreflexiva del
público ya que en una obra de arte todos sus elementos constituyentes son importantes y si sólo algunos son considerados se corre el
peligro de que el creador, por razones económicas—ante su deseo
de triunfar—adapte las necesidades artísticas de su creación a lo
que su público requiere de él. En vista de lo ya dicho, León le exige

más al arte: «quiere además de rasgos geniales, conjuntos bellos, perfección en los detalles, integridad artística» (p. 225).[11] Que León sustente todo esto es, aun más, sumamente curioso: es extraordinario que enfoque al público como lo hace cuando él mismo ha sido considerado como uno de aquéllos que careciendo de calidad adquirieron popularidad en su época debido a factores extraliterarios.[12]

* * *

Hemos abstraído y comentado en este artículo algunas—no todas—de las preocupaciones básicas discutidas por Ricardo León en una sección de un libro suyo que ha sido prácticamente ignorado por la crítica.[13] Lo que él afirma allí no sólo contradice mucho de lo caracterizó su carrera de escritor, sino que también es parte de un complejo mosaico constituido por libros y artículos que precisan (al menos preliminarmente) ser identificados y examinados en términos de su contenido—algo que ha hecho nuestro ensayo con respecto al tercer segmento de *La capa del estudiante*—para luego someterlos a una evaluación crítica que sintetice esos códigos que regulan y hacen más comprensible la literatura. Cuando todo esto suceda se entenderán mucho mejor ciertas fuerzas operantes durante las primeras décadas del siglo XX, fuerzas que no sólo harán más comprensibles estos años y los textos que fueron escritos entonces. Además, alcararán también cómo la literatura fue percibida y sentida por el público a quien fue dirigida originalmente, grupo que, muy probablemente, ejerció gran influencia sobre muchas de las mentes creadoras de entonces y cuya sensibilidad la crítica moldea y refleja simultaneamente.[14]

NOTAS

* Mi agradecimiento al Council for International Exchange of Scholars y al U.S.-Spanish Joint Committee for Educational and Cultural Affairs por otorgarme una Beca Postdoctoral, al Research Council de The University of Nebraska-Lincoln y al Board of Regents de esta institución por un «Development Leave» y varios «Grants-in-Aid.» Esta ayuda ha facilitado ésta y otras investigaciones mías en España y en los Estados Unidos.

1. No vamos a dar ejemplos de críticos que han menospreciado, hasta cierto punto, textos evaluativos que fueron escritos durante el período que nos concierne: hacerlo nada demostraría y sería injusto a los seleccionados al ser ellos solamente parte de una realidad demasiado amplia para que sea cubierta en esta ocasión.

2. Recuérdense, entre otras, las investigaciones de Lily Litvak sobre el período finisecular y de Dru Dougherty sobre el teatro español durante los primeros treinta años del siglo XX (la labor de ellos y otros ha sido complicada además por la inaccesibilidad y pobre condición física de los textos existentes y el hecho de que es común no saber qué material existe al no disponerse—sobre todo en el caso de las revistas—de verdaderas bibliografías). Otra manifestación de esta preocupación crítica ocurre con los tomos dedicados últimamente a tales figuras secundarias del 98 como Alejandro Sawa y Silverio Lanza, escritores que aumentan nuestra comprensión de los años en que se desenvolvieron si aceptamos las creencias de José Luis Abellán al respecto (véase *Sociología del 98* [Barcelona: Ediciones Península, 1973], p. 24).

3. Al efecto concordamos con Jonathan Culler cuando asevera que «If works were indeed autonomous artifacts, there might be nothing to do but to interpret each of them, but since they participate in a variety of systems—the conventions of literary genres, the logic of story and the theologies of emplotment, the condensations and displacements of desire, the various discourses of knowledge that are found in a culture—critics can move through texts towards an understanding of the systems and semiotic processes which make them possible» (*The Pursuit of Signs. Semiotics, Literature, Deconstruction* [Ithaca: Cornell University Press, 1981], p. 12). Dicho en otra forma, nuestra percepción sobre lo que en sí es la obra literaria es muy diferente a aquélla que sustentaron los formalistas de antes de 1933 (al efecto el lector es referido a las ideas expresadas por Victor Erlich en *El formalismo ruso* [Barcelona: Editorial Seix Barral, 1969], pp. 272, 285 y 302, y René Wellek en *Concepts of Criticism* [New Haven: Yale University Press, 1963], p. 276).

4. Véase Keir Elam, *The Semiotics of Theatre and Drama* (London: Methuen, 1980), p. 93.

5. En su primera edición de 1922—publicada en Madrid por Sanz Calleja—, si bien el libro contenía menos ensayos, se incluía en él la sección que aquí nos concierne.

6. Ya para 1905 Ricardo León residía en Madrid. Con anterioridad había colaborado en periódicos de Málaga y Santander (entre las fuentes a estos datos figura Joaquín de Entrambasaguas, «Ricardo León,» en *Las mejores novelas contemporáneas,* 2a. ed., tomo IV [Barcelona: Editorial Planeta, 1962], pp. 258-59).

Usamos la 3a. edición de *La capa del estudiante* (Madrid: Librería General de Victoriano Suárez, 1944 o 1945). Otros ensayos de León sobre literatura y estética aparecen en *Discurso leído ante la Real Academia Española en la recepción pública*

del Sr. D. Ricardo León y Román (Madrid: Imprenta de Bernardo Rodríguez, 1915)
y *La escuela de los sofistas*, en *Obras Completas*, 2a. ed., tomo II (Madrid:
Biblioteca Nueva, 1956). Una comparación de ellos, los otros escritos de Ricardo
León y *La capa del estudiante* requiere un estudio independiente.

7. Otra posibilidad sería que en los años cuarenta pasase desapercibido este
libro—llevaba Franco poco tiempo en el poder—mientras que para 1952 la represión
gubernamental ya era más eficiente.

8. De hecho, este ensayo es sólo parte de un estudio más amplio que estoy haciendo sobre la crítica del teatro durante los primeros treinta años del siglo XX, período
que siempre ha preocupado mucho al profesor Sumner M. Greenfield, colega y
amigo a quien va dedicado este volumen.

9. León mismo—en su producción creativa—ha sido acusado de esto cuando se le
compara con los miembros de la llamada Generación del 98. Véanse los estudios in-
cluidos en la bibliografía de Entrambasaguas (pp. 341-44) y los manuales de
literatura y otras obras panorámicas que le dedican cierto espacio en los últimos
veinte y cinco años. En general, estas evaluaciones de la obra de León contradicen
mucho de lo que él sustentó en «Del teatro y del libro,» materia que requiere una
nueva revisión por parte de la crítica (lo que se ha escrito sobre sus obras tiende a ser
anticuado, breve, superficial y repetitivo; mucho proviene—en forma directa o in-
directa—del ensayo de Nicolás González Ruiz incluido *En esta hora* [Madrid:
Editorial Voluntad, 1925], pp. 187-92, y/o responde a la actitud política de León al
favorecer el franquismo después de la Guerra Civil).

10. Tipo del obra en que Pérez Galdós fue «un coloso» para León.

11. Hablando de teatro llega a sustentar León que «Hoy tenemos en España excelentes actores: pero no hay compañía completa. Se hacen tipos y figuras de obras;
pero no obras integramente» (p. 225).

12. Un ejemplo de esta percepción de él lo da Luis Fernández Cifuentes cuando
asevera que «fue el novelista recomendado por los directores espirituales de cierta
juventud femenina de clase media.» Véase *Teoría y mercado de la novela en España:
del 98 a la República* (Madrid: Editorial Gredos, 1982), p. 94.

13. Al punto de que Federico Carlos Sainz de Robles cree que es un libro de cuentos y crónica (*Ensayo de un diccionario de la literatura*, 3a ed., tomo II [Madrid:
Aguilar, 1964], p. 622) mientras que Eugenio G. de Nora lo considera una colección
de narraciones cortas (*La novela española contemporánea (1898-1927)*, 2a. ed.,
tomo I [Madrid: Editorial Gredos, 1963], p. 309, nota 8). Breves aseveraciones sobre
La capa del estudiante (sus diversas secciones) fueron hechas por John T. Reid,
Modern Spain and Liberalism (Stanford: Stanford University Press, 1937),
especialmente en los capítulos 6 y 7. Por su parte, Sebastián de la Nuez demuestra
desconocer los comentarios que sobre Benito Pérez Galdós escribió León en
periódicos y que incluyó más tarde en *La capa del estudiante*. Véase *Cartas del ar-*

chivo de Pérez Galdós, ed. por S. de la Nuez y José Schraibman (Madrid: Taurus, 1967), pp. 141-44. Por último, en los años setenta José Vila Selma no utilizó *La capa del estudiante* en las consideraciones que sobre León hizo en su libro *Ricardo León. 1877-1977* (Madrid: Publicaciones Españolas, 1978).

14.   Al efecto, y en términos semióticos, son útiles ciertos comentarios hechos por J. Culler sobre el lector como «the repository of the codes which account for the intelligibility of the text» (p. 38). Más tarde este crítico añade que «. . . a proper description of a literary work must refer to the meanings it has for readers . . .» (pp. 48-49; véase además la p. 67). Por su parte, Keir Elam ya se ha expresado muy eficazmente sobre la importancia del espectador de una obra dramática. Específicamente sustenta este crítico que «Among inter- and extra-textual constraints on the spectator's understanding of·the performance, a privileged and occasionally decisive influence is exerted by the critic . . . The review sets up, before the event, a secondary and explicit frame of a 'meta linguistic' kind . . . which will determine the decodification to a greater or lesser extent, depending on the credence given by the spectator to the critic's judgment . . . The spectator's cognitive hold on the theatrical frame, his knowledge of texts, textual laws and conventions, together with his general cultural preparation and the influence of critics, friends, and so forth, make up what is known in the aesthetics of reception as the *horizon of expectations*» (p. 94). Al efecto, no podemos olvidar que la crítica de León fue periodística, en mucho basada en sus experiencias como otro espectador más.

REMEDIAL ACTION IN HUERTA'S *RAQUEL*

MONROE Z. HAFTER
University of Michigan, Ann Arbor

At the heart of *Raquel* lies the question posed by Hamlet in his famous soliloquy: «Whether 'tis nobler in the mind to suffer / The slings and arrows of outrageous fortune, / Or to take arms against a sea of troubles, / And by opposing end them.» In Vicente García de la Huerta's tragedy, the conduct of Spain's late twelfth-century king, Alfonso VIII, creates the complex problem of choice between resignation and remedial action. Alfonso, once the heroic victor of Las Navas de Tolosa and other campaigns, has shamed himself by lovesick submission to his mistress, Raquel; the royal conqueror of Moors has been conquered by a lowly Jewess. Yielding to her baneful influence, the king has become a despot. As the play opens, the people of Toledo rush out to see their ruler on the tenth anniversary of his triumphs. Two courtiers present contrasting views of the situation: Manrique sees majesty, and García sees ignominy. The latter voices his indignation that the noblemen of the realm have so passively allowed disorder and corruption to flourish; the former wonders at the other's boldness. To Manrique's mind, «Los Reyes dados son por la divina / mano del cielo; son sus decisiones / Leyes inviolables...» (I, 76-78).[1] Manrique believes that to oppose the king's will is disloyalty in the first instance, and rebellion against a divine order to boot. Against such acquiescent obedience García affirms that true loyalty by the nobles should consist of actions to remove Raquel from the court so that the king be enabled to recover his sense of duty and to discharge honorably his responsibilities. García asserts later in the play that this active role properly befits the nobility in order to prevent an outraged populace from

119

taking authority into their own hands and imposing a bloody remedy to their suffering.

René Andioc has shown persuasively that Huerta grafted onto the traditional story of the enamoured Alfonso VIII and his usurping paramour a contemporary political message.[2] The character García speaks for the author when he contends that royal absolutism must be checked in a responsible manner by the nobility. When he began to write the play, Huerta had before him the destruction caused by the popular riots of 1766 against Carlos III's foreign-born minister, the Marqués de Squillace; he transposed them, according to Andioc, into the equally condemnable mass demonstrations against the foreign element represented by the Jewess, Raquel. In this paper I should like to add to his thesis by pointing out first, that Huerta uses a different vocabulary when referring to the two kinds of action. He represents prudent solutions by some form of *remedios/remediar*—a word that occurs nearly twenty-five times in the text—while reckless, passionate solutions appear as *venganza*.

I want to argue secondly, that in writing a tragedy Huerta develops a broader perspective than the political on the matter of resignation as opposed to suitable remedial action. He elevates his material to a tragic level by involving human adversaries in the larger question of how mortals adjust to the dictates of fortune or fate. Do what he will, the classical hero of tragedy always acts to conform to the basic flaw in his nature when the gods set themselves against him. The Christian hero, however, is not destitute. He would always have the freedom of will and the possibility of prudent behavior to soften the divine decree. Therefore the great personage who persists in sins as if helpless before powerful influences merits unsparing condemnation and punishment. In *Raquel*, Huerta creates Alfonso as a passive man who wants to evade his royal responsibilities; the king does so by accepting the influence of his mistress. The dramatist counterpoises him to the enterprising Jewess whose ambitions lead to her tragic fall because she accepted the influence of her adviser, Rubén. Alfonso's evasions and resignation cannot make him a tragic hero, but Raquel's proud desire to exercise great authority both in good and evil plans elevates her to the status of a tragic heroine. The golden mean between the balanced extremes of Alfonso and Raquel—lethargy and excessive deeds, abdication and pride—lies in the honorable conduct of García. Huerta, I believe, concludes that indolence and passivity are as wrong as irrational actions, for a noble spirit will always strive to take corrective measures when faced with adversity.

When first the two lovers meet in the play, the king has been piqued by the complaints of the people against Raquel's ruinous influence on him. Angered by the force of their objections, he thrusts her aside. Raquel is shocked by this reversal in his attitude. She laments to Rubén about the change in her situation, and finds no means to sustain herself now that «suerte» (I, 318, 327, 337) or «fortuna» (I, 321) have turned against her. The wily Rubén, who for long had incited her ambitions, insists that she must not give way to adversity or supposed fate, but must seek *remedios* (I, 344, 351). Suddenly the noise of the mob grows louder, and a voice reaches the royal chamber calling for her death. With the danger so near, a turnabout occurs: Raquel braces herself to take countermeasures, but Rubén gives way to cowardice. When she asks him for suggestions, he shows his base character by advising her to «Ceder a la desdicha» (I, 378), and flees. Raquel, now in confusion and without a plan of action, also seeks refuge.

In a subsequent scene Huerta takes up a new tack on his theme, and introduces Alfonso. The king responds to a lengthy and stirring plea for redress from García, and renounces the «letargo» (I, 589, 648) in which he has lived. He rises to confront the painful dilemma that «Tiranos astros» (I, 620) have sent him. He meets the challenge by choosing duty over love. Recovering his royal mandate, Alfonso decrees that Raquel must depart from the realm immediately. Full of sorrow that he must lose her, he nevertheless stands firm when she asks if there is not some *remedio* (I, 704), and sends her off to exile.

Judicious remedial action is the proper response of superior souls, but as I have suggested, the author draws on a different vocabulary to indicate wrong-minded or less virtuous measures. So it is that when Raquel was furious because of García's earlier defiance of her will, Rubén reminded her of the success she had always enjoyed when she hearkened to his *astucia* (I, 226). His guileful counsel now motivates her to seek *venganza,* not *remedios* (I, 233). The same variation appears when Huerta later describes Alfonso, rousing himself to oppose what are really legitimate protests by his subjects, as prepared to take *venganza* on them (I, 285).

When Raquel and Rubén return to the stage to face the clamorous outcries of the multitude, the latter offers the full weight of his *malicia* (I, 352) to teach her the extreme means she should use to turn back the threat of deposition from power. Raquel accedes to his counsel, and Huerta indicates the debased level of her corrective action once again by choosing the term *venganza* (I, 359).

The second act begins moments after Raquel appears resigned to exile for herself and other Jews in the kingdom. Huerta, working variations on his central theme, has Rubén reverse his earlier submissiveness to misfortune. Now the adviser takes the lead and reproves her for giving way to useless weeping, «¿Así remedias / la ruina y eversión del Pueblo Hebreo? / ¿Así, Raquel, redimes las miserias / de tu infeliz Nación» (II, 2-5). The saving of one's people is a noble deed, and it would seem that in keeping with this, Huerta has his characters use the terminology of *remedios*. Rubén speaks movingly of the suffering of their countrymen, and urges Raquel to exploit the advantages offered by Alfonso's profound love for her: «recobra la esperanza, y aprovecha, / si quieres remediar el mal presente...» (II, 108-09). The dialogue that follows is worth examining in detail:

> *Raquel.* ¿Pues puedo prometerme algún remedio
> a tal extremo mal?
> *Rubén.* La diligencia
> madre es de la ventura.
> *Raquel.* Y la que tiene
> del rigor de su suerte tantas pruebas,
> ¿no será necia en esperar venturas? (II, 115)
> *Rubén.* Necedad es mayor creer que deba
> favorecer la suerte al negligente.
> *Raquel.* Cuando remedio ya ninguno queda,
> ¿no es prudencia ceder a la desgracia?
> *Rubén.* Pero ninguno llamará prudencia (II, 120)
> persuadirse que son irremediables
> los males de la vida. No hay adversa
> fortuna que la industria no deshaga,
> o modere a lo menos.

Along with the vocabulary of *remedios*, Rubén and Raquel speak now not of *astucia* and *malicia*, but of the more virtuous quality, *prudencia*. The shrewd adviser appears to sound one of the central themes of the play when he declares that diligence is the mother of good fortune, and that no good could result from negligence. Huerta has thus neatly counterpoised the Jew's exhortation to prudent corrective action with García's similar message for the king. Indirect support for my thesis comes shortly afterwards when Manrique informs Rubén that the Toledan populace has been calmed with the promise of Raquel's exile and Rubén's head. To the latter's protestation of innocence in the face of such misfortune, the ever-submissive Manrique replies, «mas no alcanzo / a remediarla,» and adds the despairing advice: «y es que en las desventuras declaradas / oponerse a la suerte es imprudencia» (II, 221-22). Manrique thus stands consistently in contrast to Hernán García, but moreover, his counsel is textually almost the exact reversal of Rubén's earlier advice to Raquel.

If Rubén achieves a few moments of moral dignity at the beginning of the act, however, he cannot sustain it. Once again he persuades Raquel to follow his wily schemes, so that in time vengeance can be visited on their enemies García and Alvar Fáñez (II, 182-92). The beautiful woman presents herself tearfully before Alfonso in a posture rendered ambiguous by her submissiveness both to Rubén's guile and to her genuine love for Alfonso. In part playing on the latter's guilty conscience, she speaks in affecting terms of her constant and tender love and of her desire to give one last proof of her devotion by accepting the king's edict of expulsion. Acquiescent to the adversity decreed by her stars and her destiny (II, 609-10), she declares, weeping, her resolve to go. Alfonso is no match for her ardor or her stratagems, and threatens suicide rather than face life without her. She softens, and decides she will face the threats of the populace in order to remain with him. The joyful Alfonso promptly revokes the edict both for Raquel and the Jews, and going beyond any favor shown her before, grants his mistress full authority to reign over the country. Having successfully followed Rubén's «astucias y designios» (II, 678), Raquel mounts the throne, exulting in the thrill of power. «¡Qué gustoso / es el mando aún en medio de peligros!» (II, 679-80), she exclaims; but Huerta carefully designs her words to contrast with an earlier lament by Alfonso on the hardships and misery of the ruler (II, 277-319). The counterpoising of the two sentiments is instructive because Alfonso voiced the commonplace in moralist literature that kings, in unremitting labor on behalf of their subjects, are more slaves than rulers. To this he adds that they would gladly trade their wealth and pomp for the supposed tranquil poverty of the peasant, choosing the traditional praise for the country as a means to escape his responsibilities. Raquel's words stand out in relief against Alfonso's example. She muses on the rapid shifts of fortune, and realizes that she has an opportunity for serving her heated desires for *venganza* (II, 697); at the same time, however, she recognizes the restraining solemnity imposed by the majesty of the throne. As the second act ends, the ever pliant Manrique swears his obedience to her will; García and Alvar Fáñez, however, affirm after her exit from the stage that the nobles will not remain «mudos y abatidos,» but will seek *remedio* (II, 789) for this disastrous turn of events.

The gathering tensions move inexorably to a climax in the last act. The Castilian populace presses its claims for an end to *desidia* (III, 1), *torpeza* (III, 6), and *indiferencia* (III, 8, 30). Alvar Fáñez responds to the people's demands by calling for a bloody *remedio* (III, 37), but Hernán García checks their impatience by insisting that thought not violence is a surer means to remedy the wrong (III, 62). The anger of the popular uprising mounts despite García's plea for restraint, and Rubén finally recognizes that the end is near. At this critical juncture he gains enough self-knowledge to admit that his overweening ambition motivated Raquel's infelicitous search for power. Facing a debacle, Rubén concedes that his *astucias* (III, 403) are no longer of avail. Raquel realizes with horror that she has been the victim of Rubén's iniquitous advice, and turns in consternation to her own *ingenio* to find a *remedio* (III, 410). The language here is significant, for the rupture of her relations with Rubén frees her to seek higher ways to resolve her problems.

My thesis that Huerta's usage of *remedio* and *venganza* represents different moral levels receives confirmation in the next scene between Raquel and García. The latter, with an enlightened sense of honor and loyalty to his king, points out to the royal mistress a neglected garden gate. Through it she can flee the Alcázar and, with the help of his servants, successfully escape the violent threats of the mob. Raquel, unable for the last time to appreciate the fine mettle of García, thinks his offer only a stratagem to make more secret his *venganza* (III, 469). In point of fact, however, the Castilian nobleman had enunciated earlier his true conception of how to remove the Jewess from power. Defending himself before Manrique, who had conveyed Raquel's decree of expulsion for sedition against her, García expressed disdain both for the bloodthirstiness of the populace and the vile subservience of Manrique. García never sought Raquel's death. Instead he would find means to save her life, and concluded: «Débame esa cruel esta advertencia: / que así, Manrique, Hernán García se venga» (III, 226-27). His so-called «vengeance» in reality exemplifies the Christian spirit of returning good for evil,[4] or as he phrases it in a later verse, «que el noble noblemente ha de vengarse» (III, 540).

Far different is the pursuit of *venganza* (III, 497) by the furious Castilian mob which enters the royal chambers with drawn swords. Raquel, in mortal danger, comes to the self-knowledge that ambition for rule has proved her undoing. This anagnorisis, together with her repudiation of Rubén, allows her to rise in the third act to the stature of a tragic heroine. Spying Rubén she excoriates him: «ya no espera / remedio mi desdicha, pues no pueden / donde esté tu maldad faltar tragedias» (III, 567-69). But if there is no remedy, she will not stoop to vengeance. Confronting Alvar Fáñez, she reasons with heightened dignity to defend her life. Bringing out the tragic variant on the theme of remedial action, she asks sagaciously what was there within her power to do if heaven and the stars influenced Alfonso to love her (III, 610-13). It is the same argument she employed earlier to mitigate the blame she felt for her overreaching aspirations. At that time she exclaimed that «las estrellas, / el cielo mismo» (III, 303-04) had endowed her with valor and beauty, and thus how could she deny the «tan noble ambición» they gave rise to? Like *industria,* ambition can be directed to good or bad ends.

The questions are poignant testimony to her resourcefulness in self-defence, but they persuade no one that a person is helpless before a supposed «influence.» Her prudence, one could gather, was not the equal of Alfonso's inordinate devotion or of her great love. As a result, the heroine stands majestically before her enemies, and invites their swords to end her life. Rubén suddenly draws his dagger in an attempt to defend himself, but Alvar Fáñez places his sword on his chest and orders him to slay Raquel. Finding no alternative if he would survive, Rubén stabs the Jewess, inflicting a mortal wound. Alfonso rushes in too late to save her, but in time to hear her name her assassin and attest to García's loyalty.

The king, wild with grief, seizes the dagger to take vengeance (III, 733) on the vile Rubén. Turning to the Castilian populace he threatens them with the fiercest *venganza* (III, 755, 759), and Alvar Fáñez kneels to accept the punishment on their behalf since the royal honor has been avenged (III, 765). García intervenes to prevent further bloodshed, and Alfonso relents and agrees that their crime merits pardon.

The play ends with a statement of the moral: «Escarmiente en su ejemplo la soberbia: / pues cuando el cielo quiere castigarla, / no hay fueros, no hay poder que la defiendan.» There can be no remedy against this punishment because at the root of pride lies the want of prudence, a failure to judge properly human limitations. Any offense against the natural order will receive a divine retribution, and Huerta also affirms this in an explicitly pagan tragedy, his version of Sophocles's *Electra*. In the *Agamemnón vengado,* Electra is the force which moves her brother Orestes to avenge their father's death. Their agency notwithstanding, she affirms: «siempre son las maldades / de sí mismas civiles vengadores.»[5] A similar idea appears in *Raquel*, expressed by Rubén at the point of his death: «Quien con ellas [i.e. sus maldades] vivió, muera por ellas» (III, 737). The use of the subjunctive, «muera,» argues for his acceptance of the justice of his punishment.[6] By Electra's and Rubén's statements, the gods visit irresistible and cruel chastisement on crimes and excesses committed. The lack of defense against their decree is not to be equated with the helplessness the individual feels when giving in to some alleged influence from the powers above. Thus Raquel in part provides her own answer when, pleading for her life, she asks: «Si el cielo, si la fuerza de los astros / le inclinan a mi amor, ¿en su influencia / debo culpada ser? ¿Puede el humano / albedrío mandar en las estrellas?» And she adds, «Mas ya sé que diréis que mi delito / es el corresponderle» (III, 610-15). She could have withstood his ardor despite the influence of the stars just as she could have held firmly to her integrity despite the instigations of Rubén. The flawed judgment that led her to follow Rubén's advice and overreach is her tragic fault.

The affirmation of the capacity of the human will to thwart temptation, to avoid excess, and to choose reasoned solutions to problems underlies Huerta's creation of a tragedy with Christian protagonists. Yielding to the tyranny of stars or of an absolutist, «divine,» monarchy is an abdication of one's responsibility to live prudently and responsibly. The seeking of vengeance arises from passion and impulse, and its violence appears like an evil returned for an evil done. The magnanimous spirit, however, is capable of actions that remedy wrongs while confirming human dignity.

NOTES

1. My quotations from *Raquel* will be cited by act and verse number from René Andioc's edition published by Castalia (Madrid, 1970). The play, probably begun about 1766, was completed for a first performance in Oran in 1772, and six years later received its first presentation in Madrid.

2. See «Raquel et l'anti-absolutisme,» *Sur la querelle du théâtre au temps de Leandro Fernández de Moratín* (Tarbres: Imprimerie Saint Joseph, 1970), pp. 275-370.

3. Rubén uses the phrase «por mi industria / les dé amor vengativo la sentencia» (II, 191-92). Here the word «industria» has a negative connotation, just as in the passage quoted above (II, 123), it has a positive value. Covarrubias says of it, «Hazer una cosa de industria, hazerla a sabiendas y a drede, para que de allí suceda cosa que para otro sea a caso y para él de propósito; puede ser en buena y en mala parte.» For a discussion of *industria* as «el dolo bueno,» see Francisco Maldonado de Guevara, *Lo fictivo y lo antifictivo en el pensamiento de San Ignacio de Loyola y otros ensayos* (Granada: Universidad de Granada, 1954), pp. 61-108, esp. pp. 81-82.

4. This is confirmed by an additional verse found between the two cited above in several editions. In them García's speech ends: «Débame esa cruel esta advertencia: / corresponda a un agravio un beneficio: / que así, Manrique, Hernán García se venga.» See the Joseph G. Fucilla version published by Anaya in 1965 or by Cátedra in 1974. Fucilla based his text on what he considered the definitive edition, the first volume of the *Obras poéticas* (Madrid, 1778). Andioc based his text on the manuscript used for the 1778 first Madrid performance which in turn served for Antonio de Sancha's edition, in the same year, the identical printed source for Fucilla's edition. The verse also appears in the following early versions: *Tragedias de D. .... Suplemento al Theatro Hespañol* (Madrid, 1786), and *Raquel*, Madrid, 1818 and Valencia, 1821.

5. *Agamemnón vengado*, in *Tragedias... Suplemento,* Act I, p. 22.

6. The punishment exactly fits his offense, for Magda Ruggieri Marchetti has called attention to the marked frequency in the play of his formula, «Muera Fernando...,» (I, 235), «Muera Fernando, el Pueblo, la Nobleza» (I, 247), «Muera Hernando, Alvar Fáñez también muera» (II, 186), y «Raquel muera» (III, 673); see her «Osservazioni strutturali sulla 'Raquel' di Vicente García de la Huerta,» *Biblioteca*

Teatrale, 19 (1977), 124 and 126. My thinking has also been stimulated by Russell P. Sebold, «Neoclasicismo y creación en la 'Raquel' de García de la Huerta,» *El rapto de la mente* (Madrid: Editorial Prensa Española, 1970), pp. 235-54; Donald E. Schurlknight, «La *Raquel* de Huerta y su 'sistema particular,'» *Bulletin Hispanique,* 83 (1981), 65-78; and by the Andioc and Fucilla introductions to their respective editions.

PIPÁ: MANIQUEÍSMO, IRONÍA Y TRAGEDIA EN UN RELATO DE LEOPOLDO ALAS

RICARDO LANDEIRA
University of Wyoming

Pipá es la primera novela corta escrita, o al menos publicada por Clarín. Apareció inicialmente en el diario madrileño *La Unión*, en 1879, y en 1886 sirvió de título al primer libro de cuentos de su autor, donde figuraba como relato inaugural. Esta novela itineraria y de personaje es asimismo la más extensa de las novelas breves de Clarín. La estructura de *Pipá* se pliega para seguir las andanzas del protagonista, siendo su hilo narrativo el camino de la vida, topos del *homo viator*. El pequeño héroe, un pillete llamado Pipá, deambula por la vetusta ciudad casi sin rumbo: de la calle de los Extremeños pasa a la librería de viejo del señor Benito, después a la iglesia parroquial de Santa María, la plaza de López Dávalos donde se halla el palacio de los Híjar en el que entra y permanece unas horas y, finalmente, la tasca de la Teberga donde va a morir. Es ésta la estructura lineal del viaje, una de las más antiguas de nuestra tradición literaria y también caracterizadora de la novela picaresca a la cual *Pipá* por veces se aproxima. La obra se desarrolla en el plazo de un día escaso, comenzando a las cuatro de una tarde de invierno, la del Domingo de Quincuagésima, para terminar a la mañana siguiente, Lunes de Carnaval. La narración dura unas doce horas que corresponden a los doce años del golfillo. En el argumento, contado en la tercera persona como la mayoría de las ficciones clarinianas, resalta una ausencia casi absoluta de diálogos. Redactada en párrafos amplios, la novelilla obedece a una técnica realista, aunque no de un realismo representacional, sino selectivo, salvo los cuadros finales de tonos sombríos rayanos al Naturalismo. El clima anunciador del término desgraciado de la existencia de Pipá se logra desde un principio mediante el papel que Clarín confiere al medioambiente. Así, cuando el relato comienza a las cuatro de la tarde, cae una nevada «silenciosa y triste» (p. 2),[1] empieza ya a oscurecer y «todo es soledad» (p. 31). De modo que la obra transcurre en un claroscuro sombrío y bivalente. En un primer plano he aquí un día de invierno, frío y apagado; por otra parte, semejante escena sugiere la privación, la tristeza y la soledad. Lo primero deposita sobre el protagonista estos últimos sentimientos.

Del problema religioso planteado en *Pipá* se halla en el capítulo II la síntesis de la filosofía que rige al personaje y que representa la clave para entender el cuento a fondo. Pipá, escaso de años y carente de formación alguna, es incapaz de comprender un concepto abstracto tal como deidad. Materializa cuanto concibe, obligado a forjarse creencias cuyo alcance escasamente puede llegar a aprehender. Así al leer que «era maniqueo. Creía en un diablo todopoderoso...» (p. 20), hemos de reconocer que no se trata de un autoaserto, sino de una declaración por parte del narrador. Es decir, Pipá puede que sea maniqueo, pero indudablemente él no lo sabe. Se trata de algo entre el narrador y el lector. De hecho se porta y razona igual que un adepto del maniqueísmo, pero sin percatarse de ello. Esta situación de la cual el protagonista no se percata pero que el narrador y lector comparten es eminentemente irónica.

La ironía necesita de dos niveles, uno superior, que es el del ironista—el narrador en este caso—y otro inferior, el de la víctima. A ésta se la denomina así por la frecuencia con que existe un elemento de inocencia—la víctima no se tiene por tal. Este tipo de ironía con frecuencia puede surtir un efecto de ridículo o sarcasmo, mas aquí Alas no busca semejante fin y no hay burla de ninguna clase. Denota, por lo contrario, un síntoma de patetismo. El niño no percibe la existencia de un plano superior de inteligencia con el cual se le irá midiendo su vivencia, surgiendo así los dos niveles narrativos—y dándose la ironía que siempre se engendra en la contradicción, y la incongruencia a dos niveles. Pipá mismo vive en dos planos: el del pillete que hace trastadas por doquier, y el papel de los personajes que pretende representar. Finge, a partir de las últimas escenas del primer capítulo, ser quien no es: por las calles, una máscara; en el palacio de Híjar, un fantasma; y un borracho enviciado en la taberna.

Este dualismo tiene raíz en la estricta doctrina religiosa predicada por el joven Mânî hayyâ (216-277 AD). La religión de Mani constituía un empeño por explicar la presencia del Mal en el mundo. El mensaje que anunciaba el sirio era la existencia de dos principios eternos: Luz y Oscuridad, pudiéndose estos equiparar con el Bien y el Mal respectivamente. A través de los tiempos se ha considerado el maniqueísmo ya como herejía cristiana o bien, en opinión de otros, como una de las religiones independientes persas. Cuando Clarín pone que «Era sin duda calumninarle llamar a Pipá *hereje....* No era Pipá *hereje*, porque no se había separado de la Iglesia ni de su doctrina, como sucede a tantos y tantos filósofos que no se han separado tampoco» (p. 16, subr. mío), la alusión a San Agustín parece clara. El obispo filósofo fue un converso del maniqueísmo durante casi diez años (373-382), atraído hacia esta doctrina según Ferrater «en la cual vio una solución al problema de la existencia del mal.»[2] Pipá de fijo no sabe lo que significa ser maniqueo, lo que concibe es que hay personas, cosas y acaso fuerzas buenas, y malas, y que cada bando está regido por un caudillo que él llama dios bueno y dios malo. Al fin y al cabo ¿qué más puede pensarse de un jovenzuelo que «toda su mitología se la había hecho él solo, sin más orígenes que los cuentos de su madre respecto a las recompensas confitadas del Papá Dios» (p. 42)? La actitud de Pipá se reduce a la reconciliación con las potencias del Mal por creer, igual que los maniqueos, que el Mal es invulnerable a las fuerzas del Bien. Aunque el problema del Mal reside en el centro mismo de las concepciones éticas y religiosas de los maniqueístas,[3] las creencias de Pipá poco se distinguen de las lecciones catequistas aprendidas por otros niños de su edad, a quienes se les inculca la necesidad de creer en un Dios bueno y en un diablo tan poderoso que puede apartarlos de aquel Dios bondadoso. Aquí se transparenta una crítica implícita por parte del autor del sistema ideado por la Iglesia para instruir con tal desacierto a los menores. En ambos sistemas reside una contraposición de tendencias irreductibles, una especie de dualismo moral entre el Bien y el Mal. Por supuesto que el maniqueísmo es una doctrina dualista y el cristianismo es monoteísta, mas también es verdad que en ésta hay hombres y ángeles, cielo e infierno, y Dios y Satán. Cuando Dios creó el mundo separó la Luz de las Tinieblas, lo cual es una actitud básica muy dualista. Según San Agustín, el hombre fue formado en un universo donde ya había dos poderes, Dios y Lucifer, y en esta contienda entre la Luz y las Tinieblas fue el primer hombre quien sufrió las consecuencias.[4]

De la concatenación aducida entre las dos religiones podrá resolverse cuán fácilmente un pillastre de las condiciones de Pipá las confunde, con toda seguridad partiendo de una noción vaga pero ostensiblemente católica de la teodicea de sus congéneres. El muchacho sencillamente arma su «religión» sobre la coyuntura vital en que se halla, para él el diablo todopoderoso no es sino la prosopeización de la circunstancia adversa. Los aspectos que cobra el Mal para dificultarle la vida a Pipá son varios y agrupables bajo dos grandes categorías: el Mal físico y el metafísico o moral. El primero, plenamente observable y causa de sufrimientos corporales, se manifiesta en ciertos personajes: el padre del niño que llega a casa borracho por las noches, las personas que lo maltratan a puntapiés, Maripujos la «bruja del Templo», y el sacristán y el boticario que lo amenazan continuamente. El Mal físico también se revela de otras maneras como, por ejemplo, el frío de las noches sin cama, el hambre de todos los días, y la miseria del vestir y del hogar. El Mal moral, aquel que acongoja a quien hace su presa, también lo acucia incesantemente. Sus dos enemigos naturales, se nos dice, son la Iglesia y el Estado (nótese el continuado dualismo). De ambas instituciones percibe Pipá una serie de disvalores que no sólo contribuyen a endurecer su conciencia sino que han sido la verdadera causa de la perdición del pillastre. «La burla, el desprecio, la indiferencia» (p. 21) por parte de religiosos y seglares entorpecen de tal modo a Pipá que en el entero discurrir del relato no se halla un solo instante en que éste recapacite sobre lo poco aconsejable de sus actos.

Para suavizar el impacto que un jovenzuelo de doce años pueda causar con sus fechorías en el ánimo del lector, Clarín se vale del resto de sus personajes.[5] La maldad de algunos de ellos rescata a Pipá, por ser él el blanco de sus vilezas. Mencionado ya queda el padre borracho que le pega al niño. Su madre, también víctima de estas embriagueces, llamada despectivamente Pingajos en alusión a su escasa limpieza, apenas si opera de acuerdo con su condición de guarda y guía maternal; antes bien lo trata cruelmente cerrándole la puerta en noches de crudo invierno. De esta mujer se nos dice más tarde (p. 42) que años atrás tan sólo había enseñado a su hijo que el Dios bueno obsequiaba con dulces a los niños pobres en el cielo ya que no los habían podido comer en este mundo. El boticario y el sacristán, representando en parte al Estado y a la Iglesia, también maltratan a Pipá caprichosamente, sin embargo, sus grandes enemigos son Celedonio y Maripujos. Aquél, personaje ubicuo en la ficción clariniana y siempre con el mismo papel, le disputa—con el sacristán—a Pipá el derecho de entrar en la iglesia de Santa María donde es monaguillo el primero. Resulta ser una criatura despreciable por su cobardía y vileza, fallos que ejercita al amparo del recinto eclesiástico en donde mora. La segunda es una vieja tullida que «aborrecía a Pipá con la misma furia que un papista puede aborrecer a un *hereje*» (p. 13, subr. mío). Ellos dos descargan toda su sevicia en el cuerpo exánime de Pipá en venganza de las travesuras y rabietas con que el protagonista los atropellara divertidamente. No ha de parecer improcedente señalar una vez más la técnica estructural dualista de enfocar el dualismo maniqueo del Bien y el Mal a través de la disposición de personajes por parejas: padre y madre de Pipá, el boticario y el sacristán, Celedonio y Maripujos. Semejante técnica se extiende al resto del reparto de personajes principales: la Marquesa de Híjar con su hija Irene, y el pobre violinista, Pablo, y su nieta, la Pistañina, que es la «novia» de Pipá. Entre los personajes secundarios ya habíamos visto en las páginas iniciales del relato la pareja de Benito Gutiérrez, el librero, y su mujer la señora Sofía. Además, varios de estos personajes se complementan, contrastándose. Por ejemplo, Pingajos y la marquesa de Híjar como dos madres totalmente opuestas; o también la Pistañina e Irene las dos «novias» de Pipá, pobre la una y rica la otra, huérfana de madre aquélla y de padre ésta.

La primordial importancia del medioambiente resaltada anteriormente cobra nueva vigencia al establecerse su función dentro de los dos niveles del relato: el doble plano de la ironía coincidente reiteradamente con el dualismo fundamental del maniqueísmo establecido directamente con las palabras: «Como el tiempo era *malo* iba a *oscurecerse* todo muy pronto» (p. 4, subr. mío), reveladoras de la fatalidad que se avecina de acuerdo con la tradición literaria de un cielo encapotado u oscurecido a destiempo. Efectivamente, el tiempo de tormenta presagia el fatal desenlace de la obra, según vuelve a insistir Alas: «La ciudad parecía muerta» (p. 4), a renglón seguido. No obstante, el autor abarca más en esta ocasión. Tan significativo como el augurio es la equiparación entre lo oscuro y lo malo por lo que tiene de esencial para la doctrina maniquea, pero también porque opera como clave en diversas otras ocasiones, como, por ejemplo, las rojizas tinieblas en que tiene lugar la muerte del protagonista. Compartido este nuevo secreto narrativo con su lector avisado, Clarín teje una ironía sutil y profunda que poco a poco va desbaratando el cosmos religioso institucional. Así, cuando Pipá hace su aparición en el templo con ánimos de procurarse un disfraz, notamos que el recinto está a oscuras, observación que ya no puede carecer de significado ulterior. La ausencia de luz en la casa de Dios es seria en extremo, mayormente si recordamos la bíblica «Yo soy la luz, la verdad...etc.» El vacío sugerido ahora no deja lugar a dudas ya que la presencia de las tinieblas, salvo unas «pocas lámparas [que] brillaban aquí y allá sin interrumpir más que en un punto las sombras» (p. 28), subraya la falta del conocimiento supremo encerrado en las divinas palabras y una carencia de calor espiritual advertido anteriormente. En aquella ocasión, a Pipá se le niega la entrada a la iglesia durante todo el año menos el Domingo de Pascua de Resurrección y los «días de tinieblas» (p. 24). Estos últimos son aquellos días de la Semana Santa en que el clero catedralicio se reúne por las tardes para el canto de salmos, todos ellos lúgubres, función durante la que se apagan las luces o velas a medida que avanza el ritual, para acabar en una completa oscuridad acompañada del estruendo de las sillas que los partícipes golpean contra el suelo. De manera que, Pipá tiene acceso a la catedral únicamente en estas fechas contadas cuando el rito está muy por fuera de lo cotidiano. O, claro es, cuando se aventura a entrar en terreno vedado a riesgo de lo que pueda esperarle. La ironía de que con solo una excepción—Domingo de Pascua—sean sus visitas al templo siempre a oscuras, cuando esto equivale al Mal del creyente maniqueo, no deja de ser altamente notable.

Cuando le es permitido entrar en el templo, el niño piensa que el dios bueno ha vencido al «dios...oscuro» (p. 24). Pero como las veces que esto sucede son raras, Pipá se figura que el dios de la Luz carece de fuerza y que, por lo tanto, se manifiesta escasamente. Al dios bueno lo siente cuando está lavado, peinado y viste camisa limpia el Domingo de Pascua, y oye la misa de Gloria, para la que le han dejado tocar las campanas de la catedral en ese día y cuando se aspira el perfume de las flores entremezclado con el incienso y las entonaciones del armonio. La alegría que Pipá experimenta constituye el equivalente de la euforia sentida por los otros fieles en la misma ocasión. Se trata, no de un sentimiento puro de culto, sino

de una exaltación sensual del rito: las flores vistosas recién cortadas
(color y olor), el incienso embriagador (olor), los acordes del
órgano y el tañido de la campana (auditivo), la camisa recién
lavada (tacto). En consecuencia, el acercamiento del jovenzuelo al
dios bueno es una ilusión suya, surgida al no poder distinguir más
allá; espejismo que, por otra parte, sufren otras personas mayores
que Pipá, sumándose así al dualismo en curso el de ilusión-
realidad.

Las fuerzas contrarias de este conflicto moral entre el Bien y el
Mal informan la totalidad de la narración. El frío de la intemperie
contrasta con el calor confortable del palacio de Híjar; la blancura
de la nieve, con la oscuridad de la noche, del templo y de la taberna; la helada exterior, con el fuego que arrasa la tasca carbonizan-
do a Pipá; la riqueza de los Híjar, con la miseria de Pipá y los
suyos; y la víspera de noche cerrada, con el sol matutino del día en
que muere el chiquillo. Esta recurrencia de antilogías representa
asimismo un método de engendrar la ironía que, de por sí, exige
dos términos de comparación, basándose sobre todo en el contraste. La ironía de Alas en *Pipá* es mayormente de hilo religioso
apuntando, en camino de la desmitificación, hacia un sino trágico.
La muestra inicial se halla apenas comenzado el relato, cuando el
golfillo se deja caer sobre la nieve con los brazos abiertos a semejanza de un Cristo crucificado, permaneciendo sin moverse «como
si estuviera muerto» (p. 5), tal como le sucede horas más tarde. En
escena de contrapunto Pipá acude al retablo del Cristo Negro, se
encarama al altar y despoja a la imagen de su mortaja. El juego de
opósitos hurta comentario, al igual que el latrocinio consista en una
prenda que es justamente una mortaja. La ironía y el consecuente
humor, cuando lo hay, disipan la propensión a lo sentimental,
especialmente en lo que se refiere al pillstre desamparado e inocente
y ubicado en un mundo de acechante miseria. Clarín evita así que
Pipá, obligado a dormir al aire libre, cuyos bolsillos se han convertido en grandes agujeros, y que en doce años de vida recuerda
únicamente unos cuantos días felices, se convierta en un remedo
humano demasiado patético para ser creíble, como lo hace con los
personajes de la Pistañina y su abuelo Pablo que cantan y tocan
coplas populares hasta llegar a la ronquera para ganarse el susten-
to, con canciones «obscenas casi todas» (p. 64). Digno de lástima,
entonces, pero de claro gremio picaresco, Pipá es de admirar a la
vez por su habilidad para sortear los obstáculos que le impone la

vida y por su inocencia subconsciente que otorga un patetismo total a su tasada existencia. Desde su epíteto de maniqueo, en virtud del cual—como los elegidos de esta religión—no tiene posesión alguna, lleva una vida itinerante y no alcanza a tener apenas sino la comida del día, hasta su demostrada aceptación del Mal, sobre Pipá gravita un sino aciago.

Si la novela moderna es filosófica, como nos asegura Eoff, no lo es menos irónica, al menos en su tradición novecentista.[6] Y a Clarín le corresponde un lugar eminente como humorista en el siglo XIX. Para convencerse de su naturaleza básicamente ironista basta con sopesar su gran novela, *La Regenta,* y la crítica más advertida sobre ella. *Pipá* reside en la misma trayectoria. La ironía es connatural a toda la manifestación artística de Alas. A esta actitud lo llevaban la desigualdad que percibía entre lo vivido y lo pintado y una postura crítica que consiguió trasvasar a la literatura. Mas, en contra de lo que podría suponerse, en *Pipá* la ironía no tamiza del todo el clima de pathos. El desenlace no sólo es adivinable sino inevitable.

El humorismo que el autor destina a sus personajes inocentes es muy distinto del que va dirigido hacia los más despreciables. En esta fórmula dual los primeros son objeto de una censura leve, mientras que los últimos encajan una sátira carente de todo humor. Se notará que aunque la ironía en el relato no es exclusivamente de sobretonos religiosos, en su mayoría esencial sí lo es. De todos los tipos de ironía, la menos importante y más frecuente es la sintáctica o ironía verbal. Los ejemplos de esta clase abundan de sobremanera, pero baste con citar algunos escogidos al azar donde subrayo los elementos constituyentes: «*Maldito seas*! gritó el Merlín de la calle de Extremeños [el librero Benito Gutiérrez]. *Amén*...respondió el granuja [Pipá], pasándose la manga por las narices en señal de *contricción*» (p. 10); «el amo de la casa [padre de Pipá] era un borracho perdido...*sacerdote* del templo doméstico» (p. 3); la vieja Maripujos llama a Celedonio diciéndole «Ven acá, *ángel de Dios*... ¡Arrímale, *San Miguel,* arrímale y písale las tripas al *diablo* [Pipá]!» (p. 19). Esta ironía es parte del léxico de Alas, aunque a veces vaya más allá como en la expresión «templo doméstico» del cual se ve excluído Pipá por su propia madre tantas noches, y que tiene por contrapunto la entrada prohibida a la catedral de Santa María del niño y «los perros» (p. 24).

Una segunda clase de ironía es la llamada ironía de situación o dramática en la cual un suceso repercute sobre un personaje de modo contrario al esperado o conveniente. En este tipo de ironía, entonces, el rebote de incongruencia no es tan inmediato como el anterior. Se necesita una comparación intrínseca, no bastando el apercibimiento reflejo, para engendrar esta ironía fruto de una dualidad tensiva dentro de la obra misma. El ejemplo de ironía dramática más generalizado de la novela es el transcurso de la acción durante las fiestas de Carnaval, por lo regular días de festejos y alegría, cuando el Antruejo de *Pipá* es todo lo contrario —un Carnaval inhóspito y cruel. Mas, aun en esta ironía situacional tienen cabida el humanismo y la ternura de un autor que no se despega de sus personajes favoritos según se observa por veces, como cuando escribe del Pipá disfrazado que «sujeto por una oreja, tuvo que entrar el fantasma en el gabinete» de los Híjar (p. 40); o cuando lo defiende de los improperios de su enemiga Maripujos declarando que «Era sin duda calumniarle llamar a Pipá...hi de tal (aunque esto último, como a Sancho, le honraba, porque tenía Pipá algo de Brigham Young en el fondo)» (p. 16), donde alude al establecedor de la gran comunidad de mormones en el estado de Utah y que, como es palmario, era polígamo y padre de considerable prole. Sin embargo, estos ejemplos aducidos no son la norma. Alas en la ironía de situación es mucho más serio, pasando fácilmente de la ironía de sonrisa leve a la mordacidad. Así ocurre en el sepelio de Pipá, depositado en «la caja de enterrar chicos que tiene la parroquia, como esfuerzo supremo de la caridad eclesiática...Cuatro tablones mal clavados» (págs. 71-72). En este último viaje del acabado golfillo—recuérdese la novela como visión viandante—es su enemigo jurado quien dirige la procesión del entierro, en traje de monaguillo—muestra del futuro sacerdote—después de haberle escupido en el féretro.

En su condición de pícaro, ya apuntada por García Pavón,[7] y con la cual vengo a coincidir citando por mi parte el desahucio del héroe y el hecho de que casi parezca que anda en busca de amo, Pipá recurre al robo para procurarse su *persona*—en el sentido originario latino de «máscara de actor»—; en parte, robo sacrílego. La adquisición de la máscara da comienzo a un tercer plano de ironía, la ironía trágica o sofóclea que crece paulatinamente. Huelga casi decir que estos tres niveles no sólo existen a lo largo del cuento sino a su ancho, esto es coexisten y no siempre distintamente sino que con frecuencia se intersectan. Refiriéndose a este disfraz Clarín irá sembrando detalles de una carga de presagio, augurio, fatalidad y anticipación que no pueden pasar inadvertidos. Para disfrazarse, Pipá hurta una lámina donde aparece una calavera, las enaguas de una lavandera, la mortaja de un crucifijo, y el sayal de acólito de Celedonio, uniendo al lote una campanilla de misa propiedad suya. Todo es robado menos este último objeto y todo posee una importancia religiosa, salvo las enaguas de la señora Sofía cuyo hurto parece más bien una casualidad dotada de innegable sentido cómico. La calavera que Pipá usa a modo de careta, y como tal, elemento clave de su disfraz, anuncia claramente la suerte del chiquillo que para el amanecer habrá fallecido. Otro tanto puede afirmarse de la mortaja del Cristo Negro, de la vestimenta de monaguillo con la que Celedonio le acompaña en el entierro y hasta de la campanilla usada en su peregrinación carnavalesca y que hallará eco en el fúnebre doblar de su propio funeral presagiado en repetidas oraciones como: «la ciudad entera le había de tener por un resucitado» (p. 37); «¡Yo soy un difunto!—exclamó Pipá con la voz menos humana que pudo!» (p. 45); «Su disfraz de muerto enterrado pareció...» (p. 62). Este disfraz de amortajado—ya muerto nocionalmente—sirve de santo y seña para abrirle las puertas del cielo, dándole seguidamente entrada al infierno.

«Pipá...entraba, como Telémaco en el infierno, en la mansión celeste; entraba vivo, sin más que vestir el traje de difunto» (p. 41). Esta escena central de la obra tiene lugar en el palacio de Híjar donde se le convida a Pipá por deseos de la pequeña Irene, hija de los marqueses, fascinada por la máscara. El medioambiente del palacio constituye para el pilluelo una esfera nueva por completo, algo nunca visto, pero que coincide con su concepto de lo que el cielo debe ser. El aire cálido y perfumado, las gollerías y licores que prueba hasta saciarse, la atención que desde un principio se le concede a su persona surten sobre Pipá· el mismo efecto que el ambiente hierático del Domingo de Pascua, confundiéndose otra vez lo maravilloso con lo sobrenatural. Los sentidos nuevamente se le despiertan a lo grato inusitado; ahora de manera más sensorial quizá dada la índole del empacho: los dulces, los licores, las frutas y la tibieza del recinto. Empero, aquí en lo que se figura que es «el mismísimo cielo» (p. 40), Pipá encontrará también el calor tierno del afecto, algo que no llegó a sentir en la catedral. Del color azul del firmamento es el gabinete donde Pipá e Irene se entretienen y

donde previamente aquel había divisado desde la calle a la niña y a
su madre en un conjunto que le recordaba el retablo de la «Virgen
de la Silla». En efecto, a Julia Híjar, joven madre de Irene, la toma
el chiquillo por la Virgen, no sólo debido a su presencia —contraste
con su madre Pingajos— sino a la dulzura que le muestra. El contexto maniqueísta en que debe encasillarse la escena, coincide
plenamente con la consideración del Bien como una Luz que ilu-
mina todas las cosas. El único lugar perfectamente iluminado de la
narración son los salones de Híjar; las calles, el templo y la taberna
a donde acudirá muy pronto Pipá, está todo a las oscuras o
tenuemente alumbrado. La identificación Luz y Bien se realiza en
esta escena central totalmente, siendo los elementos de paz, orden y
bondad asimismo correspondientes al dios bueno maniqueo imaginado tanto por Pipá como por los discípulos de Mani.

El jovenzuelo ha escalado, con su incursión en el palacio
(«mansión celeste»), a un estrato superior, y antes de abandonarlo
subirá a otro todavía más alto, multiplicando así la dualidad de
planos. Volviendo atrás un poco se verá que Pipá apenas si aparece
como el desahuciado y pobre niño que es en realidad (primer nivel),
sino que se presenta disfrazado (segundo nivel) casi desde un principio, pretendiendo ser otro. Su entrada en el palacio de Híjar lo
eleva a un tercer plano por ser terreno nuevo aunque el ascenso no
sea dirigido por el muchacho mismo. Mas he aquí que cuando la
marquesa —viuda y por tanto más parecida a la Virgen según la
cree Pipá—decide contar un cuento al golfillo y a su hija, para
adormecerla, se nos aproxima a un cuarto nivel. Como Julia sigue
su relato después de quedarse dormida Irene, el cuento va dirigido a
Pipá. En él hay un baile de máscaras con riquísimos manjares
donde todos los invitados son niños; entre ellos hay una niña rubia
llamada Irene y una máscara que se llama Pipá (cuarto nivel).
Crecen los dos y se enamoran ya mayores, pero en el momento de
celebrarse la boda, Pipá rompe el encanto de la parodia interrum-
piendo a Julia diciendo que él sólo desea ser de la tralla. Roto el
sortilegio se nota como el cuento dentro del cuento produce nueva
ironía al descubrir la inadecuación patética entre la caritativa invención de la narradora y los proyectos irrisorios de Pipá. Es
demasiado tarde para él por anhelar una existencia libre pero ruin
que lo arrastra. No sólo dimite de su papel de galán (cuarto nivel) y
de su puesto de fantasma de palacio (tercer nivel) a los ojos de

Irene, sino que desecha su última esperanza. La ironía trágica camina en dirección de la verdadera tragedia.

Vuelto a la calle y enfundado en su disfraz mortuorio Pipá hace su entrada en el ámbito del dios del Mal, el más poderoso, que acabará arrebatándole la vida. Este infierno es la taberna de la Teberga. Los dos escenarios en rotación pese a lo opuesto de su ambientación —ubicación del Bien y el Mal—, guardan ciertos parecidos para Pipá. Las personas mayores dominan en ambos; el muchacho se encuentra con dos niñas, Irene y la Pistañina, en los dos sitios; con dos mujeres, Julia y la Retreta; él bebe en el palacio y la taberna; los dos lugares son de un temple cálido; y, por último, la luz brillante del palacio cobra en el antro un tono rojizo y apagado. Esta última polarización dentro del paralelo no es ni la única ni la más obvia, como la presencia virginal de Julia y la venal de la Retreta representan. Estas dos escenas equivalen al anticlímax y al clímax de la obra. Nuevamente existe una contrapartida donde el protagonista se introduce en el reino del Bien y en el del Mal. El hecho de que la «salvación» del héroe esté de su mano y opte por desoírla en la primera instancia, cuando se halla con las Híjar, prefiriendo dejarse llevar por la «nostalgia del arroyo» (p. 61) que le tira a la taberna en segundo término donde perece, son los momentos cumbres de la obra. La oportunidad desaprovechada, percibida como la última salvación ofrecida a Pipá y única de la que puede valerse, registra una elevación anímica que equivale a un mudo grito de esperanza en el inescapable escalonamiento hacia la catarsis. Una vez pasado el momento la suerte del pilluelo está echada y toda esperanza ha sido en vano. La «nostalgia del arroyo» simboliza el íntimo e indeleble fallo trágico del héroe.

El clímax se da en el penúltimo capítulo (VI), una escena macabra de gritos aguardentosos, olor pestilente, calor asfixiante e iluminada por la luz mortecina de unas teas ardientes. Ahora el disfraz de Pipá adquiere nueva valencia a ojos de la ralea; ya no se le considera fantasma sino amortajado. El fin del niño, presagiado con tanta frecuencia, se acerca anunciado por dos últimos preludios: la danza de la muerte y el entierro de la sardina,[8] siguiendo así la simbología de fondo religioso. Quienes bailan alocadamente son los camaradas beodos de Pipá ya que él yace inconsciente por el alcohol en medio del círculo danzarín. Por lo mismo será el protagonista el único en perecer en el incendio. Así irónicamente, el vino que Pipá considerara expresión del dios malo al comprobar la conducta de su padre borracho por las noches, ha acabado por enseñorearse de su persona. A continuación, a la concurrencia se le antoja hacer honores al disfraz de amortajado y organizan, a modo de farsa, el «entierro de la sardina,» función celebrada por lo normal en la noche del Miércoles de Ceniza como despedida del Carnaval. El anticipo anacrónico, además del augurio del verdadero entierro, delata lo prematuro de la muerte de Pipá quien apenas ha cumplido los doce años. El ataúd resulta ser una pipa —triste y despiadada homología— llena de un líquido inflamable donde lo submergen para «resucitarlo,» consiguiendo, por el contrario, que muera abrasado. Este final es totalmente idóneo al esquema maniqueísta según el cual el dios del Mal reina en la oscuridad, en medio del fuego destructor, del humo, y de la violencia. La taberna en sus «palpables tinieblas» (p. 70) no hace sino recordar la oscuridad de la catedral apuntada ya más arriba, labrando un nuevo eslabón entre lo religioso institucional y un elemento moral negativo. En contraste con las sombras del interior de la tasca opera la luz del día naciente aparecida cuando Pipá ha expirado. Su cuerpo quemado y negro como un carbón cierra el ciclo de imágenes, ofreciendo una nueva armonización de opuestos; el Cristo blanco que había hecho tendiéndose «en la nieve, como si estuviera muerto» (p. 5) y ahora con su propio cuerpo carbonizado —empieza el relato con la crucifixión y acaba con la muerte. El final escupitazo que el monaguillo Celedonio profiere sobre el cadáver de Pipá sin duda alguna resuena como eco bíblico e injuria más al ofensor que al malparado pilluelo. Crítica asimismo feroz de la hipocresía eclesiástica cuando a renglón seguido se dice que «Celedonio ha ganado una beca en el seminario. Pronto cantará misa» (p. 74).

La ironía trágica aumenta progresivamente. La más esencial, por ser cauce expresivo del significado último de la novela, induce a considerarla en términos de una pequeña tragedia. Por supuesto que la verdadera tragedia puede darse únicamente en la obra dramática donde la ausencia del dramaturgo en el escenario es absoluto y los personajes han de luchar por sí mismos contra el hado. Mas, consciente de esta salvedad, creo que como ilustración analítica del sentido del relato su ajuste —por aproximado que sea— al patrón de la tragedia tendrá sentido. Las semejanzas que lo allegan al género trágico son desde un principio considerables: el personaje es un actor que hace su papel (el de su propio difunto) escudado por una máscara; el tema de la obra es elevado y trascendental (la lucha

del Bien y el Mal); el desenlace fatal lo compartimos ineludible-
mente con el autor desde un principio; y el proceso desarrollador
culmina en la catarsis pasando por el antíclimax y el clímax. Adop-
tando las etapas establecidas de la tragedia,[9] la organización de
Pipá resulta como sigue: 1) *Familiarización con el medioambiente.*
El lector advierte la pobreza, el frío de la nieve, la tarde sin sol y el
anochecer prematuro, y la gente huraña y cruel que desestima al
héroe. 2) *Presentación del héroe.* Clarín nos congracia con el protagonista. Se nos insta a quererle como le quiere el propio autor ya
que el personaje no tiene a nadie más. La novela empieza con estas
palabras: «Ya nadie se acuerda de él» (p. 1) y termina con «Hoy ya
nadie se acuerda de Pipá más que yo» (p. 74). Y el lector simpatiza
con él por ser niño, pobre, desahuciado, hambriento, y maltratado.
3) *Los augurios de un sino fatal.* Una vez familiarizado con el
héroe, el lector descubre detalles que presagian un triste fin. Los
dos incidentes más tempranos en tales manifestaciones son el Cristo
crucificado, formado en la nieve por Pipá, y el robo de la mortaja
al Cristo Negro —imágenes en continuidad y contraste. 4) *Las
rivalidades del héroe.* Pipá lucha desigualmente contra sus adver-
sarios, la Iglesia y el Estado, intensificándose así la simpatía del lector por el agonista. Los embates que recibe éste de ambos campos
los protagonizan con frecuencia Celedonio y Maripujos. 5) *La
emoción de fuerte shock.* El lector se sobrecoge de horror al observar como Pipá se viste de difunto, al escuchar las alusiones a su
calidad de muerto, su procedencia del cementerio, y el ofrecimiento
que se le hace de las ropas de un muerto en el palacio de Híjar.
Todo esto emociona al lector más allá de su nivel consciente or-
dinario. 6) *El anticlímax como aparente desenlace feliz.* Se da una
coyuntura antes de la catástrofe final en que el héroe parece haber
cambiado de fortuna. Su sino cobra un aspecto esperanzador. Le
ocurre esto a Pipá en su encuentro con el palacio de Híjar donde
halla el cariño de la marquesa y la admiración de su hija, el calor-
cillo físico correspondiente al sentimental, la saciedad del hambre y
de la sed, y un lugar donde no sólo pasar la noche al abrigo sino
oasis donde pudiese rehacer su vida. Ineluctablemente surge el
desmoronamiento de este horizonte prometedor, atribuído a la
«nostalgia del arroyo» que lo impulsa hacia su propia destrucción.
7) *El héroe como símbolo.* En el sentido de símbolo según lo entiende C.G. Jung,[10] Pipá como protagonista se va convirtiendo
paulatinamente en una figura en quien puede el lector depositar sus

emociones, o sea, identificarse por completo con él. En nuestro caso, una identificación total nos la impide la frecuente presencia del autor que se interpone entre el héroe y el lector. En el mejor de los casos, esta identificación, combinada con el estado anímico del lector, tiende hacia la catarsis. 8) *La muerte del héroe.* El protagonista muere, pero, irónicamente, triunfa al hacerse un verdadero héroe a los ojos de sus congéneres, superando su estado de iniciación. Pipá divierte a todos los de la taberna y no son ellos quienes le entretienen a él como hasta aquí: «La entrada de Pipá en la taberna de la Teberga fue un triunfo. Se le recibió con rugidos de júbilo» (p. 62). Él es quien llama la atención como figura principal en la danza de la muerte y en el «entierro de la sardina.» Su muerte, sin embargo, no es aniquilación. El autor le recuerda y nosotros lo recreamos cada vez que leemos la obrilla. La permanencia del héroe, por otra parte, la comparte el lector que siente su vida purificada, mientras dure el sortilegio de la lectura en su memoria, al haber presenciado la vivencia de aquél. 9) *Etapa final.* Aquí se completa la purgación catártica mediante la conmiseración del lector. En *Pipá* se interrumpe por la cruel ironía del escupitazo de Celedonio y un sermón hipócrita de Maripujos. No obstante, la catarsis se cierra con la purificación final del fuego y de la compasión declarada del autor que dice no olvidar al héroe.

Pipá plantea con rigor una serie de resonancias sociales de tenor ético-moral y filosófico sin anegarse en teología ni metafísica. El trazado general de la obra, de por sí fatalista, se hace más punzante al tratarse de una vida apenas en flor. De modo especial la actitud de Clarín endurece críticamente al enfrentarse con la existencia preponderante del Mal, capaz de estragos semejantes al que arrasa el microcosmos de esta novela. Pipá suscita implícitamente la cuestión del porqué del Mal en el mundo conjunto a la existencia de Dios. Pone de manifiesto asimismo la integración de la realidad por el Mal que la completa, siendo tan imprescindible como el Bien al que se contrapone en función de equilibrio universal aquí ausente. Tal planteamiento no es, por supuesto, nada nuevo, al menos filosóficamente, ya que desde los antiguos estoicos hasta Bergson en nuestro siglo se ha formulado un sinnúmero de veces. Pero, en el ámbito de las letras españolas dudo mucho que este argumento haya sido plasmado en la ficción con maestría pareja a la de Alas.

144   GREENFIELD

NOTAS

1. La edición usada y a la que corresponden todas las citas de páginas es la tercera de *Pipá* (Madrid: Fernando Fe, 1886).

2. José Ferrater Mora, *Diccionario de filosofía* (Méjico: Atlante, 1944), p. 56.

3. Ferrater, p. 128.

4. F.C. Burkitt, *The Religion of the Manichees* (London: Cambridge University Press, 1925), p. 103.

5. John W. Kronik, «La modernidad de Leopoldo Alas,» *Papeles de Son Armadans,* 61 (1966), 130.

6. Sherman Eoff, *The Modern Spanish Novel* (New York: N.Y.U. Press, 1961), p. 1.

7. Francisco García Parón, «El problema religioso en la obra narrativa de 'Clarín',» *Archivum*, 2-3 (Mayo-Diciembre, 1955), 187.

8. Clarín escribió un cuento con este título, «El entierro de la sardina,» carente del lastre filosófico de *Pipá*. Véase *El Gallo de Sócrates* (Barcelona: Editorial Maucci, 1901), pp. 183-99.

9. Sigo estrechamente el esquema detallado por Robert Boies Sharpe en su libro *Irony in the Drama* (Chapel Hill: University of North Carolina Press, 1959), pp. 88-91.

10. Sharpe, p. 90.

SECULARIZACIÓN DE INSTITUCIONES Y VALORES RELIGIOSOS EN *MISERICORDIA*

DENAH LIDA
Brandeis University

Todos recordamos cómo empieza *Misericordia*: «Dos caras, como algunas personas, tiene la parroquia de San Sebastián . . .»[1] Una «mira hacia los barrios bajos» y la otra hacia las viviendas del «señorío mercantil» (p. 17). La cara del sur está más ornamentada a lo barroco; la del norte, «desnuda, pobre y vulgar» (*ibidem*). Como si no bastara la doblez que atribuye el narrador al edificio que representa, materialmente, a la Iglesia, se dirige a los lectores diciendo: «Habréis notado en ambos rostros una fealdad risueña, del más puro Madrid, en quien el carácter arquitectónico y el moral se aúnan maravillosamente» (*ibidemd*). A pesar de eso merece conservarse «porque la caricatura monumental también es un arte» (p. 18), y hay que guardarlo «como un lindo mamarracho» (*ibidem*). Galdós, que sabía dibujar muy bien y sabía de arquitectura, nos retrata un edificio que no nos atrae ni por sus valores estéticos, ni por las imágenes religosas. La figura del «santo mártir, retorcida» está más bien en actitud «danzante que religiosa» (p. 17).

Como se ve, Galdós ataca de entrada el primer símbolo de la Iglesia, su construcción. No nos invita a entrar en ese edificio salvo para acompañar a don Carlos Moreno Trujillo a la capilla de Nuestra Señora de la Blanca que, irónicamente, no produce ninguna blanca, y a otras capillas donde para, que no se nos describen. La vida interior, espiritual de la Iglesia no la encontraremos allí. Habrá que seguir a don Benito por otros rumbos para hallarla.

En contraste con el silencio lúgubre del interior de San Sebastián, está el bullicio y la actividad del exterior. Allí el contingente lo «componen ancianos audaces, indómitas viejas, ciegos machacones, reforzados por niños de una acometividad irresistible» (p. 19). El único consuelo que hay para estos pobres no lo van a conseguir dentro de la Iglesia, sino mendigando en la entrada donde algún parroquiano fiel, como don Carlos, puede proporcionarles una perra chica o gorda, según sea día conmemorativo en su calendario o simplemente un día cualquiera para él; moneda, en el caso de don Carlos, acompañada de un sermoncito que tampoco les sirve para atender a sus necesidades. Tienen que seguir pidiendo limosna por otras partes de Madrid, porque ese establecimiento no rinde suficiente calor de ninguna clase.

Ya que aludimos a la parte arquitectónica de la Iglesia, fijémonos en otras estructuras íntimamente ligadas a la vida de los personajes principales. Si hemos de creer la historia que cuenta Mordejai Toledano de cómo consiguió el nombre por el cual se le conoce, tenemos que imaginarnos que en la iglesia de Nuestra Señora de la Almudena le «bautizaron» unas que él denomina «señoritas» (p. 255), eco de don Quijote en la venta.[2] En un acto que parecería secreto o confidencial y sin la intervención de un cura, le pusieron el nombre de José María de la Almudena. Claro que la imaginación del ciego es a veces activísima, pero algún valor tenemos que concederle a ese relato por el mero hecho de que todos le conocen por el nombre de Almudena, menos la Petra, la borracha con quien comparte él su vivienda, y que le llama Jai, forma íntima de Mordejai. Extraordinario papel el de Nuestra Señora de la Almudena y extraordinario bautizo del que sigue siendo semita. Otra iglesia que figura es la de San Andrés a donde se trasladan algunos mendigos de San Sebastián, con el mismo fin de pedir limosna; es decir, quedarse fuera del sagrado edificio, fuente sólo de la materia mínima para sobrevivir, ofrecida por los parroquianos que entran. No sale de dentro ni lo material, ni lo espiritual. Y hasta la sopa que se les repartía en el Sagrado Corazón se la quitaron el día de San José (p. 248).

En la obra se mencionan otras parroquias que no cambian en absoluto la impresión que ha recibido el lector. Pero hay, además, otros edificios públicos: asilos para ancianos, como la Misericordia o el Pardo, y San Bernardino, asilo de caridad adonde llevan a mendigos y pobres desamparados. Un buen día la pescan a Benina pidiendo limosna en San Justo, y el guardia se la lleva a San Bernardino (pp. 277-81). ¡Con qué malicia acumula Galdós los nombres de santos, no sólo para iglesias, sino para calles y asilos también! Mayoral, clérigo joven, le había recomendado antes a Benina que se refugiara en la Misericordia, y ya se lo había propuesto al presbítero (p. 275). El brazo clerical juzga, pero pasa al individuo al brazo laico para que cumpla la sentencia. Cuando el presbítero les explica a doña Paca y a Frasquito Ponte que él es patrón y mayordomo mayor de la Misericordia, resulta bastante irónico y exacto el comentario que hace del país: «Podríamos creer —dice— que es nuestro país inmensa gusanera de pobres, y que debemos hacer de la nación un Asilo sin fin, donde quepamos todos, desde el primero al último. Al paso que vamos, pronto seremos el más grande Hospicio de Europa...» (p. 299).

Pero la verdad es que seguía habiendo distinciones entre clerecía, gente como doña Paca y Frasquito y otra como Benina y Almudena. Claro está que a Benina no le hace ninguna gracia la propuesta de internarse en la Misericordia y menos el ser llevada a San Bernardino, porque para ella la institución benéfica es igual que meterla en la cárcel. Como todo ser humano, prefiere poder ejercer su libre albedrió aunque le cueste hambre y trabajo. La desdichada vieja se siente violada: «¡Ser llevada a un recogimiento de mendigos callejeros como son conducidos a la cárcel los rateros y malhechores! ¡Verse imposibilitada de acudir a su casa a la hora de costumbre, y de atender al cuidado de su ama y amiga!» (p. 279). Solo Almudena, que estaba pidiendo en la calle del Sacramento, insiste en acompañarla. Es evidente que las instituciones que suponemos encargadas de aliviar el sufrimiento de los más necesitados no cumplen su función con dignidad humana.

Claro está, pues, que ni la secularización de responsabilidades benéficas ha podido resolver la miseria del pueblo. La prueba más tajante de que todo se va derrumbando en ese mundo es el cuadro que representan Benina y Almudena descansando en la Plazuela del Progreso ante el monumento a Mendizábal (p. 46). Frente a la imposibilidad que ve el africano de reunir el duro que le hace falta a Benina, esta lanza «un suspiro profundo . . . mirando al suelo y después al cielo y a la estatua» (p. 48) del desconocido artífice del gran plan económico de la desamortización de terrenos eclesiásticos en el año 35. El contraste con la figura de Benina y la sencillez de su plan económico no podía ser mayor. Y, sin embargo, tenemos que reconocer que desde el punto de vista de la vieja es bastante razonable pensar que lo que sobra en un bolsillo podría pasar a otro que lo necesite. Es verdad que si eso ocurriera, «no se notaría ninguna alteración sensible en la distribución de la riqueza, y todo seguiría lo mismo: los ricos, ricos; pobre ella y pobres los demás de su condición» (p. 49).

Pero las instituciones no son solo los edificios y monumentos que las representan, sino que las constituyen también el clero y otras personas educadas y caritativas. El clérigo joven, Mayoral, había protegido algo a Almudena en el pasado. Hay que agregar que la protección del cura, en este caso como en el de Benina, tampoco se puede calificar de material ni espiritual, ya que el sacerdote es «algo arabista y hebraizante,» y «solía echar algún párrafo con [Almudena], no tanto por caridad como por estudio» (pp. 274-75). De modo que el bien va en sentido contrario al que debiera. Aunque tanto Mayoral como su amigo Cedrón, arcipreste de Santa María de Ronda, son personas buenas y sinceras, ni el uno ni el otro queda muy bien parado. El papel de Cedrón se reduce a prometerle a Mayoral que se va a informar del comportamiento de Benina «antes de recomendarla» a la Misericordia (p. 275), a contar cómo acompañó durante el último mes de su vida a su amigo íntimo, don Rafael García de los Antrines (p. 289), y a cumplir su «obligación» (p. 285) aportando la noticia sumamente material y secular de la herencia que les ha dejado don Rafael, pariente de doña Paca y de don Frasquito. El narrador se empeña en hacer la descripción del presbítero y de señalar la relación entre su apellido y su figura: «por la estatura, la robustez y hasta por el color podía ser comparado a un corpulento cedro . . . Talludo es el cedro, y además, bello, noble, de madera un tanto quebradiza, pero grata y olorosa. Pues del mismo modo era don Romualdo: grandón, fornido, atezado, y al propio tiempo excelente persona, de intachable conducta en lo eslesiástico, cazador, hombre de mundo en el grado que puede serlo un cura, de apacible genio, de palabra persuasiva, tolerante con las flaquezas humanas, caritativo, misericordioso . . . comía y bebía todo lo que demandaba el sostenimiento de tan fuerte osamenta y de musculatura tan recia» (pp. 292-93). Como si no bastara esta concordancia con el árbol, el narrador, ya en las últimas pinceladas, se va acercando a un nexo con las construcciones sólidas, como la catedral: «Enormes pies y manos correspondían a su corpulencia. Sus facciones bastas y abultadas no carecían de hermosura, por la proporción y buen dibujo; hermosura de mascarón escultórico, miguel-angelesco . . .» (p. 293).

Si nos concentramos en algunos de los otros personajes, veremos cómo la labor de ocuparse del bienestar del prójimo, no sólo se va secularizando, sino individualizando y hasta idealizando. La fe y la creencia en la misericorida de Dios y en el catolicismo, en la medida en que lo entienden, alienta a algunas almas de la pobretería de Madrid de los años 80, principalmente a Benina. Doña Paca apenas si se asoma al nivel de creyente cuando hereda y da gracias a Dios: «Bendito sea una y mil veces el que da y quita los males, el Justiciero, el Misericordioso, el Santo de los Santos...» (p. 290). Benina, en cambio, sabe en todo momento que Dios no la ha creado para dejarla morir de hambre, pero sabe igualmente que Dios no le va a proporcionar ninguna peseta, que es ella quien tiene que ir a mendigarla, a esperarla de personas tan alejadas de la verdadera *caritas* como don Carlos.[3]

Volvamos ahora la vista al tercer clérigo de la obra, es decir, al otro don Romualdo, invención de Benina. Ese buen hombre, que no es siquiera una creación fictiva de carne y hueso como los otros personajes de la novela, es, en efecto, menos escultórico que su tocayo, pero mucho más eficaz, ora sea como apoyo espiritual, ora como apoyo material, y eso sin contribuir personalmente nada sólido. Don Romualdo, ese ente de la fertilísima imaginación de Benina, es un «eclesiástico alcarreño, tan piadoso como adinerado» (p. 89). Benina, a pesar de su trato poco satisfactorio con don Carlos, no rechaza la posibilidad de que puedan co-existir la riqueza con la piedad generosa. La «protección del bendito D. Romualdo» (p. 90) es la fuente de cierta tranquilidad de ama y criada, porque doña Paca se lo cree todo, y la ficción de servir Benina en la casa del eclesiástico le permite a ésta reunir mendigando lo que necesitan las dos. Su existencia les facilita a ambas el conservar, cada una a su modo, la dignidad, y no morirse de hambre. Doña Paca tiene tanta confianza en él que está dispuesta a rechazar la insignificante ayuda de don Carlos: «Mientras tengamos a nuestro don Romualdo, podemos permitirnos un poquito de dignidad, Nina» —le dice a la criada (p. 101). Y hasta Benina iba hacia San Sebastián «pensando en el camino en D. Romualdo y su familia, pues de tanto hablar de aquellos señores, y de tanto comentarlos y describirlos, había llegado a creer en su existencia. '—¡Vaya que soy gilí!— se decía—. Invento yo al tal don Romualdo, y ahora se me antoja que es persona *efetiva* y que puede socorrerme. No hay más D. Romualdo que el pordioseo bendito . . .'»

(p. 178). A pesar de lo cual sigue creyendo con tanta convicción que, cuando aparece don Romualdo Cedrón, siente ganas de pedirle perdón por haberle inventado, y de que se aclare si es el suyo u otro. De vuelta a su casa no se le quita de la cabeza «la idea de que el benéfico sacerdote alcarreño no era invención suya, de que todo lo que soñamos tiene su existencia propia, y de que las mentiras entrañan verdades» (p. 276). Véase, si no, el caso del sueño y herencia de doña Paca. O, como dijo el poeta: «Se miente más de la cuenta / por falta de fantasía: / también la verdad se inventa.»[4]

Tan fuerte es la intención de Galdós de convencernos del poder de lo imaginado que, al final de la novela, la Juliana, neurasténica y empeñada en que sus hijos van a morir, acude, no a un médico ni a un cura, sino a Benina, creyendo que sólo ella la puede curar y que sólo mandándole ella no creer que se le mueren los chicos podrá curarse. A Benina, el ángel de don Frasquito y la santa de Almudena, le resulta bien fácil atender a la súplica; le asegura que sus hijos están bien. La obra acaba con la despedida bíblica de Benina a la Juliana: «. . . vete a tu casa, y no vuelvas a pecar» (p. 373).

¡Qué vueltas ha dado aquí el orden habitual de lo que es de Dios y lo que es del hombre! Al final de cuentas, la piedad, la misericordia, la caridad, hasta el «milagro» de curar a un leproso, han pasado a una criada mendiga y a un ente ilusorio, gracias a la fe personal e individual.

NOTAS

1. Benito Pérez Galdós, *Misericordia* (París, Londres, Edimburgo, Nueva York: Nelson Editores, 1951), p. 17. En adelante toda referencia a la novela llevará entre paréntesis en nuestro texto la página de esta edición.

2. Es el momento en que Benina encuentra «la inmóvil figura del ciego, en un vertedero de escorias, cascote y basuras . . . en medio de una aridez absoluta» (p. 250), parodia de Moisés en el monte Sinaí, donde recibe los diez mandamientos de Dios. Al marroquí le parece que su amiga ha venido del cielo, pero la buena mujer, que distingue muy bien entre cielo y suelo, le contesta: «No vengo del cielo, sino que subo de la tierra por estos maldecidos peñascales» (p. 251).

3.   Sobre este punto y otros relacionados con él, véase Robert A. Russell, «The Christ Figure in *Misericordia*,» *Anales galdosianos* II (1967), 103-30.

4.   Antonio Machado, «Proberbios y cantares» en *Nuevas canciones, Obras completas* (México: Laberinto, 1940), p. 310.

ORTEGA: LA DESHUMANIZACIÓN DEL ARTE

CIRIACO MORÓN ARROYO
Cornell University

La deshumanización del arte e ideas sobre la novela se publicó en 1925. Quizá después de *La rebelión de las masas* (1930) sea la obra más famosa de Ortega. El término «deshumanización» se usa hoy de manera equívoca, unas veces como sinónimo de poesía pura, otras en oposición a una literatura socialmente comprometida y, en general, como equivalente en España de los experimentos de vanguardia. En relación con la obra total de Ortega y Gasset se ha preguntado frecuentemente si la «deshumanización» es sólo un diagnóstico o si representa el ideal orteguiano de arte. Finalmente para nosotros, además de obligarnos a entender el término con precisión, nos plantea la pregunta objetiva: ¿qué es el arte y de manera más concreta, la literatura? A mi entender esta última pregunta es la interesante. El estudio de Ortega debe servirnos para profundizar en el problema cuyo estudio ocupa nuestra vida.

1. El texto

La deshumanización del arte[1] no está dividida en capítulos, sino en catorce secciones, cada una con su título. Las tres primeras secciones: «Impopularidad del arte nuevo,» «Arte artístico» y «Unas gotas de fenomenología» son introductorias. En ellas Ortega justifica su estudio y explica el origen de su interés en el arte nuevo. Las últimas cuatro (Influencia negativa del pasado, Irónico destino, La intrascendencia del arte, Conclusión) incorporan el nuevo arte a fenómenos paralelos de la sociedad tal como la ve Ortega en torno a 1920-1925. El arte deshumanizado es una mani-

153

festación de la sensibilidad nueva que se anuncia; por consiguiente, dentro del pensamiento orteguiano, el libro debe situarse como un capítulo de *El tema de nuestro tiempo* (1923). Las siete secciones intermedias (de la cuatro a la diez) describen los caracteres del arte nuevo.

Las tres primeras secciones contienen un esbozo de sociología del arte. En este sintagma se albergan dos cosas diferentes: creación y sociedad, y crítica y sociedad. El pensador no se ocupa de la primera sino del poder que tiene la obra para discriminar a sus contempladores o lectores, distinguiéndolos en personas selectas o masa. La obra de arte establece la conciencia de las diferencias sociales, al menos de distintos niveles de educación o gusto.

Hoy, seamos o no marxistas, el primer nombre que se nos ocurre al hablar de sociología del arte es Marx. Ortega no le cita; en otros lugares había dicho que la subordinación de la expresión artística a las condiciones de producción, «cien veces convicta de error,» no podía interesarle. Ortega comienza mencionando «al genial francés Guyau» autor de un libro: *L'Art du point de vue sociologique,* publicado en 1890, después de la muerte del autor, que murió a los 33 años. En ese libro la asociación de arte y sociedad se hace a base del concepto de arte humano. Para Guyau lo artístico empieza cuando se humaniza a la naturaleza, de manera que el hombre constituye el último centro de referencia de toda expresión artística.[2] Es, por tanto, curioso que *La deshumanización del arte* comience con una referencia al apóstol del arte humano.

El arte nuevo es impopular por esencia: el buen burgués rechaza la pintura cubista, la música de Debussy y la poesía del ultraísmo. Pero el buen burgués podría aceptarlas y sin embargo el nuevo arte no será nunca popular, porque es artístico, no busca expresar nada fuera de sí, sino ser puro arte. Si llamamos «humano» al arte con un significado, el nuevo es un arte de puros significantes.

Con claridad que ciega, el capítulo 3 explica el sentido de la inmanencia artística. Se titula «Unas gotas de fenomenología.» La fenomenología era en 1925 el sistema de moda, el último paradigma de la filosofía; Ortega la introdujo en España, escribiendo ya un artículo en 1913: «Sensación, construcción e intuición,» y siguiendo después las variantes de Scheler y Heidegger.[3]

Como método, la fenomenología se caracteriza por realizar un análisis riguroso y detallado del objeto de estudio, para distinguir su esencia de propiedades accidentales. A ese análisis detallado llama el pensador «unas gotas de fenomenología.» Recordemos la escena: «Un hombre ilustre agoniza. Su mujer está junto al lecho. Un médico cuenta las pulsaciones del moribundo. En el fondo de la habitación hay otras dos personas: un periodista, que asiste a la escena obitual por razón de su oficio, y un pintor que el azar ha conducido allí. Esposa, médico, periodista y pintor presencian un mismo hecho» (III, p. 360).

Cada uno de estos espectadores vive la muerte de manera distinta. Ortega se pregunta: ¿cuál de esas múltiples realidades es la verdadera, la auténtica? Cada una lo es desde su propio punto de vista. Pero en este caso concreto podemos distinguir cuatro distancias sentimentales: de la mayor a la mínima participación humana. La esposa se encuentra humanamente identificada con el dolor del moribundo, mientras el pintor, en el extremo contrario, puede pintar porque tiene el mínimo grado de participación humana. «La mujer no asiste a la escena, sino que está dentro de ella; no la contempla, sino que la vive» (III, p. 361). El médico participa ya más alejado, más todavía el periodista y, por fin el pintor; de él se dice: «le trae sin cuidado cuanto pasa allí; está, como suele decirse, a cien mil leguas del suceso...Sólo atiende a lo exterior, a las luces y las sombras, a los valores cromáticos» (*ib.*, p. 362).

Fiel a su teoría de la vida como «realidad radical» el pensador da primacía a la «realidad vivida» y hace al dolor de la mujer término de comparación de todas las otras formas de referencia a la escena de la muerte. De ahí que la realidad humana sea inevitable, como punto de referencia y como último sustrato de toda contemplación. Pero de aquí surge el equívoco y el exceso de claridad del capítulo. Cuando el hombre ilustre muere, la esposa le llora; pero el pintor, al distanciarse del dolor inmediato y pintar la escena, contribuye a suscitar y sostener el dolor de la muerte para un tiempo indefinido. No se puede, por tanto, identificar subrepticiamente la necesaria distancia momentánea exigida por la elaboración formal de la obra de arte con la deshumanización; al contrario, la distancia es la manera de superar el momento pasional y de incorporar la experiencia humana en la trayectoria verdaderamente humana: cultural, permanente en el tiempo.

Dos ejemplos sirven para ver que Ortega procede con una distinción demasiado rígida y, por consiguiente, en última instancia termina siendo oscuro lo que parece muy claro: las «Coplas a la muerte de su padre» de Jorge Manrique y el *Guernica* de Picasso. Jorque Manrique no pudo componer sus bien limados versos sin un esfuerzo de distanciamiento para lograr la serenidad reflejada en su ritmo. Al mismo tiempo, es aquel distanciamiento y serenidad el que nos permite hoy asistir a la muerte de D. Rodrigo Manrique, acompañar al hijo en su sentimiento, y acompañar en su sentimiento a todo hijo que pierde un padre querido. La distancia crea el poema humano. El *Guernica* de Picasso debe recordarse en dos actitudes distintas. Supongamos que se encuentra el cuadro en un archivo sin conocer su título ni su referente; es posible que fuera confuso el mensaje. Podría tomarse como una alegoría irónica o trágica de la locura del mundo, quizá del mundo moderno; pudiera tomarse como la expresión de deseos reprimidos de amor y muerte; las expresiones humanas y animales se estilizan en la conjunción de *eros* y *thanatos*, amor y muerte. Y también pudiera acertarse con la intención históricamente conocida del pintor: escenas de crueldad humana, en que toda la naturaleza es un grito contra la injusticia de este valle de lágrimas.

Conocido el título y su significado: destrucción del pueblo de Guernica por la aviación franquista el 26 de abril de 1937, los perfiles inseguros del cuadro se precisan y sólo cabe fundamentalmente una interpretación: el dolor, la crueldad y el sinsentido de la guerra. Ahora bien, el mensaje humano del cuadro se transmite por los procedimientos deshumanizados de Picasso. El pintor ha logrado su texto humano mediante la distancia en el espacio y en el tiempo, la frialdad analítica y los procedimientos formales de la estilización. Distancia, frialdad y estilización son tres caracteres del arte deshumanizado según Ortega.

A partir de la sección cuarta el pensador comienza su anatomía del arte nuevo. No le interesan las distintas direcciones ni menos las obras concretas, sino lo que todas tienen de común como expresión de una sensibilidad nueva. Aquí también podemos preguntar si es acertado llamar «deshumanización» a una manera de expresarse que refleja la sensibilidad de toda una época histórica. La palabra deshumanización es equívoca y comienza teniendo dos sentidos, que Ortega no distingue de manera explícita: la deshumanización como nueva sensibilidad, o sea, como expresión humana, y la deshumanización como técnica de realización de esa sensibilidad, como forma. Por no distinguir esos sentidos el libro contiene algunos pasajes oscuros a pesar de su aparente claridad. Como en el nuevo arte, también en el pensador español debemos mirar la intención general más que los detalles. Yo no puedo evitar el ver una contradicción entre lo dicho sobre el pintor y estas palabras:

> «Esta nueva vida, esta vida inventada previa anulación de la espontánea, es precisamente la comprensión y el goce artísticos. No faltan en ella sentimientos y pasiones, pero evidentemente estas pasiones y sentimientos pertenecen a una flora psíquica muy distinta de la que cubre los paisajes de nuestra vida primaria y humana. Son emociones secundarias que en nuestro artista interior provocan esos ultra-objetos.» (III, p. 365).

Ahora resulta que la obra de arte, y por tanto supuestamente el artista, reflejan o expresan sentimientos, pero no son sentimientos espontáneos. Con ello el dolor de la esposa en la escena de la muerte se degrada a la mera descarga del sentimiento espontáneo. ¿Equivale lo humano a la simple espontaneidad desprovista de reflexión intelectual? Nadie lo afirmaría; pero esto se desprende del turbio concepto de vida que Ortega tenía por entonces.[4]

En un primer paso, deshumanización es igual a desrealización. El arte nuevo no sólo prescinde de la realidad, sino que lucha contra ella, en particular contra la figura humana y contra el ser vivo; consiste en la operación de deshumanizar. Antes de señalar más caracteres de la nueva tendencia introduce la sección titulada «invitación a comprender.» En ella nos dice que no trata de defender ni condenar, sino de describir y filiar el arte nuevo. La filiación es una justificación histórica de las nuevas tendencias; pero en el proceso de la justificación histórica se le deslizan las siguientes palabras: «Todas las grandes épocas del arte han evitado que la obra tenga en lo humano su centro de gravedad» (III, p. 367). ¿No está diciendo que el gran arte ha sido y debe ser deshumanizado? ¿Cuál es la alternativa del gran arte? ¿qué ha sido el arte humano? «Ese imperativo de exclusivo realismo que ha gobernado la sensibilidad de la pasada centuria significa precisamente una monstruosidad sin ejemplo en la evolución estética (ib.).

Lo humano se identifica con un «exclusivo realismo,» que se localiza en el siglo XIX, como si la multitud de estilos documentados en ese siglo pudiera reducirse al realismo. Por otra parte, la equivocidad del término «realismo» convierte la tesis de Ortega en un simple estímulo para investigar, no en un texto esclarecedor.

Además del arte realista condena Ortega lo que llama «el contagio psíquico», es decir, la tesis contenida en la famosa frase de Horacio: «si quieres hacerme llorar debes llorar tú antes.» El arte deshumanizado aspira a crear un sentimiento nuevo puramente estético. De nuevo me temo que el pensador haya hecho una distinción que ciega por exceso de claridad: «El contagio psíquico es un fenómeno inconsciente y el arte ha de ser todo plena claridad, mediodía de intelección. El llanto y la risa son estéticamente fraudes» (III, p. 369). Si recordamos que la espontaneídad de la conciencia es uno de los caracteres de algunos estilos de arte de vanguardia—sobre todo del surrealismo, no aludido todavía por Ortega—percibimos con no menos claridad el peligro de simplificación. ¿Por qué son el llanto y la risa estéticamente fraudes? ¿Por qué tienen que ser inconscientes? Puede haber exageraciones como *I Malavoglia* de Verga o *Maximina* de Palacio Valdés; pero aun en estos casos, el arte ha sido en el creador y lector fruto del trabajo consciente: estudio de la tragedia de un pueblo siciliano o de la tragedia personal de un esposo joven que pierde a su ser más querido. «El placer estético tiene que ser un placer inteligente» (III, p. 369). De acuerdo, se puede decir, pero, como veremos después, ha existido una concepción del arte en que el placer estético se definía como expresión de sentimientos y en ese caso la inteligencia se definía por la capacidad de sentir.

Estas reflexiones que se pueden ir haciendo al texto del pensador prueban solamente que no estamos ante un tratado sistemático de estética, en el que se mire el problema desde distintas perspectivas. Sólo se mira desde una perspectiva; puestos en ella, entendemos la intención de Ortega. Se trata de evitar la identificación espontánea del contemplador o lector con la simple expresión del rostro en pintura o con los sentimientos elementales en literatura. En este sentido no hay nada que objetar.

Como ejemplo de banalidad sentimental—realización de la pura vida espontánea—Ortega propone la figura de cera, a la que llama «melodrama puro.» La figura de cera ha sido problema siempre: si el arte se define como *mímesis*, preguntaba ya Esteban de Arteaga en el siglo XVIII, ¿por qué la figura de cera no se puede comparar artísticamente con la de piedra? Otro ejemplo de Arteaga es: si unos ojos de cristal se parecen más a los humanos que unos de piedra, ¿por qué no ponerle a una estatua ojos de cristal? La pregunta es tan difícil de responder que es mucho mejor abandonar la idea de que el arte es *mímesis*.

Ahora bien, continúa el filósofo, la tendencia deshumanizante ¿es rechazo y odio a la vida? El pensador concluye que se trata más bien de lo contrario: los artistas jóvenes piensan tan alto de la vida que se resisten a verla confundida con algo tan subalterno como el arte. La deshumanización es una liberación de la vida como tal vida.[5]

Los exploradores del nuevo terreno eran, según Ortega, Debussy en música y Mallarmé en poesía. Habían eliminado el subjetivismo del arte y lo habían hecho objetivo. Los poetas jóvenes no quieren ser hombres sino ser poetas. Una vez más, ante esta proposición se nos plantean ciertas preguntas: ¿No es ser poeta la poesía pura de Juan Ramón Jiménez? Quizá todavía encontrara esta poesía demasiado humana. Por supuesto, el pensador había empleado el sintagma «poesía pura» en 1914, refiriéndose al poema «En la selva fervorosa» de Moreno Villa; pero en 1914 «poesía pura» significa poesía humana. ¿Qué significa, pues, «ser poeta» en *La deshumanización del arte*? Significa usar la palabra en el sentido de los creacionistas: de Huidobro y el joven Gerardo Diego. Como le decía Gerardo Diego en carta del 24 de junio de 1921:

> ¿A qué debe aspirar nuestra poesía? A ser verdaderamente *poiesis*. A ser creada en una autonomía perfecta de todo. A ser el antípoda de la literatura. De la musique avânt toute chose? Sí. Pero no por la onomatopeya y el sonsonete bailable, sino por la calidad espiritual y la no-interpretación de la carne lírica… Una imagen múltiple, esto es, no reflejo de la naturaleza, ni reflejo de reflejo, sino ilusión, creación de sí misma, es un verdadero acorde. Simultaneidad de notas; coincidencia de intervalos que nos da una emoción *creada*, absolutamente independiente de las parciales que nos darían las notas sueltas. Así, digo yo finalmente en *Gesta*: Galanes apasionados/rasguean las rejas. La emoción será completamente distinta de la que nos daría el desdoblamiento en «rasgueaban las guitarras/junto a las rejas.[6]

La nueva poesía quiere crear realidad nueva; la creación no puede ser una expresión sentimental y no puede intentar una simpatía del lector con el poeta; más que un círculo entre autor y lector y viceversa, se crea un triángulo; ambos deben salir de sí para encontrarse en el vértice, en el poema. De ahí esta sentencia, sin duda exagerada: «el poeta empieza donde el hombre acaba.»

Con toda lógica esa imagen nueva, acorde musical donde se hace simultánea una expresión que en el lenguaje normal sería sucesiva, conduce al análisis de la metáfora. El ejemplo de Gerardo Diego muestra el tipo de metáfora que los jóvenes tenían en mente: «Amantes apasionados/rasguean las rejas.» Más que de metáfora quizá se trate de una imagen. Supuestamente sustituye a «rasgueaban las guitarras/junto a las rejas.» ¿Dice lo mismo el acorde que las dos notas? Creo que no. «Rasguean las rejas» es la nueva realidad poética. ¿Se podría traducir a una experiencia humana la nueva metáfora? Amantes apasionados convierten las rejas en guitarras. La pasión les hace acariciar las rejas y las rejas contienen la lejana melodía de las guitarras, aludida en el rasgueo. Uno se pregunta si se ha ganado mucho desde el punto de vista poético; pero sobre todo, se ha creado una imagen en que, a mi parecer, el poder estilizador no ha hecho sino acentuar el sentimentalismo que se trataba de obviar. Según la teoría del arte deshumanizado, lo poético consiste en la nueva imagen creada que no tiene amarras con la realidad. Pero ahí queda un verso que no es imagen ni metáfora: «amantes apasionados»; no puede haber verso más humano, puramente descriptivo o denotativo.

Como en tantos casos con Ortega, su lenguaje declara más una intención que una realidad. La idea de metáfora, analizada en el contexto de la deshumanización, es un tabú, una huida; así lo dice también Gerardo Diego, se trata de romper los puentes con la realidad y el sentimiento. Pero también es una *creación;* y en el mecanismo de la metáfora es más importante el punto de llegada, expresado en el texto del poema, que el de partida, no explícito en el texto. Ortega había dado en 1914 una teoría de la metáfora desde los dos puntos de vista.[7] Pero en aquel momento su ideal del arte era el arte humano y el punto de llegada de la metáfora era la nueva realidad creada al pasar las realidades externas por el corazón del hombre. En 1925 necesita eliminar la metáfora verdadera para sostener la tesis de la simple huida de la realidad.

La metáfora clásica sustituye una cosa por otra sobre la base de una coincidencia en caracteres comunes perceptibles o en propiedades comunes de las dos cosas comparadas. La metáfora vanguardista hace lo mismo, pero las dos cosas comparadas están mucho más lejos, de forma que se necesita un esfuerzo especial de mediación a través del sentimiento o de las asociaciones personales del poeta para entenderla. Espronceda, escribiendo sobre una mujer de rubia caballera y cuerpo esbelto, dice: «sobre tallo gentil temprana rosa.» La belleza del cuerpo erguido se asocia con el tallo gentil, y la rubia cabeza con la rosa temprana. «Amantes apasionados rasguean las rejas» supone una transición a través de las guitarras rasgueadas junto a las rejas. Ahora bien, si nos preguntáramos por el valor poético de las dos metáforas, yo me quedo con la clásica o romántica, que trae a la imaginación el garbo de una belleza de mujer y el color de la primavera. En cambio, el verso «rasguean las rejas», con sus rr, su j y la imagen desvaída, me parece poco feliz. Pero ya Ortega nos advertía que a él le interesaba la tendencia teórica del nuevo arte, no sus realizaciones.

La metáfora no es la única expresión de la deshumanización. Tomando a Ramón Gómez de la Serna como ejemplo, Ortega habla del «infra y suprarrealismo.» Se puede invertir la perspectiva tradicional del ojo y hacer pasar a primer plano lo secundario. Al hablar de Ramón, debemos recordar la greguería, en la cual se produce el elemento de humor precisamente por invertir las jerarquías de la realidad. El punto de referencia de la sangre, por ejemplo, con respecto al órgano mano, es la mano. Pero si digo, como en una greguería de Ramón Gómez de la Serna: «la mano es el guante de la sangre,» he producido una inversión de la perspectiva y de los planos espontáneos de referencia de las cosas. Lo que era sustancia se ha hecho accidente, y al revés.

Una forma particular de mundo al revés es torcer la dirección natural del signo, que en vez de usarse en su función de expresar un significado, se sustantiva convirtiendo en significado el significante. El medio o la forma expresiva se convierte en la sustancia poética. Pirandello en *Seis personajes en busca de autor*, se le presenta a Ortega como el mejor ejemplo de esa tendencia, al suspender en cada momento el drama humano de los personajes para hacer resaltar su función como actores teatrales. La iconoclastia, la geometrización y la expresión de líneas abstractas en vez de seguir la silueta sinuosa de las formas vivas, son típicas de la escultura y pintura contemporáneas, o sea, instancias de deshumanización.

Aquí termina propiamente la anatomía del arte nuevo que se resume en tres notas fundamentales: distanciamiento de las formas vivas o lucha contra ellas; sustantivación de la forma: «álgebra superior de las metáforas,» y estilización.

Los artistas nuevos tienen a su espalda toda la historia del arte. Los últimos cuatro capítulos tratan de ir más allá del arte para situarlo en el todo de la historia, no sólo de la cultura, sino de la sensibilidad que constituye cada época, según se expresa Ortega en aquellos años. Los artistas jóvenes reaccionan frente al pasado del arte en la forma peculiar del rechazo, pero no un simple rechazo como olvido, sino como positivo ataque. En este sentido, no creo poner nada extraño al texto si digo que estaba viendo el filósofo lo que en los últimos años se ha llamado en América «the anxiety of influence.»

> «No puede entenderse la trayectoria del arte desde el roman-
> ticismo hasta el día, si no se toma en cuenta como factor del
> placer estético ese temple negativo, esa agresividad y burla del
> arte antiguo» (III, p. 379).

Si este rechazo de la historia parece chocar con la preferencia del artista nuevo por el arte prehistórico, esto, lejos de suponer la aceptación de algún momento de la historia, indica que se quiere salir de ella, a la ingenuidad, a lo primitivo. En un aspecto, que el filósofo no explica, la rebelión contra la historia del arte supone, según él, una rebelión contra el Arte en general. Ante la paradoja de que los artistas se rebelen contra el arte, Ortega prefiere levantar la pluma «dejando alzar su vuelo de grullas a una bandada de inte-rrogaciones.» La respuesta sería que el arte ha perdido aquel halo de cosa sagrada que había tenido en la edad moderna. Ese hecho histórico nuevo: la pérdida del sentido trascendente que el arte tenía cuando estaba cargado de 'humanidad,' es objeto de los dos últimos capítulos. El arte joven se ha convertido en una expresión deportiva: «El nuevo estilo solicita, desde luego, ser aproximado al triunfo de los deportes y juegos. Son dos hechos hermanos, de la misma oriundez.[8]

La conclusión es un poco enigmática. Se ha limitado a intentar comprender. Ha querido describir la intención general, es decir, la lógica del nuevo arte, pero reconoce que «no ha producido hasta ahora nada que merezca la pena»; es decir, para Ortega ni Picasso ni Ramón en pintura y literatura respectivamente, habrían produ-cido nada duradero.[9] ¿Tampoco Debussy y Proust? Por otra parte, si él no se ocupa de la ejecución sino de la intención y si espera, como dice, que la juventud en el futuro, aspirando a menos produzca cosas más valiosas, ¿no habrá alguna falacia en la lógica misma del arte deshumanizado? A esta pregunta ya no contesta el pensador. Sólo una cosa queda en claro: no se puede volver atrás, no se puede imitar; y otra se insinúa: hay que buscar otra forma nueva de arte humano.

2. Localización en la obra de Ortega.

Los primeros capítulos fueron publicados ya en 1923 y 1924; el libro completo, en 1925. En esta obra se condensan los distintos períodos de la evolución del pensamiento del filósofo y refleja los principales conceptos de su pensamiento. El esfuerzo por comprender el arte dentro de la nueva sensibilidad histórica recuerda el concepto de comprensión como nivel que sostuvo desde su primera juventud neokantiana. Comprender es incorporar un hecho a una teoría; sólo entonces se supera el conocimiento anecdótico y se purifica en sistema. La idea de «arte artístico» se opone a la concepción de su juventud, según la cual el arte, junto con la lógica y la ética, constituía lo fundamental de la cultura humana. A partir de 1914 Ortega se hace más pluralista, ve la vida como una jerarquía de cosas y valores de distinto rango, y la vida intelectual como una espectación o contemplación disciplinada de los distintos niveles sin absolutizar ninguno: «el ser definitivo del mundo, había escrito en 1914, no es materia ni es alma...sino una perspectiva...el pecado de Satán fue un error de perspectiva» (I, p. 321). Satán se quiso hacer Dios, perdió el sentido de su rango. El deseo de percibir el valor del arte como arte, se relaciona con el pluralismo perspectivista. La fenomenología era entonces para Ortega el método de la distinción precisa y el análisis detallado. Ese método contribuye al pluralismo. El ensayo fue publicado en 1925, es decir, en el período comprendido entre 1920 y 1927, cuando Ortega, bajo la influencia de Spengler y Simmel en particular, tiene un lenguaje biologista. En 1923 había publicado *El tema de nuestro tiempo*, ensayo en el que pronosticaba una nueva atención a la vitalidad primaria y el descubrimiento de los límites de la razón. El hombre se define como una sensación primaria ante la vida, y la historia colectiva, como una sensibilidad nueva. La deshumanización del arte es la primera expresión de esa sensibilidad, y el libro, un estudio más de las formas que la vitalidad tomaba en su tiempo.

En 1924 publicó el pensador «El origen deportivo del estado» (II, pp. 607-23) y *Las Atlántidas*, trabajos en los que se describía el papel del deporte y de la juventud en la formación del estado y se buscaba la lógica interna de las culturas primitivas en el mismo sentido en el que después Lévi-Strauss entendió el llamado «pensamiento salvaje.» *La deshumanización del arte* claramente se inserta en ese modelo de pensamiento: el nuevo arte es arte joven, rebelde, irónico, dispuesto a rebelarse contra la tradición y contra el arte mismo. El arte es hermano del deporte.[10]

Si el texto se inserta de manera tan lógica en los estudios filosóficos y antropológicos del pensador, surge la pregunta: ¿por qué llamó arte deshumanizado a un tipo de expresión que reflejaba una nueva sensibilidad humana?

El término, a mi parecer, no es feliz. Pero está condicionado por las teorías juveniles del mismo Ortega. Durante toda su juventud, pero especialmente en *Meditaciones del Quijote* en 1914, había escrito:

> De uno u otro modo, es siempre el hombre el tema esencial del arte. Y los géneros entendidos como temas estéticos, irreducibles entre sí, igualmente necesarios y últimos, son amplias vistas que se toman sobre las vertientes cardinales de lo humano. (I, p. 366)

Desde este diálogo con sus propios escritos se explica que la comprensión del nuevo arte la exprese en una terminología que declara el contraste con sus ideas anteriores. El sintagma «arte humano» se encuentra ya en el *Ideal de la humanidad para la vida* (1860) de Sanz del Río, y aunque el significado es primariamente extensivo a un arte que pueda interesar a toda la humanidad, tiene también un contenido lógico y teórico, ya que sólo ciertos temas y formas pueden interesar a toda la humanidad.

De manera explícita y refleja, Jean Marie Guyau en el libro ya citado, publicado en español en 1902 y en 1931, da como distintivo del arte la humanización de la naturaleza y la vitalización de los seres no vivos. Unamuno en sus escritos de paisaje refleja las ideas de Guyau, y cuando el joven Ortega, criticando a Valle-Inclán, le pide «cosas humanas, harto humanas en su estilo noble de escritor bien nacido» (I, p. 27), sigue la misma idea expresada con el título de un famoso libro de Nietzsche: *Menschliches, allzu Menschliches.* Finalmente, el joven filósofo español, estudiante de estética con Hermann Cohen, reforzó y sistematizó su teoría del arte humano en la escuela de Marburgo. «Adán en el paraíso» de 1910 (I, pp. 473-93), es la expresión más clara de las ideas de Cohen. En ese ensayo el arte tiene, con la ciencia y la ética, la misión transcendental de responder a las preguntas fundamentales del hombre como individuo, como puro yo. El título del libro de Ortega se entiende, pues, como un diálogo del pensador con su propia obra. Entre el arte humano de los escritos juveniles y el deshumanizado que se justifica en 1925, se dio una profunda evolución en la filosofía orteguiana.

Pero todas estas explicaciones no eliminan el equívoco del título: un arte que expresa la sensibilidad moderna es un arte inmensamente humano; el que tienda a eliminar la figura humana o viva, será una forma de concebir la humanidad; pero la deshumanización en este segundo sentido es secundaria y derivada.

3. Sentido de La deshumanización.

Ahora, leído el texto e incorporado a la obra del pensador, podemos preguntar nosotros: ¿qué resuelve? ¿En qué medida nos sirve para entender nuestra propia vocación como profesores de literatura, es decir, de una rama del arte?

El libro, he dicho, no es un tratado de estética. Ya dice Ortega que se calla muchas cosas y que es sólo un esfuerzo por comprender y una invitación a comprender. Como hemos visto, la imprecisión en algunos momentos parece buscada. Se puede deconstruir su texto y ver que cuando emplea términos como «romanticismo,» «realismo,» «exclusivo realismo» y otros parecidos, lo hace con una voluntaria imprecisión. Esto muestra una vez más lo dicho antes, que el texto de Ortega en muchas ocasiones no es tan claro como parece a primera vista.

Para nosotros las últimas preguntas sobre *La deshumanización del arte* son: ¿cómo plantea el problema de la distancia con respecto a la realidad y cuál es el papel de la forma en el arte? Sea feliz o no la elección del término deshumanización, lo que Ortega quiere estudiar es la distancia, como apunta en la sección «Unas

gotas de fenomenología,» y la relación de contenido y forma, o la
sustantivación de la forma, como se afirma en la anatomía de la
deshumanización en las secciones IV a X. En el primer caso nos ha
dado un cuadro de distancias; pero con los ejemplos de Jorge Manrique y el *Guernica,* hemos visto que el problema no puede tratarse
de una manera tan mecanicista. En otro lugar[11] yo he clasificado
distintos tipos de texto en los cuales podemos ver un grado de intención o identificación máxima con el objeto y otros en los cuales se
da una intención mínima. Estos tipos de texto son:

Intención máxima   *Intención mínima*

Texto religioso
  Texto político
    Texto amoroso
      Texto investigador
        Texto descriptivo
          Experimento formal
            Espontaneidad de la conciencia
              Escritura automática.

Este esquema permite resolver la paradoja de la distancia y el
compromiso. Como ejemplo de texto religioso podemos tomar el
Cántico espiritual de San Juan de la Cruz. No se puede negar que el
santo poeta, al cantar oraba con el mayor fervor místico. Equivale,
pues, a la esposa del moribundo en el esquema orteguiano. En cambio, si nos abandonamos totalmente al juego y apuntamos las ocu-
rrencias más automáticas, tenemos un mínimo de compromiso con
el objeto, somos el pintor alejado del lecho de muerte. Ahora bien,
al margen de la intención y del compromiso, el primer texto podría
resultar frío, y el último, un himno que nos indujera al martirio por
alguna causa.

El ejemplo del *Guernica* sugiere que el problema de la distancia en arte debe entenderse en sentido dialéctico: la escritura
automática tiene lugar ya dentro de una situación histórica; por
tanto, el resultado puede ser muy bien un producto histórico, aunque el origen sea automático. En el sistema de Ortega en general no
se atiende a la situación dialéctica del conocimiento y la realidad.
Habla de los hechos en un sentido inmediato, actualista; en algún
momento parece que sólo la ocurrencia espontánea sea la sincera.

Esto ocurre especialmente entre los años 1920 y 1927 en contraste con su postura juvenil, enemiga de la «sinceridad» espontánea en favor de una mediada actitud ética.

La deshumanización, en el sentido de distancia con respecto al objeto por parte del poeta o pintor y como distancia del poema con respecto a las asociaciones del mundo diario, sitúa *La deshumanización del arte* en el contexto del formalismo ruso: en la idea de extrañamiento. En este sentido la obra de Ortega es una variante de un viejo problema cuya primera expresión es la *catharsis* aristotélica. La *catharsis* es una forma de distancia. Aristóteles funda la perfección artística en la forma; es decir en el texto logrado, no en la intención. La teoría literaria moderna, desde el siglo XVI, expresa el mismo problema en el concepto de «naturaleza idealizada,» imitación de lo universal, no de lo particular. En el kantismo la distancia se expresa con el concepto de «sentimiento puro,» un sentimiento ajeno a reacciones espontáneas. En el formalismo ruso, el «extrañamiento» permite romper las amarras con la realidad vivida y crear un universo puramente poético. En las vanguardias el tema de la distancia toma distintas expresiones: una de ellas, la creacionista, pretende ser literalmente creación de la nada, romper lo más posible con todo el universo de la expresión diaria, de la prosa. Como la prosa es el lenguaje humano, al intento de fuga llama el pensador «deshumanización.»

La pregunta es: ¿se puede huir del lenguaje, del pasado, de la vida? Del todo, no; se trata de una tendencia. Curiosamente, en la idea de metáfora Ortega sólo prestó atención al momento de la huida, no a la metáfora creada. En este sentido, el capítulo sobre la metáfora es menos comprensivo que otro escrito en 1914. Por otra parte, si la metáfora se presta bien para ejemplos de versos concretos, puede engañarnos ante poemas o textos más amplios, que nunca son puros conjuntos de metáforas, si bien, de nuevo, la tendencia en los vanguardistas iba en ese sentido. Al leer *La deshumanización* debemos recordar siempre que no se trata de un tratado completo de estética.

Uno de los aspectos que toma la tendencia deshumanizada es la sustantivación de la forma: la palabra, vehículo de expresión, se sustantiva y se hace el centro del poema. Una vez más se plantea el viejo problema de contenido y forma. La obra de arte indiscutiblemente se constituye por esta disposición única de la materia, del color o de la palabra. Pero no hay disposición genial o ingeniosa

que pueda construir una gran obra de arte con un contenido baladí.
Por eso las vanguardias, necesarias en la evolución del arte, no
suelen producir grandes obras de arte. No es suficiente la experimentación; hay que producir texto. Pues bien, en el estudio sobre el
contenido y la forma el pensador español, a mi parecer, no da
solución ninguna. Simplemente reconoce que no le gustan las obras
nuevas. No se lo exijamos, puesto que no escribía un tratado de
estética; pero tampoco podemos contentarnos con sus puras suge-
rencias.

   Para situar la estética parcial o la parcela de estética estudiada
en *La deshumanización del arte*, debemos recordar que a través de
la historia el arte se ha definido desde seis perspectivas fundamentales: a) arte como mímesis. Es la definición clásica, que se
transmite en la teoría desde Aristóteles hasta Muratori en pleno
siglo XVIII. El término «mímesis» es amplio y equívoco; en él
caben la pintura de Giotto y Rubens, *Hamlet* y *El Buscón*. b) En
1725 (fecha de la primera edición de *La nuova scienza*), Vico define
el arte como el estado de la razón en un momento de la historia
humana, que interpreta la experiencia a base de imágenes vivas e
historias (mitos); es la concepción romántica del arte. c) En 1735,
Alexander Baumgarten, introductor de la palabra «estética»
(1750), define el poema como «oratio *sensitiva* perfecta.» A la idea
clásica de perfección se añade la neoclásica de expresión: *sensitiva*.
d) Dentro del mismo siglo XVIII se introducen las discusiones
sobre la investigación formal en la creación de la obra de arte, es
decir, se aprecia el papel de la vanguardia como una constante en la
historia artística. e) También a través de la historia se había
transmitido la discusión sobre la función «instructiva» del arte,
especialmente de la literatura. Esa función moral se define como
función social de manera expresa en el marxismo. f) Finalmente,
pensadores como Hegel, Hermann Cohen, maestro de Ortega, el
Ortega joven, Pérez de Ayala, d'Ors y otros muchos, han impuesto
una idea más comprensiva, que llamaríamos concepción simbólica
del arte. Respetando el artefacto: escultura, poema o cuadro, en su
carácter único, este artefacto se engarza con la voluntad expresiva
del autor, con su público inmediato y con un público mediato que
sería el hombre en general en cualquier circunstancia. Mímesis,
mitificación, expresión, investigación formal, reformismo social,
símbolo, son los seis signos que definen las concepciones básicas
del arte. Pues bien, con respecto a ellas Ortega nos está dando la

justificación de la vanguardia como una constante. En 1925 todavía el pensador no había llegado a su futura idea de la razón histórica. Por consiguiente echamos de menos en *La deshumanización* algo que después hubiera podido decir: la historia consiste en domesticar todo lo que en un momento parece in-audito. El arte impopular de 1920 es hoy un arte popular y sencillo. El cubismo, dadaísmo o surrealismo son hoy ejemplos de arte humano. Ese carácter parcial y estilizado del libro de Ortega fue ya percibido por los jóvenes contemporáneos. En 1925 Gerardo Diego que, como hemos visto, había inspirado algunos aspectos de *La deshumanización,* publicó *Versos humanos* (¿reto y respuesta?). En 1932, el mismo Gerardo Diego publicó *Poesía española. Antología (1915-1931).* Los poetas jóvenes, comprendidos hoy en lo que llamamos generación del 27, formulan su poética al frente de la selección de sus poemas; todos rechazan la poesía «pura» si ésta se entiende como sinónima de deshumanizada.

Ortega diagnosticó una tendencia, no hizo una estética. Empleó un término poco feliz, porque dentro de su sistema el sintagma «arte humano» tenía un sentido muy preciso; «deshumanización» hay que entenderlo por tanto dentro de las coordenadas del mismo pensador. De ahí resulta la aparente contradicción del libro, el que se llame «deshumanizada» a la tendencia que anuncia la nueva «sensibilidad», es decir, la nueva humanidad.

Reconocidos los equívocos anteriores, *La deshumanización* debe quedar como uno de los libros más estimulantes para el crítico literario español. Cataliza los esfuerzos de análisis de la forma que inició la filología en torno a 1925 (Recuérdese la obra de Dámaso Alonso y la resurrección de Góngora), el «arte artístico» es la expresión española del estructuralismo en el sentido de buscar los signos definidores y centrales del texto. Contribuye a ver el elemento lúdico de la creación artística frente al puramente trascendental de todo el idealismo. Finalmente, nos fuerza a estar siempre abiertos a toda creación no cerrándonos en dogmas teóricos. Frente al hecho de la obra, toda teoría es el cesto que trata en vano de contener el agua.

NOTAS

1. Todas las citas van referidas a *La deshumanización del arte*, en *Obras completas*, 5a. ed., tomo III (Madrid: Revista de Occidente, 1962), pp. 353-86.

2. «El ser viviente, al sentir, comunica a las cosas su sentimiento y su vida. Es preciso ser ya poeta de sí mismo para amar la naturaleza; las lágrimas de las cosas, las *lacrimae rerum,* son nuestras propias lágrimas» (J.M. Guyau, *El arte desde el punto de vista sociológico*. Trad. de R. Rubio [1902] [Madrid: Jorro, 1931], p. 59). El traductor, Ricardo Rubio, fue uno de los discípulos más íntimos de Giner de los Ríos. Esto indica lo fácil que es relacionar el concepto de arte humano de Guyau con el de los krausistas.

3. Sobre el impacto de Husserl, Scheler y Heidegger en Ortega ver C. Morón Arroyo, *El sistema de Ortega y Gasset* (Madrid: Eds. Alcalá, 1968). El artículo «Sensación, construcción, intuición,» no se había recogido en las *OC* hasta 1983 (Ver ahora, vol. XII, pp. 487-99). Se había reproducido por primera vez en un volumen de obras sueltas en 1959. El hecho es interesante porque documenta las manipulaciones que fueron necesarias para sostener aquello de que Ortega había dicho en 1910 poco más o menos lo que Heidegger en 1927. Ver sobre la fenomenología en el Madrid de 1921 José Gaos, *Confesiones profesionales* (México: Fondo de Cultura Económica, 1958), p. 33.

4. Lo turbio consiste en que no distingue entre lo biológico y lo biográfico y en que la palabra «espontaneidad» tiene tres sentidos distintos: espontaneidad irracional frente a razón; sinceridad racional frente a falsificación, y misión propia de una época frente a la copia de programas de otras generaciones. En *El tema de nuestro tiempo* «espontaneidad» es el signo clave; pero se pasa subrepticiamente de un significado a otro del término. Por eso es difícil entender en concreto la idea de «razón vital.» El inciso en el que advierte que se refiere a la vida como biografía, no como biología, fue añadido en 1934, ya bajo la influencia de Heidegger (III, p. 189. Cap. viii).

5. «Estamos viviendo una época maravillosamente antiartística» (Sebastiá Gasch, en R. Buckley, y J. Crispin, eds., *Los vanguardistas españoles* [Madrid: Alianza, 1973], pp. 28-31).

6. *El País,* sección *Libros*, Madrid (Domingo 8 de mayo, 1983), p. 6.

7. «Ensayo de estética a manera de prólogo,» *OC*, VI, p. 256.

8. III, p. 384. Cinco años después escribe: «Todo, todo lo que hoy se hace…es provisional…Todo eso va a irse con mayor celeridad que vino. Todo, desde la manía del deporte físico (la manía, no el deporte mismo) hasta la violencia en política; desde el 'arte nuevo' hasta los baños de sol en las ridículas playas a la moda. Nada de eso tiene raíces… No es creación desde el fondo sustancial de la vida; no es afán

ni menester auténtico. En suma: todo eso es vitalmente falso» (*La rebelión de la masas* [1930], 2a. parte, cap. IX, *OC*, IV, p. 272). ¡Todavía se publican extensos libros sobre Ortega sin mencionar sus cambios de trayectoria!

9. Tal conclusión sería excesiva. Ortega no alude a nadie en concreto y admiró profundamente a Picasso y a Ramón.

10. Todo eso será condenado en el último capítulo de *La rebelión de las masas,* en que habla del «fenómeno, entre ridículo y escandaloso, de que se haya hecho en nuestros días una plataforma de la juventud como tal. Quizá no ofrezca nuestro tiempo rasgo más grotesco» (IV, 277). Curiosamente, a pesar de los distingos que se pueden hacer, él mismo había contribuido a la construcción de esa plataforma.

11. «Ortega y Gasset: práctica y teoría de la lectura,» en *Homenaje a Juan López Morillas* (Madrid: Castalia, 1982), p. 342.

SAINTLINESS AND ITS UNSTUDIED SOURCES IN
SAN MANUEL BUENO, MARTIR

NELSON R. ORRINGER
University of Connecticut

None of Unamuno's novels has so moved nor so perplexed its readers as *San Manuel Bueno, mártir*. Deemed at one time insidiously subversive to the Catholic Church, and at another time reactionary in its defense of the faith, it has more recently struck critics as simply a web of paradoxes spun for its own sake, with no loftier purpose than unsettling the spirit.[1] Hailed in its own day as one of Unamuno's most representative novels, it has since come to be regarded as an exception.[2] Why not view it, however, as Unamuno's contemporaries did, fitting it into the context of his entire production, without embroidering upon it designs of the reader's own imagining? It has the earmarks of an exemplary novel in Unamuno's sense. Art, he maintains, purports to «recrear, vitalizar, consolar y elevar el espíritu al hombre» and, whether consciously didactic or not, always offers a lesson in reality, in living, in being or non-being (1903, IX, pp. 851-52). All well-written novels, it follows, furnish through the lives of their characters exempla of reality, of how to be oneself (1920, II, p. 972). Admitting that the problem of self-aware personality formation has inspired the creation of nearly all his characters, Unamuno suggests that Manuel Bueno forms no exception. This heterodoxical priest seeks to save his personality by fusing it with that of his parish (1933, II, p. 1123).

Sumner M. Greenfield, in his sensitive reading of the novel, has intuited its exemplary character, specifically, its lesson of how to give a life-promoting direction to a suicidal drive. Don Manuel does violence to his personality as a doubter, losing himself in the life of his village, even assuming in his selflessness the identity of Jesus, who offers others the contentment of living by holding out to them what for him is a fiction of salvation in a happy Afterlife.[3] Still, Unamuno always stresses, along with Don Manuel's love of neighbor, the anguish his feigning causes him, the martyrdom which accompanies his saintliness. This martyrdom of *San Manuel Bueno, mártir* deserves as much credence as the tragedy announced in *Del sentimiento trágico de la vida* and the agony of *La agonía del cristianismo*. The three works form what Unamuno calls a trilogy (Nozick, p. 160). Accordingly, understanding Don Manuel's saintliness involves defining the forces contending within him. We must rigorously rethink Unamuno's assertion that into his 1931 novel he has consciously poured «todo mi sentimiento trágico de la vida cotidiana» (1933, II, p. 1116); determine the link between the novel and *La agonía del cristianismo*; and accomplish both tasks by taking into account non-fictional sources of the whole trilogy. Here we shall show that Manuel Bueno exemplifies the tragic sense of life as an ethical doctrine, as an idea of moral living; that his exemplarity receives a psychological explanation in *La agonía del cristianismo*; and that his conduct is ultimately rooted in what Kierkegaard calls a God-relationship, which clarifies his martyrdom and with it his saintliness.

According to *Del sentimiento trágico de la vida*, «es el mártir el que hace la fe, más que la fe al mártir. No hay seguridad y descanso . . . sino en una conducta apasionadamente buena» (1912, VII, p. 263). This doctrine certainly applies to the «passionately good» martyr Manuel Bueno, whose suffering assures the faith of his flock. Let us summarize the main ethical principles set down in Unamuno's greatest essay and draw examples of their operation in his greatest novel. The summary of those principles is no extraordinary undertaking, because Unamuno patterns his ethics after the systematic Albrecht Ritschl. As we have shown elsewhere,[4] whereas Ritschl sets as his ethical goal the Kingdom of God on earth, Unamuno modifies Ritschl by everywhere substituting his own goal of individual salvation after death. Hence Unamuno bases his ethics on the attempt of each individual of flesh and blood to perpetuate himself. To that end the individual religiously devotes himself to his civil vocation (VII, pp. 268-70). The significance of *praxis*, of daily living, exceeds that of theory, of doctrine (VII, pp

262-63). Life, lived for the purpose of self-immortalization, gives man mastery over the world, the power to convert nature into spirit. This effort tends toward total spiritualization, the union of everyone and everything in God, or the *apocatástasis* dreamed by Saint Paul (VII, p. 275). Imitation of Christ, ever united with his Father, must take place if the individual aspires to immortality, to godliness. Since each man strives for salvation, history as a whole has as its goal the salvation of the human race. Culture should serve man and society as an instrument for their immortalization, rather than converting them into instruments for its own progress (VII, pp. 289-90).

Now, Manuel Bueno, though definable as a will to self-destruction, nevertheless seeks to perpetuate his own selflessness in interpersonal and institutional form. His two disciples, Lázaro and Angela Carballino, undergo a type of self-destruction in imitating his selfless devotion to the salvation of the village. Lázaro ceases to conduct himself as a non-believer and devotes himself wholly to the church; Angela, seemingly a believer, contracts Don Manuel's doubts, yet continues to sacrifice her youth and potential motherhood to the church she serves. The church itself, or rather Don Manuel's earthbound, somewhat heterodoxical variation of it, represents the prolongation in time of his will: Lázaro is to lead that church after his death as a kind of Peter for his own Christ (Greenfield, p. 610). Whether we accept Antonio Sánchez Barbudo's definition of Don Manuel as an atheist,[5] or Butt's conception of him as merely an aneschatological Christian (p. 62), Unamuno is clearly attributing him a subrational orthodox faith, guiding his actions if not his ideas. Proof appears in *Del sentimiento trágico de la vida,* which quotes an aphorism from Pascal later employed by Don Manuel himself (II, p. 1141): «Es conocido aquello de Pascal de 'empieza por tomar agua bendita, y acabarás creyendo'. En esta misma línea pensaba Juan Jacobo Moser, el pietista, que ningún ateo o naturalista tiene derecho a considerar infundada la religión cristiana mientras no haya hecho la prueba de cumplir con sus prescipciones y mandamientos (v. Ritschl, *Geschichte des Pietismus,* lib. VII, p. 43)» (VII, pp. 263-64). As priest of Valverde de Lucerna, Don Manuel tries to live by Christian precepts, imitates Christ, willy-nilly serves God. Hence he fits the definition of the saint given in *Del sentimiento trágico de la vida* as the individual who «hace bien no por el bien mismo, sino por Dios, por la eternización» (VII, p. 281). His quest for selflessness and for the perpetuation of that selflessness signifies the creation of a spiritual bond with his parishioners. He favors the union of all in God, the *apocatástasis*. He humanizes the world, spiritualizes nature. Even the landscape of Valverde de Lucerna, its mountain and its lake, come to exist as a function of his personality, as Francisco Fernández Turienzo has suggested.[6] More significantly, he enjoys mastery over the human element of his village, an altruistic «imperio . . . sobre el pueblo» (II, pp. 1138, 1139) attained by assuming a Christlike responsibility for the sins of the villagers. «¿Cómo voy a salvar mi alma,» he asks Angela, «si no salvo la de mi pueblo?» (II, p. 1135). He administers last rites to others in a way that comforts them, not himself, in the face of death. Christ, he senses, brought comfort at his own death without himself believing in life eternal (II, p. 1147). How, therefore, notwithstanding Angela's amazement, can Don Manuel believe in Hell (II, p. 1137)? He encourages the fiction of belief in the salvation of everyone.

The question of faith matters more to him than mundane culture. For this reason he does not condone Lázaro's progressivism (II, p. 1146). In fact he places all culture in the village at the service of the villagers for the sake of their salvation. Striving for perfection in his humble office as village priest, he meets Unamuno's moral norm of attaining enough excellence in his civil vocation to be regarded as irreplaceable after death (VII, p. 270). Little wonder that his successor, overwhelmed by his remembered example, resolves simply to follow it (II, p. 1150). Don Manuel has borne the burdens of his vocation as a beloved cross. He has literally made a prayer of every professional act, as Unamuno has recommended in *Del sentimiento trágico de la vida* (VII, p. 272). In sum, the saintly priest of Valverde de Lucerna has embodied the tragic sense of life as applied to ethics.

Yet what psychological forces lie behind his saintliness? From a careful reading of *La agonía del cristianismo* (1924) and the sources it shares in common with *San Manuel Bueno, mártir* (1931), we conclude that in Don Manuel a desire for unbirth clashes with a yearning for parenthood. As a result, he becomes a celibate father to his parishioners. For Unamuno he «comprometió toda su vida a la salud eterna de sus prójimos, renunciando a reproducirse» (1933, II, p. 1120). Angela sees him as a «varón matriarcal» (II, p. 1129); and *La agonía del cristianismo* describes the suffering of nuns and monks not as sexual, but as motherly and fatherly. Desperate about the non-propagation of their flesh, they hope for bodily resurrection after death. Actually, death offers them the hope of a release from their agony, a kind of return to the womb (VII, p. 312). Henri-Frédéric Amiel, in his *Journal intime* read in several editions by Unamuno (VII, p. 352), has described with longing the experience of what he calls a «retour à la semence.» In his words, «l'âme est rentrée en soi, retournée à l'indétermination, elle remonte dans le sein de sa mère, redevient embryon divin. Jours vécus, habitudes formées, plis marquée, individualité façonnée, tour s'efface, se dètend, se dissout, reprend l'état primitive, se replonge dans la fluidité originelle sans figure, sans angle, sans dessin arrête.»[7] The chant of Trappist monks to the Virgin, «Janua caeli, ora pro nobis,» has once reminded Unamuno of the monastic desire to plunge backward into fetal security, to take part in «retornar a la infancia, . . . en sentir en los labios el gusto celestial de la leche materna y en volver a entrar en el abrigado y tranquilo claustro materno para dormir en ensueño prenatal por los siglos de los siglos» (VII, p. 312). Don Manuel Bueno, who tends to project his states of mind upon nature, notices with tears in his eyes, as if yearning for unbirth, that «el agua [del lago] está rezando la letanía y ahora dice: *ianua caeli, ora pro nobis*» (II, p. 1145). Amiel (p. 148) writes of being attracted to the void: «La faiblesse de volonté amène la faiblesse de tête, et l'abîme, malgré son horreur, fascine comme un asile.» Unamuno detects in Père Hyacinthe Loyson a will to suicide. Impressed at Niagara not only by the falls, but also by the «abîme,» the basin into which the river plunges, Père Hyacinthe has compared his soul to a coursing river, hurling itself to the catastrophe of death and to «ese otro abismo que está tras de la muerte; hasta que la criatura haya encontrado su curso apacible . . . en el seno de Dios» (VII, pp. 358-59). Analogously, Don Manuel confesses that the calmness of the lake, not the frightfulness of the rapids feeding into it, tempts him to suicide, although he mentions no Afterlife. Like the disillusioned Père Hyacinthe, he has seen «toda la negrura de la sima del tedio de vivir» (II, p. 1144). If life lacks meaning, substance, it seems dreamlike, unreal; unbirth beckons and birth becomes repugnant. Hence Don Manuel can give to Segismundo's line the same skeptical nuance it acquires in *La agonía del cristianismo* (VII, p. 358): «El delito mayor del hombre es haber nacido» (II, p. 1147).

Nonetheless, Unamuno presents Don Manuel as a paradox, just as he interprets Père Hyacinthe. In a May 11, 1891 letter quoted only in part in *La agonía del cristianismo* (VII, p. 359), Père Hyacinthe expresses a hope that Ernest Renan shares his own faith in the salvation of souls: «Je crois même entendre les cloches mystérieuses de cette ville d'Is que sommeille au fond de votre coeur.»[8] This village, explains Père Hyacinthe, is not a construction of Renan alone, but of many others, his ancestors. Nor does it exist at the depths that Renan thinks, since, because it persists beneath the waves, contradictions arise in Renan's spirit (Houtin, p. 354). Lázaro tells Angela, «Y creo . . . que en el fondo del alma de nuestro Don Manuel hay . . . sumergida, ahogada, una villa y que alguna vez se oyen sus campanadas.» Angela responds that the sunken village contains the souls of their forbears (II, p. 1140). She has heard the bells of the sunken village in moments of collective prayer, when the living seem to resurrect the dead in their common hope for eternal bliss (II, p. 1133). Unamuno hints in subtle ways at the subconscious presence in Don Manuel of faith in immortality.

His yearning for parenthood suggests such faith. All mankind collectively feels an impulse to live forever. Using Schopenhauer's expression, Unamuno writes that the «genius of the species,» by means of procreation, seeks to renew its faith in the resurrection of the flesh. According to *La agonía del cristianismo* (VII, p. 354), many priests, subconsciously yearning for progeny, help their nephews achieve career goals. In the case of Don Manuel Bueno, it is rumored in his parish that he entered the priesthood to support the children of his widowed sister, to «servirles de padre,» in Angela's words (II, p. 1130). Moreover, he urges one villager to be a father to a child born out of wedlock and sired by someone else (II, p. 1131). Like the motherly protagonist of *La tía Tula*, with her «culto místico a la limpieza» (1921, II, p. 1095), Don Manuel, a «virgin father,» concerns himself with the cleanliness of the villagers (II, p. 1131); and like Jesús, he cares about the wellbeing of little children (II, pp. 1133-34).

To summarize, in his yearning for unbirth, he struggles against life; in his yearning for fatherhood, he wrestles against death. This contradiction defines the agony of Christianity. The «agonist» worships Christ abandoned by his Father on the cross and the *Mater Dolorosa,* her heart transfixed with seven swords (VII, p. 311); and Don Manuel, in Good Friday sermons, cries with such conviction, «¡Dios mío, Dios mío!, ¿por qué me has abandonado?,» that he moves his own mother to console him in public as if she were the mourning Virgin (II, p. 1132). We need hardly mention, futhermore, the numerous times that, through his anguish, he arouses a motherly instinct in Angela. According to *La agonía del cristianismo* (VII, p. 341), a Christian must either live in the cloister or must, if he lives outside it, raise children for Heaven. But those who would introduce the cloister into the world must suffer Christian agony, inner contradiction (VII, p. 341). Don Manuel with sad humor confesses that he has made his parish his monastery (II, p. 1135), while his disciple Angela likewise renounces marriage and the convent in favor of her «convent» Valverde de Lucerna (II, p. 1137).

Let us, however, penetrate more deeply into the mystery of Don Manuel's pain. He evidently suffers something somewhat different from simply a tragic sense of daily existence or a Christian agony. For otherwise he would awake everyone around him to his anguish instead of deceiving most of his parishioners into believing in an Afterlife in which he thinks he has little faith. The tragic sense of life describes his relationship to other men; the agony of Christianity, his relationship to his own psyche; but what of his relationship to God? Martin Nozick (p. 161) has suggested that we must consult Kierkegaard for an explanation of the novel's epigraph from 1 Corinthians 15, 19, «Si sólo en esta vida esperamos en Cristo, somos los más miserables de los hombres todos» (II, p. 1127): for Kierkegaard writes that if only oblivion awaited man with no force superior to that void, life would be empty and without consolation. But Don Manuel sees the superior Force; he is a witness to the reality of God. In Greek, as both Kierkegaard and Unamuno write,[9] the word for «witness» also signifies «martyr.» Moreover, Unamuno repeats in *San Manuel Bueno, mártir* «aquellas terribles palabras bíblicas que Kierkegaard solía recordar, aquella sentencia de: 'quien ve a Dios se muere'» (1907, III, p. 290). To quote Don Manuel, «Como Moisés, he conocido al Señor, nuestro supremo ensueño, cara a cara, y . . . dice la Escritura que el que le ve la cara a Dios, que el que le ve al sueño los ojos de la cara con que nos mira, se muere sin remedio y para siempre» (II, p. 1148). Kierkegaard gives his interpretation of the Biblical phrase (*Judges* 13:22) in his work *Afsluttende uvidenskabelig Efterskrift,* heavily quoted in *Del sentimiento trágico de la vida* (VII, pp. 174,

178, 200, 226, 261, 277, 300). God represents himself to man as an Absolute, perceived at every instant. The finite individual suffers a «dying away from the immediate» («Afdøen fra Umiddelbarheden»). The relativity of his immediate consciousness is annihilated. In Kierkegaard's words, «what wonder therefore that the Jews supposed that to see God was to die» («hvad Under da, at Jøden antog, at Synet af Gud var Døden»).[10] Before seeing God, Don Manuel apparently believed, at least as a child, in the Hereafter preached by the Church. But his experience of God has made him realize that «para un niño creer no es más que soñar. Y para un pueblo» (II, p. 1148). Kierkegaard holds that the Christianity taught to children is really «idyllic mythology,» whereas true Christianity is an adult experience of dread, accompanied by dialectics (p. 582).

In the Kierkegaardian God-relationship lies the secret of Don Manuel's martyrdom and saintliness. The individual recognizes himself as nothing before God, as able to do absolutely nothing for himself. But he must keep his helplessness a secret lest his God-relationship become infected with worldliness (p. 450). He understands the power to accomplish apparently much in the world as «the most divine amusement» («den guddommeligste Morskab»: p. 452). He discovers the comic everywhere about him while suffering himself in his nothingness before God. Requiring maximum exertion, he preaches its valuelessness. His «martyrdom» («Martyriet»: p. 497) amounts to the resistance he encounters from God's side as well as from that of the world: from the divine viewpoint, he cannot perfectly enter into an absolute relationship to God; from the standpoint of the world, he cannot express the «inwardness» («Inderlighed») of his suffering (p. 498). He senses that the world around him makes him erect a screen between himself and other men to safeguard that holy intimacy (p. 496). He conceals it through his appearance, resembling that of all other men (pp. 489-90). The anguish increases, Kierkegaard recognizes, in the exceptional case of the kindly man who lives in the God-relationship, yet loves his neighbors so much that he cannot keep his secret. He may resort to telling others under pledge of secrecy. His inability to keep mum stems from the depth to which his emotions are stirred. Besides, he must strain simply to live with the fact of his nothingness before God; and his awareness that all exertion is but a joke only increases the strain. Add to all these difficulties the need for circumlocution, since direct communication of the truth may deprive God of other worshippers (pp. 62-63, 66), and Don Manuel's conduct suddenly becomes transparent.

If we recall Unamuno's quotation of Kierkegaard in *Del sentimiento trágico de la vida*, «La poesía es la ilusión antes del conocimiento; la religiosidad, la ilusión después del conocimiento» (VII, p. 226), then we can understand Don Manuel's suggestion that religion hardly amounts to more than an «ilusión» that all human thoughts and deeds have a transcendent goal (II, p. 1146). Clearly he regards men in general and himself in particular as nothing before God. For this reason, he oftens regards worldly activities as game-playing. Forming labor unions he adjudges as a mere pastime (II, p. 1146); reading anything, from novels to history books to Lázaro Carballino's anticlerical, leftist literature, strikes the priest as a harmless *divertissement* (II, p. 1139). No little play-acting enters into Don Manuel's performance of his priestly duties. He humorously calls Angela his deaconess for aiding him around the church (II, p. 1138); in more serious moments, though less free of whimsy than Angela thinks, he plays that she is his «mother confessor» (II, p. 1144); his religious conversion of Lázaro deceives the parish into believing him a devout Catholic (II, p. 1141). The comic hovers everywhere about him while he secretly suffers in his insignificance before God. Perhaps to symbolize this existential situation, Unamuno has Don Manuel all but adopt Blas, the town idiot. Nozick (p. 162) has suggested that Blasillo embodies Pascalian *abêttisement,* the ironic imperative to adopt the common faith without question. Don Manuel himself, of course, does question; hence Blasillo, in Nozick's words, «wanders about echoing the priest's hidden despair as he cries, 'My God, my God, why hast Thou forsaken me?'» The fool takes delight in his mimickry until it eventually becomes apparent even to him that Don Manuel is suffering (II, p. 1146). Unamuno drives home the presence of the comic in Don Manuel's life through the incident of the clown who performs his act notwithstanding the imminent death of his wife. After the show, when he calls the priest saintly for humanely administering last rites to the woman, Don Manuel responds that the clown is the true saint for bringing joy to others (as Don Manuel does with his own fictions). Indeed, Don Manuel plays the tragic clown, fancying for the poor comedian before him a heavenly reward of angels after death to laugh at his antics in Heaven (II, p. 1135). In the God-relationship, Kierkegaard maintains, individual «inwardness» shuns attention as something outwardly extraordinary. It is as if God's invisible image, by suddenly becoming visible, lost its power and hence preferred to remain unseen (p. 403).

Don Manuel makes every effort to appear the ordinary man. At Angela's first confession with him, he dismisses local stories of his saintliness to win her confidence (II, p. 1136). Angela comes to regard him as «un varón tan cotidiano, tan de cada día como el pan que a diario pedimos en el padrenuestro» (II, p. 1138). At other times he dodges her theological questions by discounting as false his fame throughout the village as a sage; for he represents himself as merely «un pobre cura de aldea» (II, p. 1137). Indeed, he immerses himself in the everyday work and play of the community, although Angela intuits the anguish (of the God-relationship) pursuing him (II, p. 1133). If, in his concern with the villagers' problems, he goes beyond the bounds observed by the usual village priest, is it not because he belongs to Kierkegaard's category of the exceptionally kindly man in the God-relationship? Such tenderness does he feel towards his neighbors, that his secret comes out, despite his attempt to keep it. In his words, «No debe importanos tanto lo que uno quiera decir como lo que diga sin querer» (II, p. 1133). From involuntary shows of emotion, he leads Angela to see through his disguise to the «infinita tristeza» screened by his «alegría imperturbable.» The screening itself she eventually recognizes (as Kierkegaard would) as an act of «heroic saintliness» for the joy it brings the villagers (II, p. 1135). However, Don Manuel begins to reveal his true emotions at the climax of the novel, when, upon giving Lázaro communion, the bread of immortality, as a public sign of Lázaro's conversion, the priest grows pale, faint, and drops the wafer (II, p. 1141). To Don Manuel's tears in this scene, according to Butt (p. 59) Unamuno refers in the epigraph he originally gave the novel, «Lloró Jesús» (John 11, 35).

From here at the halfway point of the novel to its conclusion, additional involuntary shows of emotion betray to Lázaro and Angela what Kierkegaard calls the «inwardness» of Don Manuel's suffering. The secret of his heterodoxy is unveiled when Lázaro divulges to Angela that Don Manuel has asked him to feign belief, whereupon the priest, challenged by Lázaro to affirm his own orthodoxy, lowers his tear-filled eyes. Lázaro then understands Don Manuel's saintliness in preserving the «ilusión» of the villagers despite his own deprivation of it (II, p. 1141). When Lázaro seeks clarification of Don Manuel's actual faith, he displays other tendencies of Kierkegaard's God-related lover of men: even though alone with Lázaro in the country, he whispers his sad truth, as if to swear Lázaro to secrecy. Don Manuel loves his fellow villagers so much, that had he not allowed Lázaro to «entrever» his attitude —the priest prefers circumlocution—, he would have screamed his anguish in the marketplace to the detriment of his parish. Hearing Lázaro's account of Don Manuel's confession enables Angela to understand the latter's «martirio» (II, p. 1142): as he celebrates his Masses, he does not enjoy an absolute relationship to God, while he dare not express to his flock the «inwardness» of his suffering. The dénouement of the novel logically follows out of Don Manuel's «martyrdom»: he cannot manage to «contener del todo la insondable tristeza que le consumía» (II, p. 1145). Like Kierkgaard's God-related Christian (p. 475), he suffers insomnia. His involuntary tears gleam at any pretext (II, p. 1146). His confessions to Lázaro and Angela grow more brutal: first he tells them, «No hay más vida eterna que ésta»; next he hints that even Christ believed in no Hereafter (II, p. 1147). He dies after making the most revealing confession of all, that he has seen God's face (II, p. 1148), which has annihilated him; for God is nothingness.

Kierkegaard's individual who feels himself nothing before God stresses the fact of existing, which is negative, which veils the eternal, which is ubiquitous yet situated in no concrete place (p. 562). Hence Don Manuel has emphasized to Angela's dying mother the here and now in which she expires, the ubiquity of God, and His immanence in man (II, p. 1139). Men of Don Manuel's religious inclination, according to Kierkegaard, have no starting-point in history: they merely discover at some point in time their own eternity, something infinitely higher than what they are. Kierkegaard contrasts the eternal «moment which is» (Moment som er») with the «moment which has passed» («Moment som er sorbi»: p. 564). Likewise, Unamuno, in his epilogue, affirms that in this novel «no pasa nada; mas espero que sea porque en ella todo se queda» (II, p. 1154). He presents a parable, drawn from Jude 9, to suggest that his own guardian angel, St. Michael, has saved Don Manuel, like Moses, from the flames of Hell (II, p. 1153). In other words, through the medium of the novel, Unamuno has tried to capture a form of eternity, superior to history, for Manuel Bueno.

He himself has aspired to no less: the sight of a maiden tending goats on a mountainside has aroused in him admiration for her timelessness, her not belonging to history (II, p. 1145). Père Hyacinthe's image of the bells of the sunken city, ringing at the base of the heart, has made its way into *San Manuel Bueno, mártir*, where Lázaro and Angela perceive in the depths of their priest's soul a desire to commune with his ancestors, to immortalize the dead and the living, to set them outside of time. His yearning for unbirth has had to clash with his impulse for parenthood, also a desire for life everlasting, as Unamuno has explained in *La agonía del cristianismo*. Finally, his selfless dedication to his people has served the cause of the *apocatástasis*, the spiritualization of the world and its union in God, as described in *Del sentimiento trágico de la vida*. The saintliness of Unamuno's best-loved character needs to be understood on the ethical, the psychological, and the existential planes. As additional unstudied sources come to light, so undoubtedly will new dimensions of Unamuno's «exemplary novel» of 1931.

NOTES

1. On the Church's attitude: M. Nozick, *Miguel de Unamuno* (New York: Twayne, 1971), p. 18; for a «leftist» opinion: A. Regalado García, *El siervo y el señor. La dialéctica agónica de Miguel de Unamuno* (Madrid: Gredos, 1968), p. 206; on the novel as merely enigmatic, autonomous fiction: C. Blanco Aguinaga, «Sobre la complejidad de *San Manuel Bueno, mártir*, novela,» in *Miguel de Unamuno*, ed. A. Sánchez Barbudo (Madrid: Taurus, 1974), pp. 273-96, and J. Butt, *Miguel de Unamuno. San Manuel Bueno, mártir* (London: Grant & Cutler Ltd., 1981), p. 79.

2. In his 1933 prologue to *San Manuel Bueno, mártir y tres historias más*, Unamuno approvingly quotes G. Marañón's opinion of his novel as «una de las más características de mi producción toda novelesca»: *Obras completas*, II (Madrid: Escelicer, 1967), p. 1115. Hereafter all references from *Obras completas* appear parenthesized in our text with date of publication of the work cited, followed by volume number in Roman numerals and page in Arabics. Julián Marías, *Miguel de Unamuno*, 3d. ed. (Madrid: Espasa-Calpe, 1960), pp. 122-23, finds the novel exceptional in including the characters' *circunstancia*. We reserve judgment, however, on the wisdom of applying Ortega's prejudices to the works of Unamuno.

3. «La 'iglesia' terrestre de San Manuel Bueno,» *Cuadernos Hispanoamericanos,* 348 (1979), 612.

4. *Unamuno y los protestantes liberales* (Madrid: Gredos, 1985), in press.

5. *Estudios sobre Galdós, Unamuno y Machado,* 2d. ed. (Madrid: Guadarrama, 1968), p. 254.

6. «*San Manuel Bueno, mártir,* un paisaje del alma,» *Nueva Revista de Filología Hispanica,* 26 (1977), 119.

7. *Fragments d'un Journal intime,* I (Geneva: Georg et Cie., 1908), 177.

8. Albert Houtin, *Le Père Hyacinthe, Prêtre solitaire. 1893-1912* (Paris: Émile Nourry, 1924), p. 371.

9. Of Justin Martyr Unamuno asks, «Pero este mártir, ¿es mártir, es decir, testigo de cristianismo?» (1912, VII, p. 146); on Kierkegaard: Brita K. Stendahl, *Søren Kierkegaard* (Boston: Twayne, 1976), pp. 17, 69.

10. *Samlede Vaerker,* 2d ed., VII (Copenhagen: Gyldendalske Bøghandel, 1925), p. 474.

LA AUTO-CONSCIENCIA LITERARIA: REIVINDICACIÓN HISPÁNICA

SANTIAGO TEJERINA-CANAL
Hamilton College

> Metafiction has two major focuses:
> The first is on its linguistic and narrative
> structures, and the second is on the role of
> the reader . . .
> Linda Hutcheon, *Narcissistic Narrative*[1]

Desamparado y solo ante la monotonía desesperante de este papel en blanco, las teclas bajo los dedos, el codo en la máquina de escribir y la mano en la frente, pensando en lo que diría en la prefación de mi estudio sobre la autoconsciencia hispánica, telefoneó a deshora un amigo mío, simpático y bien entendido, el cual, oyéndome tan preocupado, y conociendo la causa de ello, me aconsejó entre bromas y veras: «léete *El Quijote*.» Así lo hice, y, no bien había comenzado las primeras páginas de su lectura, sucedió que, como cuando Cervantes se hallara empeñado en la factura del Prólogo cuya lectura tenía yo entre manos, irrumpiera—¡oh fantástica *mise en abyme* crítica!—dando desaforadas voces—«¡Un soneto me manda hacer Violante! ¡y en la vida me he visto en tal aprieto!...»—otro viejo y común amigo: no otro que el mismísimo Lope de Vega en persona, quien a su vez se había encontrado en situación semejante ante la construcción de su famoso «soneto», que intertextualizo en mi propio «metasoneto».

> Un estudio escribir piden aquí,
> en exégesis del arte textual:
> catorce Ecos de crítica verbal,
> de los que tres, difíciles, cumplí.

Un tema no poder hallar temí;
mas todavía lejos del final,
si el segundo cuarteto no es mortal,
ni el mismo Lope se reirá de mí.

Pero ya estoy en el primer tercerto,
y me encuentro, Narciso, sin asunto,
autoconsciente de perder el reto.

¡Del Tribunal lectores en conjunto!
en la última estrofa que me meto,
pues el «metacomentario» es el punto.

Nadie es ajeno al hecho de que estoy incluyendo el comentario sobre el proceso de creación de mi estudio crítico, usando los modelos cervantino y lopista. Con ello estoy haciendo metacrítica, metacomentario. Doy así un primer paso en la explicación práctica del concepto de autoconsciencia. De paso satisfago la demanda de Fredric Jameson de que «every individual interpretation must include an interpretation of its own existence, must show its own credentials and justify itself: every commentary must be at the same time a metacommentary as well.»[2] Ya lo había dicho Roland Barthes: «Toute critique doit inclure dans son discours (fût-ce de la façon la mieux détournée et la plus pudique qui soit) un discours implicite sure elle-même; toute critique est critique de l'oeuvre et critique de soi-même; ... elle est connaissance de l'autre et co-naissance de soi-même au monde.»[3]

Nuestra tarea de reivindicación es doble y reiterativa. Por una parte, contra el aspecto derogatorio que la crítica tradicional venía asignando al concepto metaficticio, me fijo en la vitalidad tanto de significado como de uso de la teoría y práctica autoconscientes. En segundo lugar, dado que la teoría autoconsciente más conocida se hallaba escrita generalmente por críticos más bien expertos en las literaturas en inglés y francés, destacaremos algunos ejemplos hispánicos incomprendidos, ignorados u olvidados, de los diferentes tipos de narcisismo literario. En ambos aspectos no nos hallamos solos: Linda Hutcheon ha realizado en *Narcissistic Narrative* (1980) una convincente y vigorosa limpieza de los términos relacionados con esta modalidad literaria; John W. Kronik, Janet Pérez, Gustavo Pérez-Firmat, Robert C. Spires, entre otros muchos hispanistas, van paliando día a día aquel injusto olvido o desconocimiento.[4]

Esta ficción a que nos referimos es, en palabras de Hutcheon, «self-referring or auto-representational: it provides, within itself, a commentary on its own status as fiction and as language, and also on its own processes of production and reception.»[5] Incluye, pues, esta narrativa dentro de sí misma la crítica de su propia ficción, como producto y como proceso de producción literarios, realizados por un escritor y percibidos por un lector. En otras palabras, es consciente de su propia existencia como objeto lingüístico construido mediante un proceso de uso y/o rechazo de ciertas convenciones literarias, que el autor ofrece más o menos descubierta o encubiertamente al lector. A éste se le pide desde el texto mismo que reconozca la ficcionalidad textual, pero que a la vez, paradójicamente, recree aquél, el texto, paravitalmente en todas sus facetas, no siendo un receptor pasivo del contenido, sino un instigador de sentido, en acción creadora paralela a la del autor.

Este cambio de papeles de autor y lector en la literatura moderna lo observamos expresado sugerente y emblemáticamente en el poema de Pedro Salinas «Radiador y fogata.» Ya en los albores de los años treinta el vate veintisietista acierta a poetizar con dos objetos de tan diverso valor lírico como una «fogata» y un «radiador», y gracias a la riqueza connotativa de un lenguaje susceptible de una múltiple pluralidad de significados, consigue poetizar, repito, el paradójico poder frenético y sigiloso del calor de la «llama» y del «agua», como metáfora, tal vez inconsciente, del papel de autor y lector tradicionales, y, a la vez, de la imaginación creadora de los nuevos lector y autor paradójicos.[6]

Se te ve, calor, se te ve.
Se te ve el rojo, el salto,
la contorsión, el ay, ay.
Se te ve el alma, la llama.
5 Salvaje, desmelenado,
frenesí yergues de lanza
sobre ese futuro tuyo
que ya te está rodeando,
inevitable, ceniza.
10 Quemas.
Sólo te puedo tocar
en tu reflejo, en la curva
de plata donde exasperas
en frío
15 las formas de tu tormento.
Chascas: es que se te escapan
suspiros hacia la muerte.

Pero tú no dices nada
ni nadie te ve, ni alzas
20 a tu consunción altares
de llama.
Calor sigiloso. Formas
te da una geometría
sin angustias. Paralelos
25 tubos son tu cuerpo. Nueva
criatura, deliciosa
hija del agua, sirena
callada de los inviernos
que vas por los radiadores
30 sin ruido, tan recatada,
que sólo te están sintiendo,
con amores verticales,
los donceles cristalinos,
Mercurios de los termómetros.

Pedro Salinas, *Fábula y signo* (1931)

En una lectura nueva del poema, siento la relación dialéctica de la «fogata» y el «radiador» como metáfora romántico-realista de la escritura poético-novelesca y su lectura. La creación primera del autor, la escritura, se antoja, parafraseando la primera mitad del poema, «salvaje», «desmelenada», «frenética»—cual los bruscos cortes formales de sus versos—, sólo palpable en su huidizo reflejo mimético y narcisista que inevitablemente lleva, como en el caso del Narciso ovidiano, hacia las «cenizas» y la «muerte» de la obra como acción del escritor y como fin de una trama. La creación del lector, en cambio, en consonancia con la segunda parte del poema se nos antoja «sigilosa», «callada», «sin ruido»—cual el suave encabalgamiento formal de sus versos—, «tan recatada» en los «tubos» «paralelos» de la lectura receptiva de las sucesivas líneas y páginas del texto, que sólo se puede apreciar en la observación de los «mercurios» de los «termómetros», reflejantes de los grados de *placer* anecdótico y/o afectivo. En paralelismo, a la vez antitético y paradójico, a la *escritura* y a la primera sección del poema, la *lectura* y segunda parte de la composición conducen a la vida, a la vivificación del texto moribundo de la escritura clásica, de esos «textes lisibles [que] sont des produits (et non des productions), [que] forment la masse de notre littérature.»[7]

Sin embargo, Roland Barthes nos descubre que estamos en la época de la *escritura* y la *lectura* en vía de identificación, gracias a ese asunto común del lenguaje. Lenguaje, por otra parte, paradójico, como sustancia prima de los textos clásicos «lisibles», fuentes de «plaisir», y de los nuevos «scriptibles», manantiales de «jouissance».[8]

Hemos, pues, de añadir a ese sencillo examen de las correspondencias dicotómicas de las dos partes de la composición y de las tareas del escritor y del lector-crítico, una dimensión moderna irónica en consonancia con el espíritu de juego presente en el poema. Después de todo, estamos asistiendo en la nueva crítica y en la nueva literatura a la identificación entre escritor, lector y crítico: «Self-interpreting texts imply the amalgamation of the functions of reader, writer, and critic in the single and demanding experience of reading.»[9] En la poema de Salinas existen también indicaciones irónicas de que la dicotomía no puede ser tan simple, sugiriéndose una más amplia complejidad: en la sección primera del poema, al «frenesí» del «reflejo» de la «llama» se opone la exasperación ¡«en frío»! de «las formas de su tormento»; lo que traducido a lenguaje narrativo, nos insinúa que la «desmelenada» creación mimética del escritor va inevitablemente unida a la *poiesis* «en frío» de las «curvas» atormentadas de lo diegético. Por otra parte, el segundo término de la ecuación dialéctica de Salinas no sólo contiene en sí la utilitariedad tradicional de los «termómetros» evaluadores del tranquilo y recatado lector, sino también el capricho erótico del dios «Mercurio» que—como la «llama»—puede volar en activas conquistas de amor apasionado; este libérrimo y erótico vuelvo divino se transforma en metáfora de la arriesgada y dinámica entrega imaginativa del lector moderno al estudio y análisis de los «paralelos tubos» de las relaciones sintagmáticas—presentes en el poema y en los textos ficticios—en su «consunción» «con los amores verticales» posibles de las potenciales relaciones paradigmáticas. La obligación del activo lector moderno

n'est pas seulement suivre le dévidement d l'historie, c'est aussi et reconnaître des «étages», projeter les enchaînements horizontaux du «fil» narratif sur an axe implicitement vertical; lire (écouter) un récit, ce n'est pas seulement passer d'un mot a l'autre, c'est aussi passer d'un niveau à l'autre.[10]

Después de todo, esa «nueva criatura» descubierta del lector, como «deliciosa hija del agua,» lleva en sí el potencial al desbordamiento en busca del riego y fertilización de la nueva narrativa, que, sobre las «cenizas» del dogmatismo realista, se abre, en vuelo de erótica libertad, al *goce* de la abundancia ostentosa de nuevas y múltiples lecturas «cristalinas».

Bien podríamos decir también que el «radiador» ha caído en desuso, pues su sistema de calentamiento es pasivo, de mero contacto molecular. Se necesita liberar al «agua» para que alcance su potencialidad fructífera. Es necesario liberar a ese calor para que capte dinámicamente al lector activo, a la vez escritor y crítico. El «radiador» se ha de ir substituyendo por la calefacción de viento, sistema dinámico en que el aire frío es reemplazado por el caliente proveniente del centro de ignición que, al enfriarse, vuelve de nuevo a la estufa, para así renovarse paradójicamente en libertad aunque en continuo círculo cerrado. Es la hora de ese sufrido lector que, cual el Pierre Menard borgiano, y a pesar de su conciencia crítica de tres siglos y medio de historia social, política, religiosa, cultural y lingüística, tiene en su lectura que seguir escribiendo, como autor en libertad, el mismo texto de *El Quijote*. Es la hora de ese lector paradójico que, por una parte, «is forced to acknowledge the artifice, the 'art' of what he is reading; in the other, explicit demands are made upon him, as a co-creator, for intellectual and affective responses comparable in scope and intensity to those of his life experience.»[11] De igual forma, la nueva novela se mueve en libertad, desde el centro térmico emisor del autor implícito al beneficiario ubicuo del auditorio que, en su lectura, gradúa termostáticamente el aire textual recibido por los diversos códigos canalizantes, aunque siempre consciente de la naturaleza circular, cerrada, auto-reflexiva del arte. Esa es la paradoja, apuntada ya por Linda Hutcheon, del texto autoconsciente, «that is both narcissistically self-reflexive and yet focused outward, oriented toward the reader.»[12]

En cuanto ciencia literaria, la teoría metafíctica representa un intento de hallar un mejor entendimiento de la compleja y problemática relación entre las realidades ficticia y empírica, entre el texto, el autor, el crítico y el lector. Al mismo tiempo, de igual forma que otros acercamientos críticos, ofrece nuevos instrumentos conceptuales que ayudan al crítico y al lector a desentrañar, descodificar y clarificar estructuras y sentidos escondidos en viejas y nuevas obras de arte. Tal método teórico y crítico es especialmente valioso para la comprensión de algunas modernas obras de arte, que son ellas mismas responsables en gran medida del desarrollo de tal acercamiento. Entre ellas son las de Borges las más universalmente conocidas, pero aún resta un largo trecho por recorrer, no sólo en el estudio del escritor argentino, sino, sobre todo, en ciertos otros autores hispánicos de similar importancia que no han recibido a tal respecto la atención que merecen. Este es el caso de Galdós, Unamuno, Salinas y Fuentes—todos ellos con esa doble faceta tan común entre los cultivadores de la metaficción de ser a la vez creadores y críticos.

Roland Barthes en 1959, en su etapa plenamente estructuralista, apuntaba al interés por la autoreflexión como principal característica de la nueva literatura en contraposición a la tradicional:

> Pendant des siècles, nos écrivains n'imaginaient pas qu'il fût possible de considérer la littérature (le mot lui-même est récent) comme une langage, soumis, comme toute autre langage, à la distinction logique: la littérature ne réfléchissait jamais sur elle-même (parfois sur ses figures, mais jamais sur son être), elle ne se devisait jamais an objet à la fois regardant et regardé; bref, elle parlait mais ne parlait pas. Et puis, probablement avec les premieres ébanlements de la bonne conscience bourgeoise, la littérature s'est mise à se sentir double: à la fois objet et regard sur cet objet, parole et parole de cette parole, littérature-objet et méta-littérature.[13]

Sin embargo, esta dicotomía entre la vieja y la nueva literatura es arbitraria o, al menos, exagerada.

En los albores de la literatura castellana, descubrimos que Juan Ruiz insiste en la condición metaficticia y «libresca» (repite sin cesar la palabra «libro») de su *Libro de buen amor*, realizado para «metrificar, e rimar e... trobar... cuento rimado... un dezir fermoso.»[14] Incluso, en una total identificación entre narrador y obra, el mismo libro habla e incita al lector a una lectura paramusical participante y activa, muy acorde con la práctica y gustos contemporáneos:

> De todos los instrumentos yo, libro, só pariente:
> bien o mal, qual puntares, tal diré ciertamente;

> qual tú dezir quisieres, ý faz punto, ý tente;
> si me puntar sopieres siempre me avrás en miente.[15]

Severo Sarduy, por su parte, muestra que el artificio lingüístico, la pluralidad de significados en las palabras, la intertextualidad y la intratextualidad, y el juego de espejos narrativo está en la esencia misma del barroco español de que Luis de Góngora es máximo exponente, continuándose en el neo-barroco de numerosos autores hispanoamericanos que van de Lezama a García Márquez.[16]

No es casual que Gérard Genette y Linda Hutcheon encuentren las raíces profundas de la duplicación narcisista de la literatura en el viejo mito griego de Narciso;[17] o que Steven Kellman halle tales orígenes en el también griego y universal mito de Edipo.[18] Y es que tal empeño por la literalidad, mediante el comentario abierto sobre la tarea de la escritura, a base del autorreflejo y la autogeneración de la ficción autoconsciente, es esencialmente humano.

Desde Freud nos ha venido mostrando la psicología moderna, que no sólo es necesario actuar, sino también dormir y soñar, como condición terapéutica para que el organismo funcione. Somos entes múltiples y contradictorios. El sueño y la imaginación nos son imprescindibles para vivir:

> For we dream in narrative, remember, anticipate, hope, despair, believe, doubt, plan, revise, criticize, construct, gossip, learn, hate, and love by narrative. In order really to live, we make up stories about ourselves and others, about the personal as well as the social past and future.[19]

La narración es parte de nuestra vida: desde que empezamos a crecer escuchamos embelesados las narraciones de nuestros mayores y maestros, emprendiendo progresivamente una tarea cada vez más activa en el arte de contar cuentos: del escuchar mudo pasamos a la interrogación suave, y de ahí a la interrupción inquisitorial, a la corrección y la crítica de eventos y narraciones, de donde vamos mudándonos a la verbalización narrativa de las historias recibidas hechas ya propias o de las más originalmente nuestras. El proceso narrativo no es menos realista que el producto; «the novelist's act is basic to his human nature, is basic as his desire to imitate. Diegesis and mimesis can indeed go together.»[20] Aprendemos a soñar despiertos, «we pretend,» realizamos un acto necesario para nuestra buena salud imaginativa.[21]

No se trata de una huida de la realidad, sino de una posible terapéutica ante ella, que además puede enseñarnos y darnos fuerzas para mejorar y corregir esa adversa realidad exterior que vivimos.[22] Más aún, Robert Alter, hablando de la actual tendencia autorreflexiva de la literatura y del cine, la atañe al compromiso general de la cultura moderna a conocer sus propios componentes y dinámica,

> to uncover the roots of what it lives with most basically—language and its origins, human sexuality, the workings of the psyche, the inherited structures of the mind, the underlying pattern of social organization, the sources of value and belief, and, of course, the nature of art.[23]

No tenemos por qué comulgar con la idea tradicional que enfrenta la «seriedad» de la novela del «realismo» moral y social, a la banalidad despreciada de la juguetona novela moderna, «that is acutely aware of itself—en palabras de Robert Alter—as a mere structure of words:»[24] «vivo en un mundo de palabras», que diría el narrador de *Fragmentos de Apocalipsis* de Gonzalo Torrente Ballester.[25]

Toda literatura, por su esencial naturaleza fantástica, se constituye en «escape» desde el momento mismo en que trata de crear un «heterocosmos» real, si bien distinto del cosmos en que vivimos. Ello no es válido únicamente para la literatura, sino que de hecho, «all reading (whether of novels, history or science) is a kind of 'escape' in that it involves a temporary transfer of consciousness from the reader's empirical surroundings to things imagined rather than perceived.»[26] Por ello, tal escape puede y debe estar libre de las connotaciones peyorativas que tradicionalmente se le han adscrito a tal concepto, para de ese modo informar positivamente la cualidad de la literatura de liberar la mente mediante su arte. Es, pues, escape, pero este término no necesariamente posee el sentido negativo tradicional, como ocurría también con el de «narcisismo»:[27] del Narciso mítico ha brotado una flor, cuya forma, colores y aroma ofrecen al ser humano un goce mental y un placer sensual de características curativas, paralelas a las de los sueños freudianos o de los escapes imaginativos de la narración. Además en este escape no sólo se hallan aspectos artísticos, sino fenómenos sociales metaforizados.[28] El escape en la novela es de naturaleza distinta a la de su predecesor el «Romance,» pues en la obra novelesca la presencia de la ironía cuestiona sutilmente la base del «Romance,» llevando al lector hacia la realidad y no apartándolo de alla como hacía éste.[29]

No obstante, Alter parece apuntar que para que la autoconsciencia sea tal, la conciencia de artificialidad no ha de dirigirse al servicio de un realismo moral y psicológico en que las improbabilidades se conviertan en técnicas de verosimilitud, sino exclusivamente «as testing of the ontological status of fiction.»[30] Alter separa el arte de la vida. Para Linda Hutcheon, por el contrario, «reading and writing belong to the processes of 'life' as much as they do to those of art.»[31] También Patricia Waugh apunta que «in showing us how literary fiction creates its imaginary worlds, metafiction helps us to understand how the reality we live day by day is similarly constructed, similarly 'written'.»[32] Y es que, cual apunta Claudio Guillén, el arte es en cierto modo «an organic entity or process endowed with formal qualities and expressive virtualities and thus capable of stimulating in turn a kind of experience that is vital (that is 'life' too) but must be distinguished from other classes of experience.»[33] La misma Hutcheon muestra las novelas de dos escritores canadienses (Aquin y Cohen), el primero de ellos líder de la Revolución independentista quebecquense, como metáforas de la colonización política y de la revolución social y sexual; y añade,

> If self-reflecting texts can actually lure the reader into participating in the creation of a novelistic universe, perhaps he can also be seduced into action—even direct political action... The narcissistic novel as incitement to revolutionary activity would be the ultimate defence of self-conscious fiction against claims of self-preening introversion... ...To read is to act; to act is both to interpret and to create anew—to be revolutionary perhaps in political as well as literary terms.[34]

En un estudio sobre los secretos generativos de *La muerte de Artemio Cruz* de Carlos Fuentes, examiné yo mismo la dedicatoria al sociólogo estadounidense Wright Mills, como uno de los generadores lingüísticos autoconscientes de los hechos sociopolíticos de que aquella novela mexicana es superexponente.[35]

Si insisto tanto en este aspecto, es porque siempre se ha acusado a la metafición—en oposición a la novela realista supuestamente más comprometida con la realidad—y a sus cultivadores, de intelectualismo y separación del acontecer vital diario; sin tener en cuenta que bajo una superficie esencialmente intelectual y artística, puede existir un transfondo sociopolítico de interés. La distancia entre la novela autoconsciente y la realista tal vez se halla más en la pluma de los críticos que en la de los novelistas.

Se ha venido reconociendo con razón en *El Quijote* el prototipo de novela como reflejo de la vida, origen de la ficción «realista», del espejo caminante de Stendhal, de la «comedia humana» de Balzac, de la novela victoriana de Dickens, o de las «novelas contemporáneas» de Galdós. Sin embargo, en su multiplicidad, esta obra cervantina es reconocible no sólo como novela realista sino como una profética crítica a ella: «*Don Quixote* parodies not only those romances that it replaces but also those novels which will follow it, follow it without questioning, as *Quixote* questions, their status with regard to the reality they purport to represent.»[36] Michel Foucault dice del *Quijote* que «tout son être n'est que langage, texte, feuillets imprimés, histoire déja transcrite.»[37] Y es que la realidad empírica es inseparable de la ficticia.

La propia realidad del universo parece empezar en la palabra —«En el principio era el verbo»—según se nos narra en la *Biblia,* obra compuesta para preservar la erosión de la creencia ultraterrena judía y en la fe de la autoridad de la palabra escrita. De forma similar y paradójica, la novela comienza en la palabra escrita precisamente en los momentos de su explosiva eclosión debida a la invención de la imprenta y como resultado «of an erosion of belief in the authority of the written word... with Cervantes... [and] its literary critique... [of] the Renaissance chivalric romance.»[38] Este principio de la novela, como el del mundo, parece contener en sí todas sus variantes por contradictorias que a primera vista aparezcan:

> One measure of Cervantes' genius is the fact that he is the initiator of both traditions of the novel; his juxtaposition of high-flown literary fantasies with grubby actuality pointing the way to the realists, his zestfully ostentatious manipulation of the artifice he constructs setting a precedent for all the self-conscious novelists to come.[39]

Robert Scholes, en cambio, sólo ve en Cervantes, antiromancista, el principio del tratamiento científico de la novela, un antecedente de la tradición empírica del realismo y del naturalismo.[40] Ofuscado por una ingenuidad simplista no acierta a ver en Cervantes, renacentista, el puente entre medievalismo y modernidad, entre los mundos de lo invisible y de lo visible. Cervantes, como renovador, principia la modernidad realista y positivista; como tradicionalista, resume lo alegórico, lo que sumado a su parodia del «Romance» lo erige en profeta de lo contemporáneo de Joyce y de la *nouveau roman* y su larga secuela.

Así pues, también de *El Quijote* nace la otra corriente despreciada como «antirealista» por el «realismo» nominado «científico» de Zola; se trata de una corriente presente a través de la historia de la novela, aunque no la hubiéramos notado: es la vieja tradición que por *Tristram Shandy* de Sterne, *Jacques le fataliste* de Diderot, *Tom Jones* de Fielding, por el reflejar interior romántico, a través del puente del realismo «subjetivo» o «psicológico» de Joyce, de Gide, de Proust, de Pirandello, de Unamuno—quienes comienzan a cambiar el enfoque hacia el proceso imaginativo y psicológico interior del personaje forzando a la participación al lector—llega a la autoconsciencia moderna de Carpentier, de Borges, de Nabokov, Butor, Robbe-Grillet, Ricardou, Calvino, Fowles, Barth o Coover, y un amplio etcétera estudiado por los críticos no hispanistas de la metaficción.[41]

Desafortunado puede haber sido el hecho de la tradicional desatención a la omni-autoconsciencia ficticia de la narrativa; pero raya con el pecado el hecho de que los críticos puntales de la metaficción se hayan dejado en el camino a Galdós, quien es entre los grandes realistas el que más ricamente ha captado a Cervantes en su doble vertiente realista y autoconsciente.[42] Al lado del examen experimental y científico naturalista de las novelas de *Torquemada* y de *Fortunata y Jacinta*, nos ofrece la metaficción de personajes que como Don Romualdo nacen de la imaginación de otro personaje de ficción (Benina en *Misericordia*), nos otorga el metacomentario autorial perspectivesco de la composición ficticia de dos novelas—*La realidad* y *La incógnita*—como puntos de vista diagonalmente opuestos de unos mismos hechos, nos proporciona la autoconsciencia total de *El amigo Manso*.[43]

En esta última obra el protagonista posee conciencia desde el principio—«Yo no existo»—de ser «una concatenación *artística*, diabólica hechura del pensamiento humano... sueño de sueño y sombra de sombra,» que saliendo de tales «*laberintos*» se mete «por la clara senda del *lenguaje* común para explicar por qué motivo no teniendo voz hablo, y no teniendo manos trazo estas líneas, que llegarán, si hay *cristiano que las lea,* a componer un *libro.*» Se sabe producto de la mente calenturienta de «*alguien*» que lo «evoca» (subrayados nuestros).[44] La obra es pues autoconsciente de ser artificio «artístico» y «laberíntico», producto de un «lenguaje» materializado en un *texto* compuesto por «alguien» para un posible *lector* participante. Todo ello forma parte de la autoconsciencia moderna, y, por si hubiera duda, el narrador llama la atención a la importancia del proceso de la escritura: «Orden, orden en la narración» (p. 8). Así, Máximo Manso, nacido de «no sé qué diabluras hechiceras» que mezclan «tinta» con «papel» (p. 9), se independiza del autor. Asistimos en la lectura intrigante a su relativo fracaso en la creación-modelación de sus educandos Manuel Peña e Irene, quienes, a su vez, se independizarán también de su ficticio formador: tal vez, sugiriendo así, en un nuevo artificio de *mise en abyme,* la libertad e independencia del lector y el comentario ontológico, social y educativo de la realidad cósmica, social e individual. Acaba la narración con el retiro de Manso a ese «limbo» etéreo de la ficción, «mediante el conjuro de marras y las hechicerías diablescas de la redoma, la gota de tinta y el papel quemado, que habían precedido a mi encarnación» (p. 300).[45]

Robert Alter, en su análisis diacrónico intermitente de la metaficción, no sólo olvida a Galdós, sino que ve en *Niebla* de Unamuno un ejemplo, no sólo no plenamente autoconsciente, y mixto, sino artísticamente dudoso.[46] Tal incomprensión de la famosa obra unamunesca, en parte, se halla ya subsanada por el reciente estudio de Robert Spires sobre la metaficción.[47]

En este sentido, observamos una relación directa entre aquella renovadora *Niebla* de Unamuno y el famoso cuadro autoconsciente *Drawing Hands,* en que M.C. Escher tal vez se muerda el rabo, sí, pero donde además nos ofrece un comentario literario, ontológico y social de la propia esencia humana de nuestra escritura y de nuestros tiempos: si bien, el pintar, el dibujar, el escribir, no se refieren sino a la actividad misma de la pintura, del dibujo y de la escritura, «al movimiento de la mano que trabaja sobre la página en blanco,» que diría Julia Kristeva,[48] paradójicamente se nos apunta que, seamos o no, cual los personajes de una ficción, sueño en el aire de otro ente soñador, somos producto de la interacción humana; nuestra vida depende de la de nuestro vecino: la mano dibujante debe

seguir dibujando a la dibujante mano que la dibuja; si cambiamos
la pluma de la creación por la goma de borrar de la destrucción, el
perjuicio y la desaparición «manual» y humano es mutuo. Éste es
precisamente el caso de los personajes de *Niebla*, donde, en palabras de Spires, «just as Victor and the fictive Unamuno of the pro-
logues are two sign systems giving birth to and then being born of
the other, so Augusto... sees Eugenia as both creator and creation
of the other.»[49] Pero en Unamuno el caso de *Niebla* no es único,
puesto que también la última novela del líder noventaiochista
puede ser considerada como un completo y complejo ejemplo
metaficticio.

Si tomamos como modelo la tipología del narcisismo hutcheo-
niano podemos hallar en *San Manuel Bueno, mártir* tanto las categorías narcisistas lingüísticas como las diegéticas o narrativas en su
doble variedad encubierta y descubierta.[50] El escenario en que
ocurre la acción, falto de detalles materiales—en favor del interés
por lo espiritual—y ya de por sí lugar legendario (Valverde de
Lucerna), acentúa la naturaleza fantástica de la obra, lo que hace
de ella parte del narcisismo diegético encubierto. Sin embargo, el
límite entre lo encubierto y descubierto es problemático. La
creación de nuestra obra como leyenda dentro de otra leyenda, la
ficción de un Valverde de Lucerna con su gente, su montaña y su
lago en que se halla enterrado ese otro Valverde de Lucerna legendario, sugiere una *mise en abyme* o caja chinesca, que se mutiplica
al infinito en esa especular duplicación interior. En el mismo sentido nuestro escenario—con sus desdoblamientos de personajes,
con esa iglesia de Valverde de Lucerna dentro de la iglesia española,
quien a su vez lo está dentro de la romana, que es imagen de la iglesia evangélica de Cristo, nacida en la bíblica de Moises—sugiere
nuevas duplicaciones interiores de *mise en abyme*, fácilmente
rastreables en el texto. Dentro también de este narcisismo diegético
descubierto coloca Hutcheon la tematización alegórica y paródica,
presentes en nuestra obra. Sumner M. Greenfield observa en esta
iglesia terrestre de San Manuel, una iglesia católica invertida en que
el mundo celeste se halla aquí y ahora, siendo finito pero trinitario,
con un Padre-montaña que domina ese Hijo-pueblo, los cuales se
unen y reflejan en el Espíritu-lago.[51] El protagonista, por su nombre, por la virtud de su voz—la magia de la palabra es siempre
elemento autoconsciente imprescindible de la metaficción—, por su
mismo físico y su actuación, es, cual la misma Angela reconoce, un

nuevo Cristo, paradójicamente sin fe, pero como Aquél o como
don Quijote, con su misma esencia de bondad, aunque su reino se
halle en este mundo de Valverde que por su nominación de «luciér-
naga» posee luz propia. En su tarea redentora es ayudado por
Lázaro, el discípulo resucitado en la fe de su agnosticismo. El
apóstol evangelista que transmite su mensaje angélico es en este
caso una mujer: Angela, quien llega a ser sacerdote de su iglesia—crítica católica-feminista de actualidad—al perdonar los
pecados al mismo maestro. Como Cristo, tiene también don
Manuel una madre dolorosa y un padre desdibujado. Su «Pasión»
no es física sino la psicológica de la duda y la imposibilidad de
creer. Su evangelio es la fe ciega en favor de una felicidad ignorante
aun a costa de la verdad. Su credo, el bienhacer activista para borrar en el olvido el pecado original segismundiano de haber nacido
para morir. Sufre por fin esta muerte siguiendo un plan estético, en
compañía de su eco verbal y doble existencial Blasillo, represen-
tante de la inocencia y credulidad de su niñez. Ciertamente la
situación no es verosímil en la realidad empírica, según apunta
Francisco Fernández-Turienzo.[52] Pero, según nos muestra
Jonathan Culler, hay otros tipos diferentes de «vraisemblance»,
una de las cuales, la verosimilitud artificial de las convenciones
literarias, es la que en nuestra obra funciona, acentuando con ello
autoconscientemente su naturaleza ficticia.[53]

Este narcisismo ficticio se manifiesta también lingüísticamente
de manera más o menos descubierta. Desde el principio mismo del
texto (p. 93) nos hallamos con un presente y un «ahora»—que se repite a la mitad (p. 125) y casi al final (pp. 144 y 146)—desde el que
Angela Carballino nos cuenta en primera persona la vida pasada en
torno a su San Manuel y a su pueblo. Esta memoria se basa en «notas» de su hermano Lázaro sobre «lo que le había oído» (p. 139) a
Don Manuel, y, sobre todo, según nos dice a última hora, en los
recuerdos nevados de esta cincuentona. El texto acentúa autoconsciente y abiertamente su ficcionalidad al lector que observa el final
de la narración de Angela:

> Y yo no sé lo que es verdad y lo que es mentira, ni lo que vi y
> lo que sólo soñé—o mejor lo que soñé y lo que sólo vi—, ni lo
> que supe ni lo que creí. Ni si estoy transpasando a este papel,
> tan blanco como la nieve, mi conciencia que en él se ha de
> quedar, quedándome yo sin ella. ... ¿Es que esto que estoy

> aquí contando ha pasado y ha pasado tal y como lo cuento?
> ¿Es que pueden pasar estas cosas? ¿Es que todo esto es más
> que un sueño soñado dentro de otro sueño? (p. 146)

Se nos está, pues, dando cuenta lingüísticamante—como ya se
había hecho antes diegéticamente con la naturalización fantástica,
alegórica, paródica y de *mises en abyme*—de que nos hallamos ante
un «heterocosmos» lingüístico de referentes ficticios y no
empíricos. Este hecho queda categóricamente confirmado con la
aparición en la última sección de la novela de un Unamuno ficticio
incluido dentro de la obra misma, quien nos entrega esas memorias
de Angela—irónicamente de estilo unamuniano—misteriosamente
encontradas por él (pp. 148-49). Más aún, al dirigirse directamente
al lector se establece a sí mismo en un plano más apartado de la
realidad empírica, haciéndose más ficticio. En el nivel más lejano
de la obra se hallan las historias bíblicas, evangélicas y mítico-
legendarias de Valverde de Lucerna; progresivamente más cerca se
encuentra la historia de San Manuel Bueno y su pueblo, contada,
en parte, en un plano más próximo por las notas de Lázaro, y, más
cerca aún del lector, en las memorias de Angela encontradas y
transmitidas en un tercer plano por un Unamuno cuya realidad es
tan ficticia como la de Angela o la de Augusto Pérez; en un segundo plano se halla ese lector ficticio o narratario a quien aquel ficticio Unamuno se dirige y que es imagen del lector real presente en
el primer plano de la lectura efectiva del texto; lector cuya
realidad—se le sugiere emblemáticamente—pronto será también
ficticia. Con ello se realiza la inclusión del lector participante en esa
marcha hacia el conocimiento de su propia personalidad y
naturaleza, y simultáneamente en busca de su destino, según San
Manuel muestra, racionalmente incógnito. Este se sugiere in-
trahistórica y poéticamente en ese viaje individual pero comunal de
cada lector en la lectura de la obra, marcha que ya había sido
sugerida ensayísticamente por Unamuno en «El sepulcro de don
Quijote» y en «El canto de las aguas eternas» en su *Vida de don
Quijote y Sancho*. Mediante esa fuerza inconsciente y poética de la
obra de arte, Unamuno consigue en nuestra novela no demostrar
racionalmente pero sí transmitir intuitivamente ese misterioso
destino humano.

En el prólogo a *San Manuel Bueno, mártir y tres historias más*,
se pregunta Unamuno «por qué a los personajes de esta mi novela

les llamé como les llamé y no de otro modo» (p. 78), lo que indica la importancia convencional autoconsciente de la nominación que sucintamente hemos apuntado ya en *San Manuel*. Más adelante, al hablar de «Una historia de amor,» se para Unamuno a considerar la importancia del nombre de la protagonista Liduvina—«Ludivina», «luz divina»— nombre también de un personaje de *Niebla*, proveniente, según don Miguel mismo, de aquella Santa Lidwine de Schiedam y que en la citada novelita de amor, es la novia-monja que espera y espera, y se encierra desahuciada por aquel loco amor de su amante, muerto para ella bajo sus hábitos y votos frailunos. Esa importancia de la nominación como comentario autoconsciente novelesco parece pasar de Unamuno a Carlos Fuentes, en cuya *Muerte de Artemio Cruz* hallamos una Ludivinia esperante de evidente y sugestiva tradición unamunesca.

El novelista y crítico francés Jean Ricardou se ha interesado en la autogeneración textual o formación del texto verbalmente a partir de sus propias palabras.[54] Tanto Alter como Hutcheon reconocen la importancia de este tipo de autoconsciencia lingüística. Sin embargo, la última crítico, al tratar de los anagramas y juegos de palabras (lo que llama narcisismo lingüístico encubierto), cuestiona como problemático tal acercamiento lingüísticamente narcisista y autogenerativo, en la medida en que tal vez ha de ser el autor quien desentrañe unos códigos tan criptogramáticamente disimulados que están fuera del alcance del lector, con lo cual serán extraños a la diégesis y mimesis novelesca.[55] De igual forma Laurent Jenny habla de los anagramas como el tipo de intertextualidad «most virtuoso, but also least feasible,» [sic] aunque luego los considere «a veritable discourse within the discourse.»[56] Por su parte, Severo Sarduy, refiriéndose a la «intratextualidad» del barroco y neo-barroco nomina este tipo de juego lingüístico como «gramas fonéticos» constituyentes de la «operación por excelencia del escondite onomástico,... que ostenta los trazos de un trabajo fonético, pero cuyo resultado no es más que mostrar el propio trabajo.»[57] No obstante, esta autogeneración no sólo es pertinente en la *nouveau roman* francesa. Un buen ejemplo de la validez generativa anagramática lo hallamos en los nombres de *La muerte de Artemio Cruz* de Carlos Fuentes y muy especialmente en el de su protagonista.

La importancia de tales hechos anagramáticos se origina intertextualmente en aquella nominación unamuniana de Ludivinia, y autoconscientemente dentro mismo del texto cuando el narrador-protagonista comenta: «mi nombre que sólo tiene once letras y puede escribirse de mil maneras Amuc Reoztrir Zurtec Marzi Itzau Erimor pero que tiene su clave, su patrón, Artemio Cruz, ah mi nombre...»[58] Jugando, pues, con las once letras de ese nombre, hallamos combinaciones lingüísticas de sorprendente importancia como comentario autogenerador de la novela. Más aún, a todo lo largo y ancho de la obra los nombres llegan a constituir una obsesión para Artemio. Artemio Cruz llega a reconocerse el nombre del mundo: «eres, serás, fuiste el universo encarnado... Tú serás el nombre del mundo» (p. 313). Ese reconocimiento y orgullo de su nombre raya con el panteismo; es más, se cree hasta cierto punto Dios: «Eso sí que es ser Dios ¿eh?, ser temido y odiado y lo que sea, eso sí es ser Dios, de verdad, ¿eh?» (pp. 163 y 244). Lo lleva en la sangre heredado de sus padres y abuelos, de Lu-divinia, la vieja diosa-abuela que se mantiene encerrada en su habitación, recinto sagrado al que sólo a su ministro Baracoa le está permitida la entrada. Su hijo don Pedrito comete el sacrilegio de profanar ese sagrario y pronto lo paga con la muerte. Es ella la que ha de salir del sagrario para infundir su divinidad, su 'luz divina', al nieto cuya sangre ya ha reconocido. Artemio toma por ahí la herencia paterna y la une a la materna, a la de Isabel Cruz Cruz Isabel, en cuyo nombre se nos ofrece la violenta mezcla del español con el indio; en palabras de René Jara, Cruz Isabel Isabel Cruz es «el símbolo cristiano del dolor, del sufrimiento resignado, del destino de sacrificio... Queda con ella el nombre de la reina que envió sus tropas a la conquista, a consumar un vasallaje por varios siglos consentido: la chingada.»[59] Ya lo dice el texto mismo: «Avanzará hacia tus ojos cerrados,... la tropa ruda, *isabelina, española* y tú atravesarás bajo el sol la ancha esplanada con la *cruz* de piedra en el centro y las capillas abiertas, la prolongación del culto *indígena*» (p. 35) (subrayado nuestro). En esta unión violenta indio-española el orden no importa, Cruz Isabel o Isabel Cruz: «tanto monta, monta tanto» era el lema de Isabel y Fernando que se aplica aquí a la violenta mezcla, la chingada: cruz, cruce, entrecruzamiento, encrucijada, sugerido incluso por el quiasmo del nombre, todo eso es la madre según nos lo revela con precisión el nombre; y además, fatalidad y sacrificio de sí misma, todo lo cual ha de ser heredado por su hijo que es también Cruz. Es un dios con una Cruz, recibidos de su abuela y de su madre; pero ese dios con la Cruz no muere sino que da muerte siguiendo la pro-

genie de su padre Atanasio (zanatos = muerte), no predica la paz
sino que hace la guerra, como sucesor en la misma vena irónica de
su batallador abuelo Ireneo (eirene = paz). No olvidemos que de
entre las letras de su nombre podemos extraer la palabra *Crizto*,
pero un Cristo diferente, con z, aunque la apariencia fónica mexicana sea la misma. El orden del mundo es el del nuevo Cristo, el del
nuevo Dios, el de Artemio Cruz; el otro ha muerto o, mejor dicho,
ha sido ejecutado por Artemio, para quien no valía la antigua
moral cristiana, impuesta, según proclama él mismo una y otra vez,
o como se nos sugiere en una diferente articulación de las once
letras de su nombre: *Muera Crizto*, ya que «vivir es traicionar a tu
Dios; cada acto de la vida, cada acto que nos afirma como seres
vivos, exige que se violen los mandamientos de Dios» (pp. 123-24).
Su obra, la del nuevo Cristo, por detestable, nefasta e injusta que
sea, es la que permanece en México, en el mundo y en el universo
con su nombre.

Vamos viendo que los nombres han de reflejar al personaje de
forma integral. La correspondencia entre «significante» y «significado» no es accidental o arbitraria como dijera Saussure. Es más,
diríamos que ese «nombre-signo», constituido por «significante» y
«significado», intenta ir más allá del «signo» lingüístico propiamente dicho, el definido por Saussure, para ser no sólo «signo-ima-
gen», en que existe una relación de causalidad entre «significante»
y «significado», sino «signo-icono» en que la semejanza entre ambos componentes es efectiva al modo de un retrato y su modelo.[60]
Fuentes creemos que busca que el «significante» se corresponda al
«significado», el «nombre» a su «portador».

Pasando del capítulo de los ascendientes al de los descendientes nos hemos de fijar necesariamente en Lorenzo, el completador
del destino de Artemio, su doble, la otra cara de la misma moneda,
y por ello en conexión directa con Artemio Cruz y con su nombre.
La identificación entre ambos es constante; no sólo lo recuerda en
el presente y en el «ayer», sino que le dedica un capítulo del pasado.
Pero, sobre todo, esa identidad se nos transmite mediante la frase
omnipresente con la que Artemio continuamente lo recuerda her-
manándose con él como con ningún otro personaje de la novela:
«cruzamos el río a caballo»: frase que se halla en parte presente en
el nombre de Artemio Cruz. Otra vez jugando con sus letras, hallamos en el nombre las palabras «*cruzar*» y «*río*», e incluso

podríamos llegar a *Te Cruzam(os) Río,* añadiendo únicamente dos letras a las once del nombre.

Aquella frase tan repetida por Artemio parece dirigirse a Catalina, quien lo acusa de haber apartado de ella al hijo, siendo con ello causa de su muerte. Los primeros pasos de Lorenzo se realizaron bajo la ciudadosa y protectora mirada materna. Pero, cuando el hijo llegó a los albores de su pubertad, Artemio se lo llevó consigo a Cocuya para entrenarlo en la lucha. Catalina esperaba temerosa. Lorenzo ama a la madre y al padre y teme el paso que tal vez lo separe de ambos. Su padre lo educó para la lid y su madre en el cristianismo. La combinación de ambos factores lo lleva al combate por una causa heroica e idealista, que es el camino que Artemio no tomó, en parte por faltarle una madre como Catalina. El padre desea y teme a la vez que el hijo «cruce». Lo mismo ocurre con Catalina, a pesar de que después de que Lorenzo muera, acuse a su marido. Ella también deseaba y temía el «cruzar» del hijo, y de ahí la ansiosa pregunta a su Dios cuando Lorenzo le pide su aprobación, encontrándose ella ante la textura de exponer a su hijo al martirio: «Dios mío, ¿por qué te pregunto esto? No tengo derecho, en realidad no tengo derecho… No sé, de hombres santos… de verdaderos mártires… ¿Crees que se puede aprobar?… No sé por qué te pregunto…» (p. 226). «Cruzamos el río a caballo»: el ensayo tiene éxito. Y Lorenzo pone en práctica lo que todos temen y cruza el mar para luchar en España contra los fascistas y en apoyo de un Frente Popular que defiende el derecho a que su voto se respete. *Artemio Cruz*, el nombre, nos habla también de todo eso, pues sus once letras articulan una nueva frase: *Temió Cruzar*.

Sin embargo, los héroes mueren; lo mismo que los mártires; el temor de Catalina se cumplió y también el de Artemio. Pero Lorenzo le descubrió su otro destino, el que él hubiera seguido si no hubiera «chaqueteado». El mayor Gavilán, el mayor gavilán, ave de rapiña por excelencia, le había mostrado el verdadero camino para triunfar: «somos *hombres*, no *mártires*: todo nos será permitido si mantenemos el poder: pierde el poder y te chingan… ¿para qué peleamos?: ¿para morirnos de hambre?» (p. 124). Ese camino de rapiña, se halla, aunque sea con alguna irregularidad ortográfica y fónica, en las once letras del nombre: *Urtar Mézico*; comenzando por ciertos «terrenos baldíos en las afueras de la ciudad» (p. 138), ya que más importante que el «bien posible para la patria» es «nuestro bienestar personal» (p. 124). Artemio es de los «Hombres», como se dice en el segundo epígrafe (de Calderón) de la novela. Lorenzo, en cambio, es de los «mártires» que persiguen el ideal aunque éste lleve a la muerte. Mientras Artemio elige a Regina, elige el reinar, como su nombre indica, por esclavizante que sea—Regina como la Malinche es reina y esclava—, Lorenzo se decide por Dolores, por el camino del dolor. Artemio eligió la otra vía, pero en él había potencial para escoger ésta y se lo transmite a su hijo. No en vano en la sopa de letras de su nombre encontramos una de las palabras que define a su hijo, *Mártir*.

Pero Lorenzo no es un mártir cualquiera, es precisamente Lorenzo, su nombre; acepta su martirio con una sonrisa, a pesar de ser consciente de la derrota de su lucha, pero no de su causa de libertad; el tirano triunfa momentáneamente, pero a la larga la libertad renacerá gracias a esa fértil sangre derramada.[61] Por todo ello, el nombre del hijo es, muy apropiadamente, Lorenzo, nombre cuyo sentido ya se halla en el de *Artemio Cruz*, o sea en sus once letras, *Cuezo Mártir*—cocer como sinónimo de tostar—, o bien, en palabras de Luis Martín-Santos al final de *Tiempo de silencio*, «sanlorenzo era un macho, no gritaba, estaba en silencio mientras lo tostaban torquemadas paganos.»

El mismo nombre de Artemio nos recuerda a la diosa griega Artemisa, divinidad de la caza; Artemio enseña a Lorenzo a cazar y es maestro en la caza de fortunas. En este examen etimológico de su nombre, podríamos también investigar un origen griego como en Atanasio e Ireneo; y así hallamos el adjetivo *artemés*, que significa «sano y salvo»: ajustándose en verdad a la realidad novelesca, pues en su actuación y elecciones siempre se expone, moviéndose en medio del peligro como pez en el agua y saliendo siempre no sólo «salvo» e indemne sino «sano» y triunfante. Otra de las palabras griegas en relación con su nombre es *artema*, es decir, «peso»; en ese sentido Artemio puede ser sinónimo de Cruz, acentuando esa nota de «carga» en el mundo por él dominado que nos deja.

Sin duda existen otras muchas posibilidades de articulación formal y semántica del nombre y de los nombres sin apartarse del texto como base de esas probabilidades, pues cada vez que se lee esta novela emanan de ella múltiples y ricos sentidos; nos contentaríamos con haber descubierto nuevas vías para su comprensión. Así, lo dejamos todo al *lector* en un paralelo dinámico a la obra, en su dialéctica entre lo dicho y lo, aunque sugerido, no dicho.

De cualquier forma, hemos mostrado la importancia generativa y autoconsciente de ese nombre, Artemio Cruz, como comprensión de la novela, de su modo y de sus personajes. Ciertamente
no yerra el texto, cuando afirma de Artemio Cruz ser el «universo
encarnado», que permanecerá en su nombre; «Artemio Cruz, nombre,» quizás de apariencia compleja y caótica de igual forma que la
estructura de la novela —reflejada en ese nombre, Artemio Cruz,
cuyas letras inicial y postrera, como en Abel Sánchez de Unamuno,
abren y cierran el círculo alfabético del abecedario—, pero que en
realidad es de un orden básico y completo, de escuela de párbulos,
como las cinco vocales de nuestro alfabeto que en su totalidad y or-
denadamente aparecen en su nombre: A, E, I, O, U: *ArtEmIO
crUz.*

* * *

Después de una reivindicación teórica de la práctica metaficticia como fenómeno eminentemente humano, y a través del lugar
cómun de Cervantes y del revalorativo de un Galdós por demasia-
dos olvidado, nos hemos centrado en tres trabajos literarios de tres
escritores hispánicos—Salinas, Unamuno y Fuentes—en los que se
descubren aquellos tres aspectos donde, según se decía en el epígrafe inicial, la metaficción pone especial interés: el narrativo, el lingüístico y el de la tarea co-creadora de autor-lector.

NOTAS

1. Linda Hutcheon, *Narcissistic Narrative: The Metafictional Paradox* (Ontario:
Wilfrid Laurier University Press, 1980), p. 6.

2. Fredric Jameson, «Metacommentary,» *PMLA* 86 (1971), p. 10.

3. Roland Barthes, «Qu'est-ce que la critique,» en *Essais critiques* (Paris: Éditions du Seuil, 1964), p. 254.

4. En la reciente reunión de la MLA en Washington, D.C. hemos tenido ocasión
de asistir a esta explosión crítica: Carol S. Maier veía *La lámpara maravillosa* como
ejemplo capital de la autoconsciencia valleinclanesca; en una obra tan tradicionalmente realista como *La Regenta* de Clarín, Elizabeth Sánchez examinaba la autoconsciencia presente en el «interplay» entre los personajes y sus modelos. Gustavo
Pérez-Firmat rastreaba la autoconsciencia de *Las galas del difunto* de Valle-Inclán

como intertextualidad donjuanesca, lo que es parte de su libro de próxima aparición *Dissemination*; ya antes había teorizado y criticado sobre el tema en «Metafiction Again,» *Taller literario*, 1 (Fall 1980), 30-38, y en *Idle Fictions: The Hispanic Vanguard Novel, 1926-1934* (Durham: Duke University Press, 1983). Robert C. Spires, en *Beyond the Metafictional Mode: Directions in the Modern Spanish Novel* (Lexington: The University Press of Kentucky, 1984), a la luz de sus propias consideraciones teóricas introductorias sobre la Metaficción, examina sincrónicamente varias obras españolas desde *El Quijote* a *El cuarto de atrás*. También se puede ver el capítulo IX, «Two Experimental Novels,» en Janet Pérez, *Gonzalo Torrente Ballester* (Boston: Twayne Publishers, 1984); Michael Ugarte, *Trilogy of Treason: An Intertextual Study of Juan Goytisolo* (Columbia: University of Missouri Press, 1981); Mirella d'Ambrosio Servodidio y Marcia L. Welles, eds., *From Fiction to Metafiction: Essays in Honor of Carmen Martín Gaite* (Lincoln: Society of Spanish and Spanish-American Studies, 1983). Terminamos haciendo una llamada de atención al hispanista pionero en estos acercamientos, John W. Kronik, a quien citaremos al hablar de Galdós.

5. L. Hutcheon, op. cit., XII (en la ed. de N.Y.: Methuen, 1984).

6. De manera semejante en la reunión de Washington de la MLA, Gustavo Pérez-Firmat veía la carta de *Las galas de difunto* de Valle-Inclán como «writing» al principio de la obra y como «reading» al final.

7. Barthes, *S/Z* (París: Éditions du Seuil, 1970), p. 11.

8. Para un más amplio esclarecimiento de los términos «scriptible» y «lisible» remitimos a las páginas de *S/Z*. En cuanto a los de «plaisir»/«jouissance» es necesario leer *Le plaisir du texte* (Paris: Éditions du Seuil, 1973).

9. Hutcheon, op. cit., 152. Para esta triple identificación véase «Composite Identity: the Reader, the Writer, the Critic,» pp. 138-52.

10. Roland Barthes, «Introduction a l'analyse structurale des recits,» *Communications,* 8 (1966), p. 5.

11. Hutcheon, p. 5.

12. *Ibid.,* p. 7.

13. R. Barthes, «Littérature et meta-langage,» en *Essais critiques,* p. 106.

14. Arcipreste de Hita (Juan Ruiz), *Libro de buen amor*, ed., Introd. y notas Jacques Joset, vol. 1. (Madrid: Clásicos Castellanos, 1974), pp. 14 y 17.

15. *Ibid.,* pp. 35-36.

16. Severo Sarduy, «El barroco y el neo-barroco,» en *América Latina en su literatura,* ed. César Fernández Moreno (México: Siglo XXI, 1972), pp. 167-84. Hutcheon, pp. 2-3, se refiere al texto de Sarduy para mostrar la limitación que supone el uso del término «post-modernism» por John Barth y otros.

17. Véase Gérard Genette, «Complexe de Narcisse,» en *Figures: essais* (Paris: Éditions du Seuil, 1966), pp. 21-28. Más aún, para Hutcheon, pp. 40-44, «in a larger

narrative perspective 'realism' is   more an aberration than a norm: auto-referentiality can be traced back beyond *Don Quijote* and *Tristram Shandy*,» hasta los orígenes literarios homéricos.

18.   Véase Steven G. Kellman, *The Self-begetting Novel* (New York: Columbia University Press, 1980), pp. 1-11.

19.   Barbara Hardy, «Towards a Poetics of Fiction: 3) An Approach through Narrative,» *Novel*, 2 (Fall 1968), p. 5.

20.   Hutcheon, p. 48.

21.   Véase Robert Scholes, «What Good is Pure Romance?,» en *Fabulation and Metafiction* (Chicago: University of Illinois Press, 1979), pp. 23-25.

22.   R. Scholes, pp. 213-18, encuentra dos funciones en la ficción desde el punto de vista del lector: la «sublimación», consistente en «making life bearable» (lo que no es realmente «escapismo») y el «feedback» o «means towards correcting our behavior in the world.»

23.   Robert Alter, *Partial Magic: The Novel as a Self-Conscious Genre* (Berkeley: University of California Press, 1975), p. 220. Steven Kellman, pp. 4-6, incluso conecta esa eclosión auto-engendrante moderna a fenómenos contemporáneos científicos como el niño de probeta y el automóvil. Respecto a este último en relación con la novela concluye: «both are machines designed to generate their own locomotion.»

24.   R. Alter, p. IX.

25.   *Fragmentos de Apocalipsis* (Barcelona: Destino, 1977), p. 132.

26.   Hutcheon, pp. 76-77.

27.   Como apuntamos antes, Hutcheon, p. 1, se enfrenta al sentido derogatorio dado tradicionalmente a este y otros términos relacionados con la autoconsciencia; propone ella connotaciones neutrales simplemente descriptivas, puesto que, después de todo, «it is the narrative text, and not the author, that is being described as narcissistic.»

28.   Alter, p. 243, apunta que es la gran novela realista del XIX la que tiende hacia la evasión en un sueño de omnipotencia, pues el novelista crea «a fantasy world so solid seeming that he could rule over it like a god.»

29.   Maurice Z. Shroder, «The Novel as a Genre,» en *The Theory of the Novel*, ed. Philip Stevick (New York: The Free Press, 1967), p. 21, afirma: «Romance is essentially escapist literature; it appeals to the emotions and imagination of the reader, invites him to marvel at an enchanted world of triumphant adventure.» Scholes, en la *op. cit.*, parece confundir la novela con el «Romance», pues trata como tal a numerosas obras llenas de ironía, de contenidos filosóficos y con aspectos sociales problemáticos, muy impropios de la forma «romancesca» en prosa, apuntillada por Cervantes. En su intento de augurar un nuevo renacimiento del «Romance», ante la supuesta muerte de la novela inaugurada por Cervantes, dibuja una caprichosa línea

zigzagueante, que supone ser diagrama científico de la ficción (pp. 210-12). Tal vez no se dé cuenta de la riqueza de *El Quijote*, que contiene embrionariamente a la nueva novela fabulativa y metaficticia, y de que esa muerte, como también observan Alter y Hutcheon, es más aparente que real.

30. Alter, p. XIII.

31. Hutcheon, p. 5.

32. Patricia Waugh, *Metafiction: The Theory and Practice of Self-Conscious Fiction* (New York: Methuen, 1984), p. 18.

33. Claudio Guillén, *Literature as System: Essays Toward the Theory of Literary History* (Princeton: Princeton University Press, 1971), p. 28.

34. Hutcheon, pp. 155 y 161.

35. S. Tejerina-Canal, *«La muerte de Artemio Cruz:» Secreto generativo*, que será publicado en Lincoln por la Society of Spanish and Spanish-American Studies.

36. Michael Boyd, *The Reflexive Novel: Fiction as Critique* (Lewisburg: Bucknell University Press, 1983), p. 17. No nos detenemos a examinar los elementos metaficticios de *El Quijote* por falta de espacio y por no caer en inevitables repeticiones. Véanse como muestra: Robert Spires, pp. 18-23 y sgtes; Hutcheon, a todo lo largo de la *op. cit.*; R. Alter, «The Mirror of Knighthood and the World of Mirrors,» en *op. cit.*, pp. 1-29. Los discutidos cuentos y episodios intercalados no son sino reflejos autoconscientes de la más amplia historia de don Quijote; sin embargo, Edward C. Riley, en *Teoría de la novela en Cervantes* (Madrid: Taurus, 1966), p. 258 y sgtes, al partir, como buen positivista, de una interpretación demasiado «literal» del texto, cree que Cervantes se dio cuenta de su falta en la interpolación de los cuentos intercalados y la corrigió en la segunda parte suprimiendo episodios periféricos. Helena Percas de Ponseti, en *Cervantes y su concepto del arte: estudio crítico de algunos aspectos del «Quijote»* (Madrid: Gredos, 1975), pp. 162-71, 182-202 y 230-35, resume las críticas más representativas en favor o en contra de la inclusión de los episodios intercalados, refiriéndose al «Curioso impertinente» y al «Cautivo»; a pesar de su actitud positiva para con las interpolaciones, la crítico afirma que «tanto por su longitud como por su unidad interna rompen la unidad de *El Quijote* y le usurpan su categoría de trama principal» (p. 162). Más positivo es el acercamiento de Juan Bautista Avalle-Arce en *Nuevos deslindes cervantinos* (Barcelona: Ariel, 1975), pp. 151-52, quien observa que tales episodios llaman la atención sobre la unidad artística en la interacción de contradiciones barrocas: Así al «Curioso» lo identifica con «lo más refinadamente literario, mientras que el «Capitán» encarna todo aquello de evidencia histórico-vital,» de forma que «con plena intencionalidad artística, el continente (*Quijote*) y el contenido («Curioso,» «Capitán») se truecan en sus funciones por el artificio de las interrupciones,...» Terminemos esta ya larga nota con una clarificante cita de Leon Livingstone, *Tema y forma en las novelas de Azorín* (Madrid: Gredos, 1970), p. 44: Don Quijote «obliga al mundo de la realidad

corriente a adaptarse al mundo novelesco de sus lecturas. Esto es una inversión del proceso realista, que quiere ser una 'reproducción de la vida,' puesto que en vez de reducir la ficción al nivel de la realidad, trata de elevar la vida, la realidad, a la altura de la ficción.»

37.   Michel Foucault, *Les mots et les choses: Une archéologie des sciences humaines* (Paris: Gallimard, 1966), p. 60.

38.   Alter, p. 3.

39.   *Ibid.,* pp. 3-4.

40.   Scholes, «A Fable and its Gloss,» pp. 49-55, en original pero partidista fábula crítica sobre la historia de la fabulación, explica la evolución del reino de la ficción desde su pureza primitiva a los vaivenes causados por los contactos con las «montañas» vecinas de la filosofía (que llevaron al predominio medieval y renacentista de la «alegoría») o las «ciénagas» (!) de lo histórico y lo social-realista de la no-ficción.

41.   Véase Hutcheon, pp. 23-27; para esta crítico la inadecuación o concepto limitado del realismo no es culpa de la obra creadora decimonónica, sino de críticos realistas como Watt o Auerbach, quienes se fijaron únicamente en el producto (pp. 40-44).

42.   También Leon Livingstone, pp. 57 y sgtes, se queja, aduciendo ejemplos semejantes a los nuestros, de la injusta valoración exclusivamente «realista» de Galdós, quien también realiza una «interpretación dual de la realidad de Cervantes.» En la magnífica «Introducción» (pp. 13-69) a la novela renovadora de Azorín, cuyo tema central pone en el examen de la naturaleza del arte, estudia Livingstone antecedentes y consecuentes del «desdoblamiento interior,» la «contemplación de su propia gestación,» la «sincronización de las funciones creadora y crítica,» los espejos, la «ficción-dentro-de-la-ficción» azorinianos en autores como Cervantes, Velázquez, Calderón, Galdós, Pérez de Ayala, Gide, Huxley, Tamayo, Echegaray, Valle-Inclán, Unamuno, Baroja, Cela, Luis Romero, Carpentier,....

43.   Para un examen crítico de la naturaleza especial del realismo-naturalismo galdosiano, véase Harold L. Boudreau, «The Salvation of Torquemada: Determinism and Indeterminacy in the Later Novels of Galdós,» *Anales galdosianos,* XV (1980), 113-128. Referencia esencial e imprescindible al hablar de la autoconsciencia galdosiana son los artículos de John W. Kronik: «Galdosian Reflections: Feijoo and the Fabrication of Fortunata,» *Modern Language Notes* 97 (1982), pp. 1-40, en que se estudia el fenómeno metaficticio de la creación de Fortunata por otros personajes ficticios; «*Misericordia* as Metafiction,» en *Homenaje a Antonio Sánchez Barbudo: Ensayos de literatura española moderna* (Madison: Univerity of Wisconsin Press, 1981), pp. 37-50; «*El amigo Manso* and the Game of Fictive Authority,» *Anales galdosianos* 12, (1977), pp. 71-94.

44.   Benito Pérez Galdós, *El amigo Manso* (Madrid: Alianza, 1978), pp. 7-8.

45. Alter, en «The Self-Conscious Novel in Eclipse,» *op. cit.,* pp. 84-137, observa que en la época del realismo decimonónico, «the self-conscious novel is consequently driven underground,» y, a pesar de ciertos vestigios como el gusto por el artificio, y de ciertas aproximaciones a los asuntos y métodos autoconscientes, se enfrenta a una rotura, evitable si Alter hubiera conocido a Galdós. Spires, estudia también las violaciones y pseudo-violaciones a las convenciones de la ficción en el cuento galdosiano de «La novela en el tranvía,» en intertextualidad técnica metaficticia entre *El Quijote* y *El buscón.*

46. Alter, pp. 154-58.

47. Véase Spires, «Fiction on a Palimpsest: *Niebla,*» pp. 33-44.

48. Julia Kristeva, *El texto de la novela,* trad. Jordi Llovet, 2ª ed. (Barcelona: Lumen, 1981), p. 208.

49. Spires, p. 40.

50. Véase Hutcheon, «Modes and Forms of Narrative Narcissism: Introduction to a Typology,» pp. 17-35, que en el resto de la obra la crítico calidoscópicamente desentraña.

51. Véase Sumner M. Greenfield, «La *iglesia* terrestre de San Manuel Bueno,» *Cuadernos Hispanoamericanos,* 348 (junio 1979), pp. 609-620.

52. F. Fernández Turienzo, ed. *San Manuel bueno, mártir y tres historias más* de Miguel de Unamuno (Salamanca: Almar, 1978), pp. 42-43. Cuando citemos a continuación estas obras de Unamuno pondremos entre paréntesis las páginas de esta edición.

53. Jonathan Culler, *La poética estructuralista: El estructuralismo, la lingüística y el estudio de la literatura* trad. Carlos Manzano, (Barcelona: Anagrama, 1978), pp. 196-217, encuentra seis tipos de «vraisemblance».

54. Véase Jean Ricardou, «Naissance d'une fiction,» en *Nouveau Roman, Hier, Aujourd'hui,* direc. Jean Ricardou et Françoise van Rossum-Guyon, vol. 2 (Paris: Union Générale d'Éditions, 1972), pp. 379-92. Para un resumen crítico sobre estas teorías generativas ricardouanas, véase Bruce Morrissette, «Post-Modern Generative Fiction: Novel and Film,» *Critical Inquiry,* II, 2 (Winter 1975), pp. 253-62.

55. Hutcheon, p. 124.

56. Laurent Jenny, «The Strategy of Form,» en *French Literary Theory Today,* ed. Tzvetan Todorov (Cambridge University Press, 1982), p. 46.

57. Severo Sarduy, *art. cit.,* pp. 178-79.

58. Carlos Fuentes, *La muerte de Artemio Cruz* (1962; rpt México: Letras Mexicanas, 1973), p. 118. Entre paréntesis pondremos las páginas citadas referidas a esta edición.

59. René Jara, «El mito y la nueva novela hispanoamericana. A propósito de *La muerte de Artemio Cruz*,» en Helmy F. Giacoman ed., *Homenaje a Carlos Fuentes: Variaciones interpretativas a su obra* (New York: Las Américas, 1971), p. 189.

60. Jonathan Culler, pp. 33-39.

61. San Lorenzo murió en Roma el año 258 bajo persecución del emperador Valeriano. Fue martirizado a fuego lento sobre una parrilla—la historia eclesiástica no dice en este caso si a manos de «caproni», aunque lo sugiera—; es legendaria la aceptación sonriente de su suplicio y la invitación a sus verdugos de darle la vuelta para ser tostado por ambas partes; así lo hicieron aquéllos—Martín-Santos dice que por simple cuestión de simetría estética—y al santo aún le quedaron arrestos para invitarlos a condimentarlo y darse un festín con su cuerpo. Su fiesta se celebra el diez de agosto.

PONZ, JOVELLANOS, BECQUER
ORIGINALIDAD Y UNIDAD DE LAS
CARTAS *DESDE MI CELDA*

DARIO VILLANUEVA
Universidad de Santiago de Compostela

En el periódico conservador *El Contemporáneo* de Madrid, Gustavo Adolfo Bécquer publicó, sin firma, entre el 3 de mayo y el 6 de octubre de 1864, una colección de nueve cartas literarias. Su título, *Desde mi celda*, reflejaba la situación en que todas ellas—menos, al parecer, la última—fueron escritas: el voluntario retiro del poeta, aconsejado por razón de su precaria salud, en el Monasterio de Veruela, perdido en el Somontano, allí donde Castilla y Aragón se abrazan.

Nunca reunidas en libro por su autor, las cartas *Desde mi celda* han ocupado un puesto marginal en el conjunto de la obra becqueriana pese al intento de revalorizarlas a cargo de voces aisladas como la de Azorín. Y así hemos llegado a la situación actual, en que existen ediciones críticas de las *Rimas,* las *Leyendas, apólogos y relatos*, las *Cartas literarias a una mujer,* e incluso, recientemente, la *Historia de los templos de España:* todo Bécquer, salvo *Desde mi celda*, ha sido restaurado textualmente. Para paliar esta flagrante injusticia hace años que mi recordado maestro D. Enrique Moreno Baéz planeaba conmigo un trabajo que, desafortunadamente, hube de emprender y concluir sin él.*

Nuestro propósito actual es diferente: completar esta tarea dignificadora de las cartas becquerianas demostrando que lejos de ser páginas de circunstancias, carentes de otra significación y trascendencia que la meramente autobiográfica, se trata de una auténtica *obra* en el sentido pleno de la palabra. Y para ello, cum-

ple definir, en términos de la *Rezeptionsästhetik,* el «horizonte de
expectativas»[1] de que participaron el autor, el texto como proyecto
y como realización, y sus inmediatos lectores. Esto es, insertar
Desde mi celda en una serie literaria perfectamente delimitada,
para defender luego cómo esa unicidad que la tradición le proporciona de suyo se refuerza también a través de los datos obtenidos
del propio texto, y concluir cuál pueda ser, en definitiva, su
originalidad en el contexto de la literatura española de los siglos
XVIII y XIX.

La carta ha venido prestando múltiples servicios a la literatura
de las más diversas épocas. Así, por ejemplo, y para limitarnos a lo
español, pues de otra manera se verían desbordados los naturales
límites de este artículo de homenaje a Sumner M. Greenfield, en los
siglos XV y XVI, como han estudiado Fernando Lázaro Carreter y
Víctor García de la Concha,[2] se dan cartas-ensayo como las
Epístolas familiares (1539) de Fray Antonio de Guevara, en la
tradición medieval de la carta retórica (Diego de Valera, Lucena,
Pulgar...), junto a una correspondencia literaria de índole
semipública formada por epístolas no destinadas a la imprenta,
sino escritas para ser comunicadas en círculos sociales donde eran
muy celebradas las noticias de las llamadas «cartas de relación», los
chismes y confidencias del corresponsal—como ocurre con las
escritas por el doctor López de Villalobos y leídas en la Cámara
real—, o las directrices de un maestro como Erasmo de Rotterdam.
El propio López de Villalobos redacta, por su parte, alguna en latín
dirigida al obispo de Plasencia, donde se encuentra el modelo para
el *yo* narrativo del *Lazarillo de Tormes,* pues la primera novela
picaresca no es otra cosa que una carta escrita a un tal «Vuestra
Merced» que desea enterarse mejor sobre el «caso» que se le achaca
al pícaro. Igualmente son cartas el *Siervo libre de amor,* dirigida
por Juan Rodríguez del Padrón «al su mayor Gonçalo de Medina,
juez de Mondoñedo», la *Cárcel de amor* (1492) de Diego de San
Pedro, realizada «a pedimento» del Alcaide de los Donceles, y *La
noche* (1528) de Moner, quien escribe a «Vuestra Señoría», doña
Juana de Cardona, una complicada aventura alegórico-sentimen-
tal.

Con la llegada del Siglo XVIII las formas de transmisión
literaria y los hábitos de lectura se ven sustancialmente modificados
por la aparición y el arraigo de la prensa periódica. Dos
modalidades, no tanto creadas por la literatura periodística como

asimiladas por ella, triunfan en las columnas de los diarios: el ensayo reducido, informativo o satírico, y la carta. Por sus ceñidas dimensiones y la variedad temática que son capaces de admitir nutren, al lado de otra forma previa al triunfo de la prensa cual es el sueño ficticio, «ese océano sin fondo —como escribe Bécquer en la carta I de *Desde mi celda*—, ese abismo de cuartillas que se llama un periódico, especie de tonel que, como el de las Danaidas, siempre se le está echando original y siempre está vacío.» Pero asimismo se escriben en el Siglo de las Luces varias obras en forma de cartas, aun cuando sus autores no pensaran necesariamente publicarlas en periódicos, como las *Cartas eruditas y curiosas* del Padre Feijoo, quien incluso en el *Teatro crítico universal* da a uno de sus ensayos, «Balanza de Astrea», forma epistolar como si de una misiva de un veterano abogado a su joven hijo recién iniciado en la profesión se tratase. Junto a estos ejemplos habría que situar otros tan distintos como las *Cartas marruecas* de Cadalso, que siguen el modelo de Montesquieu y ven primero la luz en *El Correo de Madrid*, en entregas que van de febrero a julio de 1789.

Cartas compuestas por personajes ficticios aparecen en la publicación periódica *El pensador*—semanario desde 1762—de José Clavijo y Fajardo, que sigue a *The Spectator* de Addison, heredero, a su vez, del famoso *The Tatler* de Steele, y no faltan tampoco cartas abiertas a los prohombres de la nación, como las *Cartas político-económicas* atribuidas a Arroyal y las *Cartas sobre los obstáculos que la naturaleza, la opinión y las leyes oponen a la felicidad pública*, del Conde de Cabarrús. Cartas satíricas al modo quevedesco son las que un hombre anciano, don Alejandro Girón, envía a su hijo, el hermano Carlos del Niño Jesús, con advertencias sobre los modos de conducta y vestimenta necesarios para convencer a la gente de su piedad, publicadas en 1729 por Fulgencio Afán de Ribera con el título *Virtud al uso y mística a la moda*, seguidas de las *Epístolas del Caballero de la Tenaza*. Y no olvidemos en esta relación las perdidas *Cartas de Ibrahim* de Meléndez Valdés, *El evangelio en triunfo o historia de un filósofo desengañado* de Pablo de Olavide, y *El camino perfecto o los amores de Alfonso y Serafina* (1790) de Mor de Fuentes.

Mas a la hora de transcribir las noticias y observaciones adquiridas en el transcurso de los viajes a los que los ilustrados se sentían impelidos por su patriótico afán de conocer la realidad física, económica, social y cultural de España, la forma epistolar se revela de nuevo como un instrumento de gran utilidad: favorece la variedad temática y se corresponde verosímilmente con la situación del caminante. A partir de entonces el maridaje entre literatura viajera y género epistolar queda sellado con firmeza en la literatura española.

El primer monumento en esta serie literaria es el *VIAGE DE ESPAÑA / EN QUE SE DA NOTICIA / De las cosas más apreciables, y dignas / de saberse que hay en ella,* publicado por el «Secretario de S.M. y de la Real Academia de San Fernando, individuo de la Real de la Historia, y de las Reales Sociedades Bascongada, y Económica de Madrid» D. Antonio Ponz, que consta de dieciocho volúmenes aparecidos entre 1772 y 1794, fecha en que su sobrino José Ponz, muerto dos años atrás el autor, dio a la estampa el último de ellos. Prueba del éxito que esta obra tuvo es que en 1776 sale ya de las prensas de «D. Joachín Ibarra, impresor de S.M.» una *segunda edición corregida y aumentada* que es la que nosotros hemos utilizado.

Desde la primera página del prólogo general, Ponz hace gala de su mentalidad ilustrada. Aunque su obra nace como respuesta a las *Lettere d'un vago Italiano ad un suo amico* que recogen las impresiones de un viaje por España efectuado en 1755 y 1756 por el lombardo Padre Norberto Caimo, D. Antonio Ponz, como si tuviese presente el ensayo feijoniano «Amor a la patria y pasión nacional», no incurre en el exceso de aquellos de sus compatriotas que interpretaron las cartas del fraile gerónimo italiano como «una cruel satyra contra la Nación». Su norte está, como también para el Feijoo del «Prólogo al lector» que abre el *Teatro crítico universal,* en la verdad y la razón, y ello le llevará a contradecir al P. Caimo sólo en lo que no sea verídico ni razonable, pues Antonio Ponz se reserva también el derecho a criticar todo lo que parezca alentar en España «los perjuicios, el mal gusto, y decadencia de las letras, y aun de las artes».

En este sentido, y como no era menos de esperar de la personalidad del autor, el objetivo principal del *Viaje de España* es el de inventariar los monumentos artísticos españoles: «El que ha escrito estas Cartas se ha propuesto en su Viage el hablar principalmente de las fábricas, y excelencia de algunas, así como la falta de inteligencia, y propiedad de otras; habiéndole movido a ello el ver a cada paso que se celebra por una maravilla lo que es indigno de mirarse; y al contrario, no se admiran, ni se imitan, y muchas veces se desprecian fábricas dignísimas, y excelentes. Incluye en sus narraciones las obras de pintura, y escultura, que ha visto por el Reyno, así porque no se tiene noticia de muchas de ellas, como por creer que podrá resultar de esto algún provecho a las bellas Artes, y a los que con verdadera aplicación las profesan».

Así como, en un plano más general, el propósito de Feijoo es el de desterrar los «errores comunes», Ponz pretende lo mismo en el ámbito específico de las valoraciones artísticas, donde se manifiesta claramente su posición neoclásica, pero su inquietud de ilustrado reformista sustenta otra línea temática complementaria de la anterior: una especial atención «a la agricultura, a los montes, plantíos, y otras cosas, que actualmente se están haciendo; con cuya variedad se hace más amena la lectura, y el Autor manifiesta en todos [estos puntos] el amor que tiene a su patria, y el zelo de que se antepongan los sugetos de mérito a los que no lo son».[3]

Concretamente, uno de los temas recurrentes a lo largo de todo el *Viage* es el de la desertización de España, la *falta de plantíos* a la que expresamente Ponz se refiere en el tomo XV, de 1788, que trata de Aragón: «Estas y otras especies semejantes las ha repetido nuestro Autor muchas veces en todos los libros de su Viage, y es de creer que aunque estuviese un siglo sobre él, no dexase la canción hasta ver a toda España transformada en una especie de jardín». Pero la razón primordial por la que mencionamos precisamente este tomo es la de su coincidencia geográfica con el escenario de las cartas *Desde mi celda*. Ponz no penetra en el Moncayo, ni menciona el Monasterio de Veruela, pero su viaje le lleva, en la carta III, de Zaragoza a Tarazona, mientras que Bécquer, en la primera de las suyas, llega hasta allí mismo por el camino contrario, desde Tudela.

Pues bien, muy significativamente lo que ha llamado la atención del ilustrado en Tudela es «su bonísima situación, abundancia de agua, frondosidad de su campiña», amén de la «Catedral del estilo gótico común», mientras que al poeta le sedujo el laberinto de sus calles, un ambiente impregnado de emoción del pretérito que le hace recordar Toledo. Bécquer no describe la catedral ni otra noble fábrica eclesiástica, sino la posada, cuyo interior no le parece menos *pintoresco* que su fachada, toda ella armónica combinación de arquitectura, historia y naturaleza, como el escudo sobre la puerta, «con un casco que en vez de plumas tiene en la cimera una pomposa mata de jaramagos amarillos, nacida entre las hendiduras de los sillares».

La opinión de D. Marcelino Menéndez Pelayo, que tantos prejuicios alentaba contra la literatura de la Ilustración, es injusta en lo que toca al estilo de Ponz, que no es «rudo y desaliñado», sino que participa de la sencillez, claridad, precisión y aun sobria expresividad propias de la mejor prosa dieciochesca, pero no podemos por menos que darle la razón, sobre todo desde la perspectiva diacrónica de este trabajo, en que «la forma de sus cartas [resulta] indigesta».

Esa sequedad dimana, en primer término, de los mismos objetivos del *Viage*, expuestos en el prólogo que comentamos ya: la descripción arqueológica de obras de arte, reforzada incluso por grabados con plantas, cortes y alzados de los edificios, y consideraciones reformistas sobre la penuria cultural, material y social del país. Este riesgo no era ignorado por el escritor, que comienza con estas palabras la carta III del tomo XV ya mencionada, sobre la que después volveremos de nuevo: «Amigo mío: mucho me alegro de saber que mis dos Cartas anteriores no le han desagradado, pues la materia era muy uniforme para no causar algún tedio. En esta habrá alguna más variedad, porque ya, dexadas las Iglesias, iremos tocando otros asuntos».

Por otra parte, el carácter enciclopédico del empeño, que Ponz no alcanzó a coronar, exigía una prescindencia absoluta de digresiones, y, por lo mismo, descartaba la posibilidad de acoger detalles coloristas en lo que, a veces, acaba siendo poco más que un seco itinerario con algunas notas adicionales de información. Influye también, sin duda, el papel del destinatario, ese «estimado amigo», «amigo mío», de Antonio Ponz que se ha identificado con su protector Campomanes. Salvo los dos volúmenes dedicados a Madrid, todos los demás van a él dirigidos, pero su funcionalidad es escuetamente la de mudo corresponsal, desprovisto de una caracterización humana que lo hubiese enriquecido. Nada del lazo personal que le une con quien escribe cabe en el texto de las cartas, consagrado exclusivamente al cumplimiento de los objetivos anunciados, de lo que es buena muestra la austeridad con que comienza la primera de ellas:

«AMIGO MIO: Ha llegado el caso de que yo pueda corresponder en algo a los muchos favores que debo a V. logrando al mismo tiempo la fortuna de complacerle en lo que V. tanto desea averiguar acerca de las cosas dignas que en España tenemos, particularmente de las que poco, o nada se ha hablado hasta ahora. Habiéndose, pues, proporcionado este viage, empezaré sin más preámbulos a referirle los acaecimientos, y lo que yo considere digno de su curiosidad, empezando desde esta Ciudad de Toledo, adonde llegué el mismo día que salí de Madrid».

Pero junto a ese adelgazamiento del destinatario, convertido en mera figura textual, un *tú* silente y vacío que parece cumplir tan sólo una función estructural de referencia, el que habla procura, a su vez, depurar su presencia en el discurso de todo personalismo subjetivista, de manera que esa «forma indigesta» que criticaba don Marcelino más que defecto es un efecto conscientemente buscado por el escritor, concorde con su ideología y su estética. Así se deduce del siguiente párrafo de la carta III en el tomo XV:

«He procurado abstenerme en este Viage de referirle a V. cosas pertenecientes a mi persona, y a los que he traido conmigo, que a mi entender son defectos en que facilmente caen los Viajeros, como si le importaran al público las bagatelas que suelen escribir de esta naturaleza. Bien sé yo que V. se hubiese divertido mucho con la noticia de las mías; no con la que le voy a contar ahora, únicamente para que me ayude a dar gracias a Dios de que antes de a noche no fuese la última de mi vida».

Hay aquí una cierta *captatio benevolentiae* para preparar la ingerencia de lo que viene después, el relato de un accidente doméstico del que por segunda vez es víctima Antonio Ponz: el incendio de las ropas de su cama por haberse dormido mientras leía sin apagar la «cerilla revuelta de las que se venden en figura de libritos» con que se alumbraba. Cinco párrafos emplea el viajero en referir la peripecia, ponderar los daños y terminar con el arreglo al que llegó con el posadero: «No sé si me enmendaré con este lance, muy parecido a otro casi igual que me sucedió en Italia. Vamos ahora a continuar nuestra relación Cesaraugustana».

En la tradición de las piezas epistolares mixturadas con los viajes no ficticios, considero precedente más inmediato y firme de

Desde mi celda las nueve cartas conservadas de las que Jovellanos escribió, precisamente, a don Antonio Ponz. Conocidas vulgarmente como *Cartas a Ponz*, su verdadero título—según su más reciente editor, José M. Caso González, precisa—es el de *Cartas del Viaje de Asturias,*[4] si hemos de respetar la voluntad del propio escritor, que así las denomina en el *Diario* el 7 de abril de 1796.

Consciente, quizá, del ambicioso alcance de su empeño y ajeno a toda debilidad individualista, Ponz no dudó en incorporar a su *Viage* materiales salidos de la pluma de otros autores. Así, por ejemplo, la carta V del tomo aragonés transcribe la «Noticia de una Visita Eclesiástica hecha por una gran parte del Arzobispado de Zaragoza el año de 1782» que efectuó, *sede vacante,* el canónigo y deán Juan Antonio de Larrea, quien alude, por cierto, a uno de los personajes históricos mencionados por Bécquer, el Conde de Atarés, cuya capilla en la Villa de Quinto visita el eclesiástico. Mas Larrea, como don Antonio Ponz, elude las escabrosidades del Moncayo.

Tal actitud de Ponz explica perfectamente que recurriese, aún habiendo estado en Asturias en 1772, a su amigo Jovellanos para que contribuyese, *ex abundantia cordis,* al *Viage* con la descripción de los monumentos ovetenses y de San Marcos de León que nadie podía hacer mejor que él. De hecho, la carta sobre este último monumento fue incluida en 1783 en el tomo XI de la obra.

Hacia 1789 don Gaspar poseía ya, según todos los indicios, una redacción completa de su *Viaje de Asturias* que envía a Manuel de Torres para su corrección. Mediando diversos avatares, en 1794, siempre según el *Diario*, vuelve sobre lo escrito, y continúa puliendo las cartas hasta que su destierro en Mallorca, el vértigo histórico posterior y, en definitiva, la muerte de Jovellanos frustre el proyecto de editarlas exentas.

Según reconstruye el ilustre jovellanista, Ceán y Bermúdez dispuso entonces de los borradores completos, o de una copia del manuscrito que existía hacia 1858 en la Real Academia de la Historia, ilocalizado en la actualidad. Dicho original, que incluye un prólogo—prueba adicional de que Jovellanos pensaba en publicarlo como libro—fue editado en 1859 en el tomo L de la *Biblioteca de Autores Españoles* por don Cándido Nocedal, que llega a afirmar que las cartas que lo componen habían aparecido ya en un periódico madrileño cuyo nombre no nos revela. Así, la primera edición completa —con la excepción de la carta quinta, conocida por Manuel de Torres y extractada por Ceán, pero que se ha perdido— es la que, sobre el manuscrito de la Academia de la Historia, aparece en ultramar (Imprenta del Faro Industrial, La Habana) en 1848: *Cartas del señor don Gaspar de Jovellanos, sobre el Principado de Asturias, dirigidas a Don Antonio Ponz, inéditas hasta el día y remitidas a la redacción de las Memorias de la Sociedad Económica de La Habana por D. Domingo del Monte.*

Después de estudiarlas cuesta negar la influencia en Bécquer de unas cartas que se difundieron por primera vez ampliamente en España tan solo cinco años antes de la dilatada y fecunda estadía del poeta sevillano en Veruela. En la primera, Jovellanos cuenta cómo ha hecho, en un forlón, la etapa inicial de su viaje a Asturias, Madrid-León por Valladolid, cuyas incomodidades fueron paliadas por el buen humor de uno de los cuatro viajeros y el encuentro inesperado con Meléndez Valdés, lo que da pie para una digresión, de sumo interés para perfilar la estética de don Gaspar, sobre la poesía sublime y la amorosa, en la que Jovellanos, como Bécquer, concede alto predicamento crítico a la mujer: «*Fuera de que, siendo el amor una pasión universal, no hay quien no sea capaz de juzgar los poemas que le pertenecen. Acaso las mujeres podrían aspirar mejor a esta judicatura, por lo mismo que es mayor y más delicada su sensibilidad*».

Hay también, novedosamente, descripción del paisaje y de los usos y costumbres de las zonas por donde pasa, como la de guardar el trigo y el vino en silos, cuevas y bodegas subterráneas hasta las que bajan los arrieros asturianos a llenar sus odres, o la de las llamadas «glorias» de la tierra de Campos, especie de amplias cocinas, alimentadas con combustibles pobres, donde hacían toda su vida familiar y social los lugareños.

Al relato del viaje, con esos pujos de costumbrismo, se añade en la segunda carta la descripción de San Marcos aprovechada por Ponz. Jovellanos pinta con detalle la fábrica del monumento, y traza un cuidadoso resumen de su historia, plan que Bécquer aplicará en 1857 a su inconclusa *Historia de los templos de España*, ideológicamente inspirada en *Le Génie du Christianisme* (1802) de Chateaubriand, pero inserta también en una tradición, estudiada por José R. Arboleda,[5] en la que se inscriben, entre otras obras, la *España artística y monumental. Vistas y descripciones de los sitios y monumentos más notables de España* (1842-1850) de Jenaro Pérez Villamil, cuyo primer tomo ilustró el padre del poeta; los

Recuerdos y bellezas de España, de Francisco Javier Parcerisa y Pablo Piferrer y Fábregas, publicados a partir de 1839; la *Sevilla pintoresca, o descripción de sus más célebres monumentos artísticos* (1844) de José Amador de los Ríos; el *Album artístico de Toledo, escrito por D. Manuel de Assas*, de 1848; y *Toledo en la mano, o descripción histórico-artística de los demás célebres *monumentos y cosas notables que encierra esta famosa ciudad, antigua corte de España* (1857), de Ramón Sixto Parro.

El mismo esquema de las dos primeras cartas a Ponz se repite en la tercera y cuarta, y coincide plenamente con el de las que abren la serie *Desde mi celda*. Jovellanos torna ahora a relatarnos las incidencias del trayecto desde León a Oviedo, con referencia a la pobreza de las posadas o ventorrillos, o a detalles pintorescos, como la vida aislada, en medio de la montaña, de los monjes de la antigua colegiata de Santa María de Arbas del Puerto, para describirnos luego, según el procedimiento antes citado, la catedral de Oviedo. Bécquer, por su parte, dedicará asimismo la primera de sus misivas al viaje Madrid-Tudela-Tarazona-Veruela, la segunda a familiarizarnos con este monasterio.

Pero no queda aquí la convergencia que hemos apreciado entre ambas obras. Jovellanos, en las citadas y siguientes cartas, ensalza y defiende unas tierras y unas gentes, las asturianas, tan apartadas y poco conocidas como las del Somontano del Moncayo. Y qué decir de la carta VIII, dedicada a las romerías de Asturias, que tan vívidamente nos recuerda la descripción becqueriana de la feria de Tarazona (carta V). «Cada romería—escribe Jovellanos—viene a ser una feria general donde se venden ganados, ropas y alhajas, cifrándose en ella casi todo el comercio interior que se hace en este país fuera de los mercados semanales». No faltan ni las enumeraciones caóticas que reproducen la turbamulta del cuadro, ni esa actitud distanciada, tan repetida en Bécquer, del observador —al que aquí se llama «el filósofo»— que «ve brillar en todas partes la inocencia de las antiguas costumbres». Finalmente, no es difícil recordar tras la lectura de la Carta IX «sobre el origen y costumbres de los vaqueiros de alzada de Asturias» la pintura becqueriana del tipo de las añoneras, también en la carta V. Los vaqueiros, aunque trashumantes, habitan temporalmente en «ciertos pueblos fundados sobre las montañas bajas y marítimas de este Principado» pero de tan difícil acceso como Añón, y Jovellanos pondera el «continuo afán en que viven» y su «rudo e incesante trabajo», y se queja de la injusticia de que son objeto al ser marginados en la sociedad rural asturiana, como Bécquer alaba la laboriosidad de las leñadoras de Añón y compara la dureza de sus vidas con lo regalado y muelle de la de las damiselas de la Corte.

Se aprecia, desde la mismas páginas del prólogo redactado *ex profeso* para la edición del *Viaje de Asturias* que Jovellanos no llegó a ver hecha realidad, un tono personalista que se acomoda naturalmente a la «defensa e ilustración» de su patria que el escritor gijonés pretende, y a un estilo modulado en variados registros que no excluyen, como él mismo afirma, «lo franco y familiar», «poco compatible con los aliños retóricos, más propios a la verdad en otro género de escritos para que fueron inventados». En las cartas de Jovellanos encontramos una miscelánea reunión de asuntos, entre los cuales no faltan de cierto los típicamente ilustrados, junto a un notorio sentimiento del paisaje y esa ambientación particularista, cercana a la de los costumbristas y característica del prerromanticismo que Enrique Moreno Báez estudiara en *El sí de las niñas*.[6]

Por ello cabe postular la continuidad sin solución entre estas páginas en prosa sobre las cuales don Gaspar trabajaba cuando fue desterrado a Mallorca, donde escribiría su obra que la crítica considera más claramente prerromántica, la *Descripción del Castillo de Bellver*. Ese prerromanticismo incipiente es el que explica, en la serie literaria que rastreamos, el salto cualitativo entre el *Viage de España* de Antonio Ponz y estas *Cartas del Viaje de Asturias* que indudablemente Gustavo Adolfo Bécquer leyó en 1859 o poco después, gracias a la edición de la BAE, primera de fácil disposición en España, no muchos años antes de que su confinamiento terapéutico en el Mocayo le inspirara esa armoniosa mezcla, en forma espistolar, de libro de viajes, autoconfesión personal y literaria, y descripción arqueológica de un olvidado monasterio. La gran distancia que va de Ponz a Jovellanos es la de una superior penetración en la realidad del paisaje, que no sólo habla, a la cabeza, de cultivos, distancias, orografía y magnitudes económicas, sino también al corazón y toda la sensibilidad del que escribe. Esa proyección del yo sobre el contorno brota en Bellver de la soledad del injustamente proscrito, y en el viaje a Asturias de la emoción del que regresa a su tierra. Idéntico proceso se da entre el Bécquer enfermo, que siente la cercanía de la muerte, y el abrupto

Moncayo, que quedará, junto a Toledo y Sevilla, entre los paisajes preferidos del escritor.

Esa identidad artística entre el ilustrado asturiano y el romántico andaluz se verá reafirmada si en la secuencia de epístolas literarias que venimos trazando introducimos el *Viaje literario a las iglesias de España*, del P. fray Jaime Villanueva, O.P., cuyos cinco primeros tomos fueron publicados entre 1803 y 1806 por su hermano, el padre don Joaquín Lorenzo Villanueva, en la Imprenta real de Madrid. Tras el paréntesis obligado de la guerra de la independencia, ya en el obrador valenciano de Oliveres, antes de Estevan, y bajo la responsabilidad absoluta de Jaime, aparecen a partir de 1821 los tomos siguientes. Muerto el autor tres años después, la Real Academia de la Historia, a la que habían sido confiados los borradores por el albacea D. Ignacio Herrero, culminará la edición hasta el tomo vigésimo segundo entre 1850 y 1852.

Pese a una mayor proximidad cronológica—obviada por la edición en la BAE de las cartas a Ponz—la distancia estética entre Jovellanos y Bécquer es mucho menor que la que separa a éste de Villanueva. Hasta tal punto es así que la coincidencia en la forma epistolar no es suficiente para entroncar el *Viaje literario a las iglesias de España* (en donde, por cierto, no se dedica ni un párrafo a Veruela) más con *Desde mi celda* que con la *Historia de los templos de España*, de la que sí puede estimarse precedente, junto a los antes indicados.

En esta obra, como Joaquín Lorenzo Villanueva explicita en el «Prólogo del editor», el propósito fundamental es de carácter histórico-religioso, y el esquema del viaje literario en forma epistolar está al servicio de una mayor contribución española al «esplendor de la ciencia eclesiástica», en la ruta abierta por la monumental *España sagrada* que el P. Enrique Flórez fue dando a conocer desde 1747. A tal fin, fray Jaime introduce en el texto de sus misivas «noticias de algunos códices, apuntamientos y extractos de otros, dibuxos de inscripciones, alhajas y vasos antiguos, y copias de papeles inéditos, o muy raros», a lo que su diligente hermano añade algunas observaciones a modo de eruditas notas finales. Cuando el autor se hace cargo definitivamente de su obra en 1821, su advertencia previa ratifica, con mínimas alteraciones, el plan inicial:

«He conservado el estilo epistolar con que escribía a mi hermano. Porque así como entonces era este medio más expedito y de menos trabas para mis descripciones; así ni entonces ni ahora desdice de la gravedad y mucho menos de la sinceridad de la historia. Mas estas cartas se imprimen sin las *observaciones* con que mi hermano publicó las de los cinco tomos primeros; y se ha procurado también que no las necesiten, para que no crezca demasiado el número de los volúmenes.»

Efectivamente, la *gravedad* y la *sinceridad de la historia* son las notas distintivas del *Viage literario a las Iglesias de España*, que el propio autor sabe ajeno al «deleite que suele acompañar a las obras de imaginación», según declara al comienzo de la carta LI (tomo VII) en que se continúa el prolijo *Catálogo de los obispos de la iglesia de Vique en su estado moderno* que viene del tomo anterior. Y así por ejemplo en la carta LII el patrón literario epistolar se difumina al extremo: «Mi querido hermano: No hay preámbulo, sino acabar con nuestra labor. Al obispo Fr. Benito de Tocco sucedió Juan Beltrán de Guevara (...)».[7]

Cuando el P. Jaime Villanueva siente, como Mateo Alemán, que «es bien aflojar a el arco la cuerda, contando algo que sea de entretenimiento» (Segunda parte, libro III, cap. VII), recurre, por ejemplo en la carta LVII de este mismo tomo, al expediente de inventarse un inconsistente compañero de viaje entre Manresa y Bages «dotado de gran curiosidad en recoger antiguallas (...) con que poder amenizar las tertulias», al que obsequia con un documentado sermón sobre el origen de las rúbricas en las firmas y otras cuestiones filológicas. En fin, apenas se desvía un adarme de su trayectoria de gravedad y saber histórico, y si lo hace brevemente, como ocurre en una carta de tema cervantino que merece comentario aparte, es siempre al hilo de un documento que le ha salido al paso en la rebusca. Huelga decir que nada hay en el *Viage a las Iglesias* de España de índole autobiográfica, personal o subjetiva. Cuando el P. Villanueva se atreve a *desahogarse* (sic) epistolarmente con su hermano (carta L, tomo VI: «No sé en qué ha de parar esta declamación. Ya lo sé: en nada. Me he desahogado un poco contigo, y basta. A Dios»), lo es por medio de un razonado discurso sobre la falta de apoyo institucional al trabajo de los eruditos, que tiene a España privada de las imprescindibles colecciones diplomáticas de que se benefician los demás países europeos.

Si hemos emparejado en tan breve espacio tanta y tan variada relación de obras literarias presentadas en forma de cartas, ha sido para avalar con hechos las afirmaciones de Paul. J. Guinard, gran conocedor de los orígenes y características de la primera prensa española, para quien, cuando trata de los géneros y las formas de lo periodístico, «il n'y a pas, à proprement parler, de 'genre épistolaire', mais un petit nombre de genres épistolaires, caractérisés par une forme passe-partout, la lettre, qui peut s'appliquer à n'importe quelle substance. Tout, ou presque, peut prendre forme épistolaire»:[8] desde el cuento y la novela a un discurso o ensayo sistemático; requisitorias, quejas, divagaciones, sátiras, viajes, confesiones, noticias, diatribas políticas, desahogos líricos... «Tous les sujets y sont abordés, sur tous les tons. Vraiment la lettre n'est plus, alors, qu'un cadre 'omnibus', pure fiction formelle, bonne à tous les usages.»[9]

Con esta extrema labilidad contaba sin duda Gustavo Adolfo Bécquer, a quien, como escribe su fiel biógrafa Rica Brown, «la dirección de 'El Contemporáneo', siempre comprensiva, le ofrecería (...) un salario modesto por lo cual él se obligaría a mandar crónicas sobre 'cualquier cosa' durante su estancia»[10] en Veruela. Y así, estas cartas *Desde mi celda*, a las que el autor, en la IV, llama «artículos», no obedecen a ningún plan preconcebido, y no deben ser leídas como una obra dotada a priori de unicidad estructural, sino como un texto coherente y trabado solo a posteriori. Bécquer, como Jovellanos, escribe por encargo a un interlocutor, los periodistas y lectores de *El Contemporáneo*, que está, como Ponz, en el origen de todo el proyecto, y confiado en su viabilidad por la reciente lectura de modelo tan digno, vierte sobre el papel imágenes de lo que ve, destellos de lo que recuerda, sueña o siente.

Con todo, Arturo Berenguer Carisomo aventura una clasificación de las cartas, estableciendo entre ellas «dos grupos perfectamente separados: las cartas I a IV son de naturaleza filosófica y reflexiva, con muy leve matiz pintoresco o documental; las que llevan los números V a IX son más acusadamente folklóricas y descriptivas»,[11] lo cual es cierto si exceptuamos la carta primera, que vendría a ser un prólogo imprescindible donde, mediante el motivo del viaje que introduce varios cuadros de costumbres, el escritor se aleja en el espacio y el tiempo del mundo de sus lectores y los introduce bruscamente de lleno en el remanso de paz desde donde les escribirá las ocho cartas siguientes. Por lo demás, resulta

cierta la diferenciación establecida entre la II, III y IV de una parte
y las cinco restantes de otra, si no incurrimos en la falacia inter-
pretativa de ver el conjunto —insisto— como una obra sometida a
rígido plan, cuando son escritos sobre la marcha, condicionados
(recuérdese el retraso de la carta III, justificado por una nota de
redacción, y su tono melancólico e intimista) por el estado de salud
del escritor. No falta, sin embargo, en *Desde mi celda* unidad.

Así, para José Sánchez Reboredo—que divide la obra en dos
partes, libro de viajes o de recuerdos personales, y libro de leyendas, y encuentra en ella tres ideas fundamentales: el aprecio a lo nacional, el gusto por el pasado y el rechazo de los efectos pertur-
badores que sobre ellos ejerce la nueva civilización burguesa—,
«los dos hilos conductores de las meditaciones epistolares» de Bécquer son el menosprecio de corte y alabanza de aldea y la búsqueda
de un tiempo perdido o a punto de perderse.[12] En este orden de
cosas, José Pedro Díaz recuerda, en su edición de las *Rimas*, una
definición del Romanticismo que casa perfectamente con ese segundo eje de las cartas: «Un perpetuo esfuerzo por asir algo que se
desvanece».[13]

Pero en nuestro criterio la más poderosa razón esgrimible a la
hora de defender la profunda unicidad de esta especie de cajón de
sastre que son las cartas *Desde mi celda* está, además de su
pertenencia a la misma serie literaria que Jovellanos, en el hecho in-
controvertible de que se trata de una recopilación, summa o quin-
taesencia de todo el arte de su autor, apenas sin exclusiones.

En efecto, varios han sido los autores que han ponderado la in-
tensa integración existente entre las diversas manifestaciones del
espíritu creador becqueriano, pero nadie ha puntualizado que en
donde esta integración llega a su cima es precisamente en la obra
que nos ocupa.

Es cierto que el fracaso editorial de *Historia de los Templos de
España* se transformó en una auténtica obsesión para su autor, que
fue desahogándose en todas sus obras en prosa, y por ello en *Desde
mi celda* hay mucho de descripción arqueológica e histórica del
monasterio fundado por don Pedro de Atarés, según el mismo plan
aplicado, en la obra inconclusa antes citada, a San Juan de los
Reyes o a la basílica de Santa Leocadia. A su lado no faltan ágiles
cuadros de costumbres y tipos pintorescos, como el de las
añoneras. No olvidemos que una faceta de nuestro escritor es el
costumbrismo, y que el Bécquer de las «escenas de Madrid», que

pinta también tipos y costumbres de Aragón, Soria, Toledo,
Sevilla, Avila, León o el País Vasco, merece figurar en la antología
Costumbristas españolas de Evaristo Correa Calderón.[14] Por otra
parte, cuatro de las cartas no son otra cosa que leyendas, y también
enriquecen *Desde mi celda* el poema en prosa de autoexpresión
lírica, la teoría becqueriana sobre la creación poética —aquí tan
dispersa como concentrada en las otras cartas literarias que
escribió, las dedicadas «a una mujer»— ni, claro es, la literatura de
viajes cuyos precedentes conocemos ya. Concretamente, Arturo
Farinelli las considera una de las mejores muestras de este género
en España,[15] y otros autores han destacado a su propósito algo por
lo demás evidente: que en Bécquer tenemos un precursor de la
generación del 98, de la que está más cerca que de los costumbristas, por su afán de encarnarse en otras tierras de España,
Castilla y Aragón, además de su nativa Andalucía.[16] Enlazando
ahora con las páginas iniciales de nuestro estudio podemos enun-
ciar ya uno de los argumentos que nos parecen más poderosos en el
merecido justiprecio de *Desde mi celda*: su carácter de eslabón in-
soslayable en la cadena literaria que comunica, sin vanos ni fisuras,
a los ilustrados con los noventayochistas.

Aparentemente las que están ausentes de *Desde mi celda* son
las *Rimas*. Adolfo Lizón, en un endeble estudio de 1936, se con-
tradecía al afirmar primero que las cartas resultaron de la suma de
todo el sentimiento que Bécquer dio a sus poesías con la fantasía
imaginativa de las leyendas, y añadir después que *Desde mi celda*
«muestra un Bécquer totalmente distinto del Bécquer de las
Rimas», pues los valores literarios de la primera son «la fecundidad, la pureza de lenguaje, colorido descriptivo», mientras que
en su poesía «todo es concisión y penumbra».[17] Los vagos
atributos contrapuestos de que habla Lizón corresponden a las
características esenciales de prosa y verso, pero Bécquer, en
opinión de Cernuda, «paralelamente a como aproxima el verso a la
prosa [rompiendo con las rigideces clasicistas de aquél], trata también de acercar la prosa al verso, no para escribir una prosa
poética, sino para hacer de la prosa instrumento efectivo de la
poesía.[18] Y esto no sucede tan solo en las leyendas que Cernuda
enumera, sino también en las cartas *Desde mi celda* (muy
especialmente en la tercera), en donde en lo que atañe a la temática
o tonalidad de una parte y al estilo de otra, la pluma del autor se
confunde con la de las *Rimas*. Pues en definitiva, como escribe

Rubén Benítez, «en la oscura zona de su pensamiento y de su sensibilidad en que se identifican historia, tradición y poesía reside el secreto de la totalidad coherente de su obra».[19]

Hay que contar, además, con que la prosa de Bécquer, y no sólo la de las cartas, está enmarcada por la presencia, casi diríamos lírica, de su yo. Realmente esta característica fundamental del Romanticismo, la exaltación egocentrista, es a su vez uno de los rasgos más preeminentes de esta obra en la que, a pesar de estar destinada a las páginas volanderas de un periódico, jamás falta el protagonismo de ese yo; yo que no se resigna a hacerse a un lado, sino que, aun alcanzando su mayor realce en las cuatro primeras piezas, permanece visiblemente presente en aquéllas que más se acercan, por su morfología y contenido, a las leyendas.

Esto ocurre por igual en toda la obra de Gustavo Adolfo Bécquer (y era precisamente lo que apuntaba como significativa novedad en las cartas de Jovellanos). García Viñó ha destacado la ubicuidad del autor, de sus vivencias, viajes, andanzas y filosofía de la vida en las leyendas.[20] Siempre aparecen enmarcadas en función de ese ego desde el que están escritas todas las rimas menos dos, pues solo en la IX (27) y en la VI (57) «Bécquer objetiva una visión ajena a su interioridad» en dos breves poemas descriptivos «en los cuales él mismo no es una presencia dentro del espacio poético»:[21] se trata de los dedicados al beso cósmico de la naturaleza y a la «dulce Ofelia» shakespiriana. En el resto, el sujeto en primera persona, de forma implícita o explícita, es el recurrente emisor del mensaje lírico. Pero tan profundamente arraigada está esta característica en la escritura becqueriana que incluso su crítica literaria no es ajena a ella, y así por ejemplo en su reseña de *La soledad*, la colección de cantares de Augusto Ferrán, el poeta tanto está presentando la obra de su amigo como exponiendo su propia postura ante la poesía.

Por eso, por el absoluto predominio del «yo romántico» en las cartas *Desde mi celda*, biógrafos del escritor como Rica Brown han lamentado la radical ausencia de menciones a otros personajes de su vida íntima—su mujer, sus hijos, su hermano Valeriano y sus sobrinos—que compartían con él las jornadas de Veruela.[22] Siempre, en prosa o en verso, crítica o creación, poesía o literatura periodística, Bécquer escribirá sobre una estructura básica en la que el elemento más importante es la participación del creador en una creación que nunca aparece totalmente desligada de él. He aquí el fundamento y la última razón no sólo de la unidad de las cartas *Desde mi celda*, sino también de su originalidad en la trayectoria del género literario constituido mediante la alianza de la forma epistolar, el viaje y la descripción arqueológica de los monumentos de España. Esa originalidad responde sin duda al talante del poeta periodista y el espíritu de su época, pero está asimismo inspirada en lo que fue en su día novedosa aportación prerromántica de Jovellanos.[23]

NOTAS

*Esa edición de *Desde mi celda* será publicada en un próximo futuro en la colección «Clásicos Castalia» de Madrid.

1. Nos remitimos al conocido discurso de Hans Robert Jauss «Literaturgeschichte als Provokation del Literaturwissenschaft» (1967) (del que se encontrará una traducción española en H.R. Jauss, *La literatura como provocación* [Barcelona: Península, 1976], pp. 131-211) para la delimitación de este concepto del «Erwartungshorizont», fundamental para la tendencia historicista de la escuela de Constanza pero ya presente en la axiomática de la ciencia social a partir de Karl Mannheim y en la filosofía de la ciencia desde Karl Popper.

2. «La ficción autobiográfica en el Lazarillo de Tormes», en *'Lazarillo de Tormes' en la picaresca* (Barcelona: Ariel, 1972), pp. 11 a 57, y *Nueva lectura del 'Lazarillo',* (Madrid: Castalia, 1981), pp. 47 a 70, respectivamente.

3. Cfr. Joaquín de la Puente, *La visión de la realidad española en los Viajes de Don Antonio Ponz,* (Madrid: Editorial Moneda y Crédito, 1968).

4. Gaspar Melchor de Jovellanos, *Cartas del Viaje de Asturias (Cartas a Ponz)*, edición de José Miguel Caso González, (Salinas: Ayalga Ediciones, 1981), 2 tomos.

5. En su tesis doctoral de Princeton, 1968, «Gustavo Adolfo Bécquer's *Historia de los templos de España*», y en el estudio preliminar de su edición de la obra (Barcelona: Puvill Editor, 1979), pp. 13 a 67.

6. «Lo prerromántico y lo neoclásico en *El sí de las niñas*», *Homenaje a la memoria de Don Antonio Rodríguez Moñino 1910-1970*, (Madrid: Editorial Castalia, 1975), pp. 465 a 484.

7. Simultáneamente a fray Jaime Villanueva, Isidoro Bosarte, Secretario de la Real Academia de San Fernando como lo había sido Antonio Ponz, y continuador, por Real Orden de 10 de febrero de 1802, de la tarea iniciada y no concluida por el abate valenciano, publica en 1804, en la Imprenta Real de Madrid, el único tomo de

su *VIAGE ARTISTICO / A VARIOS PUEBLOS DE ESPAÑA / CON EL JUICIO / DE LAS OBRAS DE LAS TRES NOBLES ARTES / QUE EN ELLOS EXISTEN, Y EPOCAS / A QUE PERTENECEN,* que se puede consultar con facilidad gracias a la edición facsímil (Madrid: Turner, 1978) recientemente publicada con amplia introducción de Alfonso Pérez Sánchez.

Precisamente Pérez Sánchez destaca algo que conviene en especial a nuestra argumentación: cómo Bosarte se aleja deliberadamente del método aplicado por su predecesor, prescindiendo no sólo de la forma epistolar, sino también, y sobre todo, comenzando su *Viage* por tres ciudades, Segovia, Valladolid y Burgos, que ya habían sido descritas por Antonio Ponz. Bosarte renuncia asimismo a todo adorno anecdótico o imaginativo —literario— y carece de la amplitud de miras que caracterizaba la curiosidad indiscriminada del ilustrado, ciñéndose estrictamente a los aspectos histórico-artísticos de su itinerario, como Villanueva a los histórico-eclesiásticos, e incorporando como éste al final de su obra un «Apéndice de documentos justificativos» exigidos por el «rigor» que Bosarte quiere dar a su obra y, veladamente, echa en falta en la de Antonio Ponz (y también en las de Antonio Palomino y Juan Ceán Bermúdez) según leemos en la «Advertencia» preliminar (p. XV).

8. *La Presse espagnole de 1737 a 1791. Formation et signification d'un genre,* (Paris: Centre de Recherches Hispaniques, 1973, p. 512).

9. *Ibidem,* p. 513.

10. *Bécquer,* (Barcelona: Aedos, 1963), p. 236.

11. *La prosa de Bécquer,* 2ª ed. corregida y aumentada (Universidad de Sevilla, 1974), p. 77.

12. «Romanticismo conservador en las *Cartas desde mi celda»*, *Cuadernos Hispanoamericanos*, 248-49 (1970), 395.

13. (Madrid: Clásicos Castellanos, Espasa-Calpe, 1963), p. CII.

14. Tomo II, (Madrid: Aguilar, 1951).

15. *Viajes por España y Portugal desde la Edad Media hasta el siglo XX,* tomo III (Firenze, 1944), p. 396.

16. Para Berenguer Carisomo, Bécquer hace el «itinerario de los hombres de la España 'del 98'», op. cit., p. 113. Cfr. también, Félix Herrero Salgado, «Las leyendas sorianas de G.A. Bécquer: Aspectos temático y estilístico», en VV. AA., *Bécquer y Soria. Homenaje en el primer centenario de su muerte* (Madrid: C.S.I.C., Centro de Estudios Sorianos, 1970), p. 95, y Rafael de Balbín, *El tema de España en la obra de Bécquer* (Universidad de Oviedo, 1944), 40 pp.

17. *Centenario de Bécquer. Ensayo crítico sobre las «Cartas desde mi celda»* (Universidad de Murcia, 1936), pp. 37 y 41, respectivamente.

18. «Bécquer y el poema en prosa español», de *Poesía y Literatura II,* 1964. Cito por la edición de *Prosa completa* (Barcelona: Barral, 1975), p. 987.

19.   *Bécquer tradicionalista*, (Madrid: Gredos, 1971), p. 12.

20.   *Mundo y trasmundo de las leyendas de Bécquer* (Madrid: Gredos, 1970), p. 131.

21.   María del Pilar Palomo, introducción al *Libro de los gorriones* (Madrid: Cupsa, 1977), pp. XLI y XLII.

22.   *Op. cit.,* p. 258.

23.   Rizel Pincus Sigele había demostrado ya la vinculación existente entre las *Memorias del Castillo de Bellver, los conventos de Santo Domingo y San Francisco y la Lonja de Palma* de Jovellanos, publicadas en los volúmenes XLVI y LXXXVII de la *Biblioteca de Autores Españoles*, y la *Historia de los templos de España* de Bécquer, en un sentido complementario al que damos al presente trabajo. Véase su artículo «The *Historia de los templos* and the Vision of Architecture in the Works of Gustavo Adolfo Bécquer», *Homenaje a Casalduero,* (Madrid: Gredos, 1972), pp. 433-51.

TABULA GRATULATORIA

Marquela I. Arenas
Juan Bautista Avalle-Arce
Robert Bancroft
Pedro Barreda
Kathleen Roach Beisel
H.L. Boudreau
Vicente Cabrera
Luis Castresana
Lucile Charlebois
Sabina G. Cournoyer
Blanche De Puy
Madga deMoor
Department of Spanish and Portuguese
(University of Massachusetts, Amherst)
Francesco D'Introno
Dru Dougherty
Glafyra Ennis
Paul S. Erba
Charles F. Fraker
Antolín González-del-Valle
Luis T. González-del-Valle
Monroe Z. Hafter
Ramón Hernández
Carlos Jerez
Ernest A. Johnson, Jr.
Dennis A. Klein
Raúl A. Laborde
Evelyn Figueroa La Russe
Ricardo Landeira
Henry A. Lea
Denah Lida

Alan Lupo
Claire E. Martin
Kathleen McIntosh
Ciriaco Morón Arroyo
Daniel M. Murphy
Nelson Orringer
Daphne Patai
Henry Pérez
Judy Rauchwarger
Joyce G. Sager
Nina Scott
Rosalie Scott Soons
John Staczek
Harlan Sturm
Santiago Tejerina
Zina Tillona
Nicolás Toscano
Mario F. Trubiano
Darío Villanueva
Juan C. Zamora